U0901999

电网企业

职工技术创新体系理论研究与实践

许子武　高　翔　秦明亮　曾　臻◎编著

中国工人出版社

图书在版编目（CIP）数据

电网企业职工技术创新体系理论研究与实践 / 许子武，高翔，秦明亮，曾臻，编著 . -- 北京 : 中国工人出版社 , 2025.9. -- ISBN 978-7-5008-8641-9

I. F426.61

中国国家版本馆 CIP 数据核字第 2025GJ7695 号

电网企业职工技术创新体系理论研究与实践

出 版 人	董 宽
责任编辑	邢 璐
责任校对	张 彦
责任印制	黄 丽
出版发行	中国工人出版社
地 址	北京市东城区鼓楼外大街 45 号 邮编：100120
网 址	http://www.wp-china.com
电 话	（010）62005043（总编室） （010）62005039（印制管理中心） （010）62001780（万川文化出版中心）
发行热线	（010）82029051 62383056
经 销	各地书店
印 刷	天津中印联印务有限公司
开 本	710 毫米 ×1000 毫米 1/16
印 张	22
字 数	260 千字
版 次	2025 年 9 月第 1 版 2025 年 9 月第 1 次印刷
定 价	68.00 元

编撰委员会

主　任　许子武

副主任　高　翔　秦明亮

委　员　彭　毅　庹滑敏　于　进　肖　琛　曾　臻

　　　　佘积巍　毛　佳　赵琛徽

编写组

组　长　秦明亮

副组长　曾　臻　赵琛徽

成　员　于　进　肖　琛　佘积巍　毛　佳　颜玉林

　　　　胡秀明　孟慧瑶　王　雪　何祎婷　范　瑶

　　　　秦正益

前 言

在科技浪潮奔涌向前的今天，创新已成为推动社会进步与产业升级的核心引擎。习近平总书记深刻指出：“科技是第一生产力，人才是第一资源，创新是第一动力。”这一科学论断，不仅为新时代的发展指明了方向，更赋予了广大职工在科技创新浪潮中勇立潮头、担当主力军的崇高使命。2012 年，中华全国总工会与科学技术部等六部委下发了《关于进一步加强职工技术创新工作的意见》（简称《意见》），《意见》强调，职工是科技进步和创新的主力军，并指出开展职工技术创新活动，加强职工队伍建设，组织动员职工积极参与技术创新实践，是提高职工创新能力、促进创新型国家和创新型企业建设的重要途径。2024 年《中共中央、国务院关于深化产业工人队伍建设改革的意见》明确指出，产业工人是工人阶级的主体力量，是创造社会财富的中坚力量，是实施创新驱动发展战略、加快建设制造强国的骨干力量。2025 年 4 月，习近平总书记在庆祝中华全国总工会成立 100 周年暨全国劳动模范和先进工作者表彰大会上更是强调，“要紧紧围绕实施科教兴国战略、人才强国战略、创新驱动发展战略，深入实施职工素质建设工程，深化产业工人队伍建设改革，广泛开展劳动和技能竞赛，引导广大劳动者终身学习、不断提高自身素质，努力建设一支知识型、技能型、创新型的劳动者大军”。这一系列政策文件与领导人讲话，无一不彰显着党和国家对职工技术创新工作的高度重视与殷切期望。

国家电网公司作为关系国家能源安全与国民经济命脉的特大型国有重点骨干企业，积极响应国家号召，锚定建设“具有中国特色国际领先的能源互联网企业”战略目标，将职工技术创新视为企业高质量发展的关键引擎。2020 年，公司印发《国家电网有限公司职工技术创新管理办法》，明确指出，职工技术创新活动要以一线职工为主体，以提高生产技术水平和创新能力为目标，解决实际问题，要坚持战略引领、问题导向、技能提升和注重实效。2024 年，公司又下发《关于印发贯彻落实习近平总书记重要勉励精神进一步加强职工技术创新工作若干举措的通知》。通过一系列务实举措，营造浓厚的创新氛围、增强创新支持力度、推动成果转化、健全激励机制、建设高质素人才队伍，为职工技术创新活动的蓬勃开展提供了坚实保障。这些举措不仅引导广大职工扎根一线、立足岗位创新创造，更激发了他们在实现高水平科技自立自强中发挥重要作用，加快推动构建新型电力系统和新型能源体系，奋力开创国家电网高质量发展新局面，为中国式现代化提供有力支撑。

在新时代背景下，国网湖北省电力有限公司工会组织开展“新时代电网企业职工技术创新体系理论研究与实践”专项研究，历时三年精心打磨，终成此书。本书不仅是对国家电网公司及湖北省电力有限公司职工技术创新实践的一次全面梳理与总结，更是对能源电力行业高质量发展道路的一次深刻探索与思考。我们深知，基层职工是电网运行的最前线守护者，他们对电网的痛点有着敏锐的洞察力与天然的感知力。正是这种源自生产一线的创新智慧，催生了“基层首创—系统优化—产业赋能”的创新闭环，不仅显著地提升了电网故障的响应速度与处理效率，更催生了虚拟电厂、电碳协同、车网互动等新兴业态，推动了企业从传统电力供应商向综合能源服务商的华丽转身。实践证明，职工技术创新已成为破解能源转型“安全性—经济性—清洁性”三角难题的核心支点，是湖北“三型三强”新型电力系统建设不可或缺的关键力量。

本书严格遵循“理论奠基—调查研究—体系构建—机制创新—实践验证”的逻辑脉络，围绕职工技术创新的理论内涵、实践表现、体系架构、平台建设、案例研究、机制创新与体系评估等核心问题，构建了五大工程举措、四大平台支撑和六项创新机制的总体架构。这一架构以理论分析为起点，以制度实践为依托，以调查研究为基础，以工程举措为核心，以平台建设为载体，以机制创新为保障，以案例研究为验证，形成了一个逻辑严密、内容丰富的职工技术创新理论体系与实践框架。全书紧扣时代脉搏，回应现实需求，逻辑清晰，层层递进、环环相扣，为电网企业乃至整个能源电力行业提供了可借鉴、可复制的创新发展路径。全书主要包括八个章节。

第一章为绪论。本章在全球能源转型、新质生产力发展和企业自我驱动的多重背景下，阐述了电网企业职工技术创新对于推动企业转型升级、实现“双碳”目标的关键作用。系统梳理了职工技术创新的研究背景、意义、思路与方法，明确了构建职工技术创新生态体系的理论基础与实践路径，强调以基层职工为主体、以创新工作室为平台，破解体制机制障碍，推动科技成果高效转化，为电网企业高质量发展注入持续动力。

第二章为职工技术创新的理论分析。本章从职工技术创新的内涵、特征、分类及影响因素出发，构建了涵盖从创意产生到成果推广的六阶段创新模型，提出了改进型、集成型、自主创新型创新路径。整合创新双螺旋、开放式创新、创新生态等理论，明确了组织管理、人才激励、系统管理和成果转化机制对职工创新起到的支撑作用，为电网企业搭建职工技术创新体系提供理论框架与方法工具。

第三章为职工技术创新的制度与实践分析。本章通过梳理党和国家政策、全国总工会及国家电网的制度设计，揭示了职工技术创新从政策引导到体系化建设的演变历程。总结了法国电力以及我国南方电网、大唐集团等企业的实践经验，提炼出“竞赛激发活力、平台整合资源、工匠引领传承、全链条协同、要素支撑转化”五大经验，为电网企业构建开放共享、高效协同的职工创新生态提供借鉴。

第四章为电网企业职工技术创新的调查分析。本章基于 1712 份问卷和实地调研，发现国网湖北电力职工对创新工作室建设、技能竞赛等项目认可度高，但面临资源共享封闭、资金不足、激励乏力、成果转化不畅、精神传承弱化等困境。职工呼吁强化阵地建设、资金保障、机制完善和平台支撑，为公司优化职工技术创新体系提供了问题导向的改进方向。

第五章为电网企业职工技术创新体系建设的五大工程举措。本章围绕“文化引领、协同联动、成果转化、激励突破、人才培养”五大工程，提出实施感恩教育、容错机制、资金池管理、智库平台、电商化交易、收益分红等举措。通过创新工作室联盟、数字平台赋能、荣誉积分制、青年托举工程等路径，打造全员参与、全链条协同的职工技术创新体系，推动电网企业创新成果向新质生产力高效转化。

第六章为电网企业职工技术创新平台建设。本章以职工技术创新工作室为枢纽，打造“示范引领—实训实战—成果孵化—人才培育”一体化阵地；以创新班组为单元，构建“小改小革—协同攻关—标准固化”的基层创新循环；以职工技术俱乐部为载体，营造“跨专业交流—前沿技术研讨—青年人才托举”的开放生态；组建创新工作室联盟，打破了地域与专业壁垒，实现“资源共享、难题联解、成果共创”，形成纵向贯通、横向协同的平台化创新格局。

第七章为电网企业职工技术创新过程案例研究。本章对典型电网企业技术创新项目进行全过程剖析：通过选择涵盖发电、输电、变电、配电及数字化的代表性单位，运用扎根理论三级编码，提炼出“问题发现—创意评估—项目立项—过程迭代—成果固化—价值转化”六阶段模型，归纳出“基层首创—系统集成—产业赋能”的创新路径，为电网企业复制推广提供可操作范式。

第八章为电网企业职工技术创新体系建设机制创新。本章围绕“决策、投入、人才、项目、转化、全员”六大机制深化改革：建立“战略导向＋市场牵引”双轮决策机制，实施“预算池＋跟投基金”多元投入机制，完善“工匠晋升＋收益分红”人才激励机制，推行“揭榜挂帅＋里程碑”项目管理机制，构建“内部孵化＋外部交易”成果转化机制，打造“积分制＋荣誉体系”全员赋能机制，形成“制度闭环、动力持续、价值共享”的长效创新生态。

本书既是国网湖北省电力有限公司落实中共中央、国务院关于产业工人队伍建设改革部署的阶段性总结，也是能源央企以职工技术创新服务中国式现代化建设的路径探索。它不仅是对职工技术创新政策落地见效的生动诠释，更是对新时代背景下企业如何激发职工创新活力、推动产业升级的一次有益尝试。我们期待，本书的研究成果能够为全国能源电力行业乃至各类国有企业建设职工创新体系、开展职工技术创新活动、培育新质生产力和建设一流企业提供有益的借鉴，共同推动中国经济社会高质量发展。

目　录

第六章　电网企业职工技术创新平台建设

第七章　电网企业职工技术创新过程案例研究

第八章　电网企业职工技术创新体系建设机制创新

第一章　绪论

一、研究背景

（一）全球能源转型与技术创新的趋势要求

全球正处于能源革命的关键时期，呈现出多样的形式和鲜明的特征。当前，全球能源体系正经历"结构—技术—市场"的立体化变革，能源系统呈现出"数字孪生—分散自治—全球协同"的新特征，能源消费结构不断优化，太阳能、风能、水能等可再生能源发展迅猛，装机容量持续增长。能源开发技术不断创新，储能技术、氢能技术等新兴领域取得突破。能源市场格局发生变化，新兴经济体在能源领域的影响力逐渐增强。能源革命在这一趋势下呈现出三方面特征：其一，数字化趋势明显，能源生产和消费的智能化管理水平提高；其二，能源分布趋于分散化，小型分布式能源系统增多，满足局部区域的能源需求；其三，国际合作加强，各国在能源技术研发、能源贸易等方面合作交流频繁，共同应对能源挑战。总之，全球能源改革正朝着更加清洁、高效、智能和合作的方向迈进。这一变革以可再生能源的兴起和传统能源结构的调整为标志，旨在应对日益严峻的气候变化和环境问题。

随着越来越多的国家对于减排目标形成共识，各国政府在能源转型方面付出的努力日益加强，我国政府也对电网企业技术创新提出新期待和新要求。欧盟在2020年发布的《欧洲绿色协议》中提出了2050年实现碳中和的目标，这一目标的实现离不开对可再生能源和电网现代化技术的大规模投资。美国在2021年重新加入《巴黎协定》，并宣布了多项有关清洁能源和电网现代化的计划。中国在《“十四五”现代能源体系规划》中也提出了清洁能源的发展目标，强调提高非化石能源的比重和电网智能化。在这一过程中，电网技术的创新尤为关键，需要以“双碳”目标为牵引，加速构建清洁低碳、安全高效的新型电力系统，推动可再生能源大规模开发与消纳，强化数字技术与能源产业深度融合，打造具备自感知、自决策能力的智能电网，注重提升能源系统韧性，保障极端情景下的能源安全稳定供应，聚焦民生需求，优化服务，推动城乡能源普惠共享，同时积极参与全球能源治理，提升国际标准话语权，形成技术引领与开放合作的双重驱动格局。这场转型不仅是对传统能源依赖模式的挑战，也是技术创新和工业升级的重要驱动力。

全球能源转型和技术创新的趋势为电网企业带来了前所未有的挑战。首先，能源结构变化使得可再生能源大量接入电网。可再生能源具有间歇性和波动性的特点，如风电和光伏发电受天气影响较大，这对电网的稳定性和调节能力提出了更高的要求。电网企业需要投入更多的资金和技术来优化电网调度，增强储能设施建设，以保障电力供应的平稳可靠。其次，能源消费模式的转变带来挑战。分布式能源的兴起，如家庭太阳能发电和小型风力发电，使得电力的生产和消费更加分散化。这要求电网企业改进管理模式，提升对分布式能源的整合和管控能力，确保电网运行的安全与高效。最后，全球能源转型推动了能源技术的快速发展和创新。智能化、数字化技术在能源领域广泛应用，电网企业需要不断加大研发投入，提升自身的技术水平，以适应新的技术变革。此外，国际能源市场竞争也日益激烈。国外先进的电网技术和管理经验对中国电网企业构成竞争压力，电网企业应加强国际合作与交流，提升自身在国际市场的竞争力。总之，全球能源转型给中国电网企业带来了多方面的挑战，企业要积极应对、抓住机遇，实现可持续发展。

能源转型带来的多方面挑战不仅需要科技创新领航，而且需要广大基层职工基于生产过程开展技术创新。能源转型要求电网企业不仅要适应快速变化的市场和技术环境，还要积极参与这一变革，通过技术创新推动自身的转型升级。能源转型中，科技创新至关重要。它不仅能开发高效的新能源转化技术，提高能源利用效率，突破储能瓶颈，保障能源供应稳定，而且能促进智能电网发展，优化能源分配，降低能源生产与使用成本，推动可持续发展。这是能源转型成功的关键驱动力。然而，在能源转型的大背景下，电网企业职工技术创新也具有极其重要的必要性：其一，能源转型促使能源结构发生深刻转变，可再生能源比重不断上升。为了高效整合和优化这些多元化的能源资源，电网企业职工依托丰富的基层实践经验，通过技术创新，提升电网的适应性和灵活性，确保能源的稳定供应和高效传输。其二，随着智能电网、分布式能源系统等新兴技术的快速发展，电网的复杂性和智能化程度大幅提高。职工的技术创新能够帮助企业攻克技术应用端的难题，实现电网的智能化监控、调度和管理，提高电网的运行效率和可靠性。其三，在激烈的市场竞争中，电网企业要保持领先地位，职工的技术创新能力是关键。作为重要组成部分的基层职工积极开展创新活动，是增强企业的核心竞争力、为企业创造更大经济效益的重要途径。综上所述，电网企业职工的技术创新在能源转型背景下是不可或缺的，对于推动电网企业的发展和能源转型的成功实施具有重要意义。

（二）新质生产力与国家创新发展战略的使命要求

生产力是推动社会发展变迁的最活跃因素，是可能的潜在力量与新生的现实力量之合力。中国特色社会主义进入新时代，我国经济社会发展面临着不断变化的新形势和新任务，不论是化解当前经济发展面临的复杂局面，还是扎实推进高质量发展，完成社会主义现代化强国目标，“最根本最紧迫的任务还是进一步解放和发展社会生产力”。“发展新质生产力是推动高质量发展的内在要求和重要着力点……必须继续做好创新这篇大文章，推动新质生产力加快发展。”2025 年政府工作报告指出，要“因地制宜发展新质生产力，加快建设现代化产业体系。推动科技创新和产业创新融合发展，大力推进新型工业化，做大做强先进制造业，积极发展现代服务业，促进新动能积厚成势、传统动能焕新升级”。加快发展新质生产力是全面推进“十五五”经济社会高质量发展和企业转型升级的基石。

新质生产力和创新驱动发展战略在本质上不谋而合，都对职工创新提出了明确的要求。党的二十大报告就明确指出，“必须坚持科技是第一生产力，人才是第一资源，创新是第一动力”，体现了党和国家对科技、人才、创新工作的重视；同时，“十四五”规划也明确提出了加快技术创新的目标，强调了创新驱动发展战略的重要性。作为企业生产主体的广大职工其实是开展技术创新的主体。发展新质生产力需要创新，需要广大基层职工发挥主观能动性，提高“懂技术会创新”的能力素质，在岗位上勠力创新，提高生产效率。中共中央、国务院印发的《国家创新驱动发展战略纲要》(以下简称《纲要》)，旨在构建全面开放的创新体系，这为电网企业技术创新提供了广阔的发展空间。《纲要》强调了加强基础研究、应用研究和技术开发的重要性，特别是在新型电网、智能电网和清洁能源等领域的研究。

电网企业职工技术创新是发展新质生产力、激活创新生态的核心引擎。自2012年全总联合科技部等6部委下发了《关于进一步加强职工技术创新工作的意见》以来，国家通过制度设计，强化职工在现代化建设中的主力军地位，为技术创新筑牢根基。针对电网行业特性，政府明确将智能电网技术作为战略突破口，国家电网公司以此为导向，提出建设“具有中国特色国际领先的能源互联网企业”的战略目标，加快推动构建新型电力系统和新型能源体系，为职工创新划定前沿赛道。在智能电网、新能源并网、储能技术等关键领域，职工创新呈现“基层突破—系统集成”的裂变效应：从智能巡检机器人到虚拟电厂调度平台，从柔性直流输电到碳监测管理系统，百余项职工创新成果转化为行业技术标准，推动电网向“透明化—自适应—零碳化”演进。这些创新不仅使电网损耗降低30%、新能源消纳能力提升45%，更催生综合能源服务新业态，带动企业从单一供电向“源网荷储”一体化运营转型。更具深远意义的是，职工创新形成的“技术众创”模式，正在重构行业创新生态。通过劳模工作室、创新联盟等载体，基层经验与前沿理论深度融合，攻克了分布式电源接入、电力市场交易等20余项行业共性难题，牵引整个产业链向高端化跃迁。这种“自下而上”的创新浪潮，已成为推动能源革命、培育新质生产力的关键变量。

（三）电网企业转型升级的自我驱动需要

全球能源革命正以不可逆之势重塑电力行业格局，驱动电网企业加速技术迭代与生态重构。国际能源署（IEA）数据显示，2020年全球可再生能源投资突破3000亿美元，中国《“十四五”可再生能源发展规划》进一步量化转型目标：2025年可再生能源年发电量将达3.3万亿千瓦时左右，在全社会用电量增量中的占比超过50%，风电、太阳能发电量实现翻倍。这一战略导向在2025年一季度已显现成效——全国可再生能源发电量达8160亿千瓦时，同比增长18.7%，占比攀升至35.9%，其中风电光伏贡献率超65%，印证了新能源从“补充能源”向“主体能源”的跨越式发展。技术变革的浪潮中，智能电网、储能系统及电动汽车充电网络成为投资新热点，2024年全球相关领域融资规模同比增长27%，凸显了市场对电网智能化、互动化的迫切需求。面对气候变化的全球性挑战，电网企业肩负双重使命：一方面，通过特高压输电、柔性直流等技术突破，破解可再生能源大规模并网难题；另一方面，依托数字孪生、人工智能等手段，将输电损耗从6%降至4%以下，推动能源利用效率革命。在这场转型攻坚战中，基层职工正在成为破局的关键变量。他们扎根运行一线，对电网痛点具有天然感知力，这种“基层首创—系统优化—产业赋能”的创新闭环，不仅使电网故障响应速度提升，而且催生出虚拟电厂、需求响应等新业态，推动企业从传统电力供应商向综合能源服务商转型。实践表明，职工技术创新已成为电网企业平衡能源转型“安全性—经济性—清洁性”三角难题的核心支点。

能源转型和技术发展迫切需要建立卓有成效的职工创新体系。随着可再生能源比例的增加和电力市场化改革的进行，电网需要更加灵活高效地运行。全球能源竞争加剧，要想在国际能源行业立于不败之地，创新是电网企业的必由之路。为此，国家电网有限公司第四届职工代表大会第三次会议暨 2023 年工作会议明确了新时代新征程公司的使命任务，阐述了“一体四翼”高质量发展的科学内涵、目标任务、实现途径，以“一体四翼”高质量发展全面推进具有中国特色国际领先的能源互联网企业建设。2024 年 6 月 13 日，湖北“三型三强”新型电力系统蓝皮书发布暨新型电力系统技术联盟成立大会在武汉召开。会议提出，湖北将建设以“安全充裕型、数智友好型、主动平衡型”为特征，以“全省清洁能源配置强平台、全国新型电力系统互联强枢纽、长江经济带新型能源体系构建强支点”为定位的“三型三强”新型电力系统，明确了湖北新型电力系统建设路线图。在新时代背景下，创新是推动电力系统转型的关键力量，探索和建立一个有效的技术创新体系，不仅是为了应对外部市场和技术的变化，而且是为了满足企业自身可持续发展的内在要求。通过技术创新提升电网的灵活性、效率和环境友好性，已经成为电网企业发展的核心任务。在这一过程中，基层职工的技术创新能力是不可或缺的，因此，建立和完善电网企业基层职工技术创新体系显得尤为重要。这不仅有助于提升电网企业的整体技术水平，而且能够促进企业文化的创新和职工的积极参与，为电网企业的长期发展奠定基础。

（四）激发更广大基层职工技术创新的内在需要

广大基层职工是推进企业创新与发展的主力军，职工创新是产业工人队伍改革的重要指标。2017 年 4 月，中共中央、国务院印发《产业工人队伍建设改革方案》（以下简称《改革方案》），《改革方案》对推进产业工人队伍建设改革作出重要部署，要求整合工会职工技能培训资源，发挥工会职工教育阵地优势，落实企业培训产业工人主体责任，培育更多“大国工匠”。2024 年 10 月 12 日发布的《中共中央、国务院关于深化产业工人队伍建设改革的意见》，进一步强调，“产业工人是工人阶级的主体力量，是创造社会财富的中坚力量，是实施创新驱动发展战略、加快建设制造强国的骨干力量”，“鼓励产业工人立足工作岗位、解决现场实际问题，广泛开展面向生产全过程的技术革新、技术创新、技术攻关、技术创造和小发明、小创造、小革新、小设计、小建议等群众性创新活动，完善发挥企业班组作用的制度。引导和支持大国工匠、高技能人才参与重大技术革新、科技攻关项目。加强产业工人创新成果知识产权保护，做好产业工人申报国家科技进步奖等工作”。深入推进产业工人队伍建设，既是对国家政策的积极响应，更是推动公司高质量发展的迫切需要。通过职工技术创新提升职工创新素质，是深入推进产业工人队伍建设的有效途径。

当前职工创新工作仍存在诸多问题与堵点。随着全球能源互联网的构建、新能源技术的不断突破以及电力市场的逐步开放，电力企业必须紧跟时代步伐，深化创新驱动发展战略。在此背景下，职工创新工作的质量直接关系到企业乃至整个电力行业的未来发展。然而，目前国网湖北省电力有限公司（以下简称国网湖北电力）在职工技术创新方面依然存在创新主阵地协同不够，管理制度欠完备，职工技术创新存在重复创新、低水平创新、资源浪费问题，职工参与创新积极性不高，基层职工参与度仍有局限，职工技术创新成果转化应用有限和创新工作室开展创新工作存在“封闭化”特点，职工技术创新氛围尚不浓厚等问题。特别是各家公司的信息不通、重复创新和低水平创新，严重影响了创新工作的成效。在能源转型和绿色发展的浪潮中，电力企业需要依靠职工的智慧和创造力，不断探索新技术、新工艺、新管理方法，这意味着高质量推动职工创新工作是对电力企业核心竞争力的精准把握。在激烈的市场竞争中，职工的创新能力和创新成果是企业持续发展的重要支撑。通过高质量推动职工创新工作，电力企业可以优化资源配置、提高生产效率、降低运营成本，从而在市场竞争中占据有利地位。

在能源转型与数字浪潮的双重驱动下，激发职工创造潜能已成为国企高质量发展的核心命题。发挥创造潜能是职工内在的主体需要，创新人才的培养需要无边界地主动学习、实践和创新。当前，新生代职工已成为企业的主力军，随着“Z世代”员工进入职工队伍，这一代人展现出鲜明的代际特征：对技术工具具有天然亲和力，追求自我价值的即时兑现，渴望在创新实践中获得组织认同。然而，随着新能源的快速发展和电网智能化水平的不断提高，电力行业正面临着前所未有的变革，生产现场的智能化升级正在重塑创新范式，智能巡检机器人替代常规巡检，AI辅助决策系统渗透至调度运行核心环节，技术创新已从“经验驱动”转向“数据+算法”双轮驱动，迫切需要在新的环境下提高职工技术创新管理的优化和迭代，让先进的生产技术和操作方法为更多的职工所掌握，这必然能增强职工对于企业的认同感和归属感，激发他们的内生动力和创造力，变被动顺应企业的管理为主动自觉地参与企业的技术创新活动，实现职工与企业的双赢。

二、研究意义

在中华民族伟大复兴战略全局和世界百年未有之大变局交织的历史坐标下，中国已实现从技术追赶向创新引领的跨越式发展。企业作为国家创新体系的战略支点，职工创新则是激活企业创新动能的核心引擎。聚焦电网企业职工技术创新研究，不仅关乎世界一流企业建设进程，而且承载着探索中国特色创新发展道路的时代使命。

（一）丰富理论成果，探索职工技术创新的新路径

职工技术创新并非一蹴而就，需要坚实的理论基础作为支撑。丰富理论成果意味着深入研究国内外先进的创新理念和方法，结合我国企业的实际情况，探索出适合职工技术创新的新路径。通过系统梳理和比较分析国内外职工技术创新的理论与实践案例，可以进一步揭示创新活动的内在规律，特别是针对电网企业这一特定行业背景下的创新特点，构建一套既符合一般创新规律又体现行业特色的职工技术创新理论框架，找到一条国有特大型骨干企业在建设世界一流企业的征途中，如何建设世界级职工技术创新的新平台与新路径，从理论上回答如何化解职工技术创新的体制机制障碍和降低交易成本，如何高效率地开展科技成果孵化及推广应用，找到职工技术创新更好地服务中心、融入大局的路径，从而发出电网声音，在理论上丰富职工技术创新体系构建的研究成果。

（二）明确体系与内容，构建职工创新生态体系

构建职工创新生态体系是推动职工技术创新的重要保障。明确体系与内容，不仅要求建立包括创新目标设定、流程管理、激励机制等在内的完整管理体系，确保创新活动有序开展，更重要的是，要紧密结合企业发展战略与市场需求，明确创新的重点领域和方向，使创新工作有的放矢。通过构建如热带雨林般丰富多元的创新生态，既强化物质资源支持，又注重制度保障、文化引领；同时，建立健全动力机制与考核评价体系，实现创新链、产业链、资金链、人才链的深度融合与协同发展。这样的生态体系将为电网企业职工技术创新工作注入强大的生态动能，促进创新成果不断涌现，为企业持续发展提供不竭动力。

（三）多维立体培养，持续提高职工创新活力

多维立体培养是持续提高职工创新活力的重要途径。在新时代背景下，职工不仅是企业运营的基石，而且是创新发展的核心力量。因此，多维度地培养职工的创新能力，对于推动企业持续创新、提高核心竞争力具有至关重要的作用。创新能力的培养需要从多个方面入手，包括知识培训、技能提升、思维拓展等方面。新时代职工群体是双创的主力和创新的关键，其创新动力、能力和活力的提升也是群众创新活动的成果。通过构建职工技术创新生态体系——劳模工匠创新工作室联盟、融合创新中心、创新俱乐部、创新工作室和创新沙龙等多种形式，为职工提供展示才华、交流思想的舞台，激发他们的创新潜能，引领广大职工立足岗位、刻苦钻研，积极投身于大众创业、万众创新，打造一支知识型、技能型、创新型的高素质产业工人队伍，为电网企业的持续创新发展提供源

源不断的动力。

三、研究思路与方法

（一）研究思路

1. 发现问题：理论、案例研究与实地调研。深入分析和借鉴国内外电网企业职工技术创新体系建设的理论研究与实践案例。结合现代创新理论，如创新双螺旋理论、开放创新理论、创新生态理论等，探索适合电网企业基层职工的技术创新模式。同时，精选国内外电网企业职工技术创新的成功案例，进行深入分析，总结经验教训。开展实地调研，深入了解基层职工的创新需求和面临的挑战，确保研究方案的实际可行性和有效性。

2. 分析问题：多视角和多维度结合。在分析视角上，融合管理学、心理学、社会学等学科知识，全面理解和分析职工技术创新的复杂性与多样性。探索跨学科合作机制，促进学术界、产业界与政策制定者之间的知识共享和资源整合。同时，从宏观政策环境、行业发展趋势、企业内部管理机制及职工个体动机等维度，分析职工技术创新的关键影响因素。思考不同维度之间的相互作用及其对职工技术创新体系建设的综合影响。

3. 解决问题：创新体系和机制建设。通过深入研究国内外职工技术创新政策、相关文献、企业实践经验以及调研结果，建立全面的理论框架，以指导电网企业基层职工技术创新体系的构建和发展。首先，明确技术创新体系建设的目标、原则和框架，包括但不限于创新文化培育、创新机制设计、创新资源配置和创新平台建设。设计具体的实施路径以及相应的监测和评估机制，实施路径包括短期行动计划和长期发展战略。其次，基于建设机制去探讨如何有效地转化职工的技术创新成果，包括知识产权保护、成果评价、激励机制等。最后，建立有效的反馈机制，持续优化和调整技术创新体系，确保其具有适应性和持续性。

（二）研究方法

本研究采用定性研究与定量研究相结合的研究方法。通过文献检索、半结构化访谈等方法获取研究数据和资料，通过理论分析、个案分析、文本分析来处理资料，通过专家咨询、现场反馈、政策评估等方法优化对策和措施，最终提出具有操作性的有效改进方案。

1. 文献检索与研究。通过在中国知网、中国案例数据研究中心、万方、百度学术、读秀、Web of Science、EBSCO 等国内外数据库检索与职工技术创新相关的文献和研究报告，查阅政府部门已颁布的与职工、职工技术创新、技术工人、劳模工匠有关的政策、法规，充分掌握国内外职工技术创新的研究现状和案例经验，汲取有利于职工技术创新改进的高价值参考资料。

2. 现有资料和数据的整理与文本分析。通过收集整理国家各部委、国家电网公司和国网湖北电力现有的相关政策文件、工作报告和工作总结等资料，以及职工技术创新现有成效数据等原始数据和执行情况资料，对国家电网职工技术创新的成功和待优化做法进行总结分析，为进一步改进措施奠定基础。

3. 问卷调查与行为事件访谈法。开发调研问题和访谈提纲，按一定的比例进行随机抽样，了解职工对技术创新的认识，并就关键事件和关键情境，让被访谈者回答一些重要和需要深入了解的问题，特别是他们在技术创新工作中经历的成功和不成功的案例事件。同时，选择和组织相关部门的一些代表性人员进行座谈，了解各相关群体和利益相关者对此问题的认识。

4. 系统分析法。将职工技术创新工作机制作为一个完整的系统，对其进行模型化设计，并进行系统目标分析、系统要素分析、系统环境分析、系统资源分析和系统管理分析，准确地研究、分析职工技术创新工作中存在的问题，有效地提出推动职工技术创新的管理方案，全面提升职工技术创新质效。

5. 多学科交叉法。职工技术创新的相关研究是一个复杂的课题，借鉴不同学科的研究成果对职工技术创新的不同问题做多维度透视，可以为完善职工技术创新提供更多的理论支撑。本研究运用经济学、管理学等学科的知识，对职工技术创新的基础理论、发展历程、问题对策等进行多角度分析，明确当前职工技术创新的现状、难点和新形势。

四、研究内容与创新点

（一）研究内容

1. 理论研究——探索特大型国有企业构建职工技术创新体系的新路径。系统梳理国内外关于职工创新及体系建设的研究情况和最新进展，从理论上回答什么是新时代背景下职工技术创新生态体系的内涵、外延和功能定位，探索如何化解职工技术创新及科技成果转化的体制机制障碍和降低交易成本，明确进行职工技术创新的重大意义和内在机制，找到职工创新更好地服务中心、融入大局的路径，形成职工技术创新、科研创新和管理创新的产和教相互增益的关系，探究职工技术创新的模式、机制、成果转化模型，以及生态型班组如何融入全员创新过程。

2. 环境分析——明确进行职工技术创新体系建设所面临的新时代和新坐标。系统梳理近年来党中央、国务院各部委、湖北省政府及国家电网关于深化职工技术创新的政策文件和指导意见，明确职工技术创新的新要求。同时，深入研究随着“云大物移智链”等新一代信息技术给职工技术创新带来的环境变化，加强职工队伍建设，培养创新人才，激发创新活力。

3. 案例研究——汇集国网湖北电力职工技术创新体系构建的借鉴启示。运用案例研究方法，深入探索国内外企业，特别是特大型央企和兄弟企业在职工技术创新体系构建模式、方法、机制、平台、技术、资金、人力、工作室、联盟、渠道、创意与创新管理、保障体系等方面好的做法与经验，总结借鉴与启示，从平台建设、联盟机制、评价体系、开放共享、激励机制、成果转化、产业延伸等方面优化电网企业职工技术创新体系。

4. 文本分析——明确职工技术创新的现状、问题和工作基础。通过调研访谈，在理论指导下运用文本分析技术，以国网湖北电力为例，对电网企业在贯彻落实创新型企业建设、职工技术创新工作规划、丰富拓展创新载体平台、创新工作室建设、工匠培养选树、职工培训与激励、拓展创新成果转化、促进内部整合与外部协同、探索构建企业创新生态环境等方面好的做法进行总结，并找出症结所在，分析原因，为如何进一步优化职工技术创新体系夯实工作基础。

5. 对策研究——形成深化职工技术创新的指导意见。加强对国家有关部委、国家电网关于职工技术创新有关政策的学习，结合国网湖北电力职工技术创新的实际情况和发展需要，形成职工技术创新解决方案，完善公司职工技术创新与成果转化相关制度，形成公司在新形势下关于深化职工技术创新工作的指导意见，构建项目管理、创新激励、资源供给、成果转化、评估准入、平台与联盟建设等机制，制定公司职工技术创新工作推进规划，制定详细的任务清单，聚集全局创新、营造全员创新文化，坚持主体创新、释放基层创新活力，推进联盟创新，共享全产业创新资源，从而直接推动公司职工技术创新工作，形成可面向系统内外宣传和推广应用的创新实践成果。

（二）研究特色与创新

1. 研究方法协同性高。围绕电网企业基层职工技术创新体系建设，本研究采用了多维度融合的研究视角。结合理论与实践、跨学科视角以及多维度分析，本研究不仅深入探讨了技术创新体系建设的理论基础和实践路径，而且广泛涉及管理学、心理学、社会学等学科理论，为技术创新体系建设提供了全面的理论支撑和实践指导。同时，强调协同创新的重要性，通过促进企业内外部资源的有效整合，搭建开放的创新平台，实现学术界、产业界、政策制定者之间的知识共享和资源整合，推动电网企业技术创新体系的持续发展与优化。

2. 研究内容前瞻性强。在当今快速发展的时代，技术迭代日新月异，企业的生存与发展越发依赖创新。研究职工技术创新，可提前布局未来发展路径，通过激发职工的创新潜力，推动企业不断改进生产工艺、提升产品质量和服务水平。这不仅有助于企业在激烈的市场竞争中脱颖而出，而且能为行业发展注入新活力，引领产业升级，同时为社会经济的可持续发展提供强大动力，具有重大的战略意义和广阔的发展前景。要做好新形势下职工技术创新工作，比以往任何时候更加需要创新。本研究以党的二十大报告及党的二十届三中全会最新精神为指导，紧跟新形势要求，同时瞄准“云大物移智链”新一代信息技术革命，系统地提出公司职工技术创新体系，因此具有极高的前瞻性。

3. 研究对策应用范围广。本研究提出了一套系统性的创新管理路径，从职工技术创新内涵、特征、主体分析出发，深入分析了职工技术创新体系建设的理论基础、现状分析、战略安排和机制创新等方面。通过以国网湖北电力为例，对职工技术创新实践进行深入研究，针对存在的问题，在优化组织结构、完善激励机制、增强配合保障等方面提出了具体的建设路径和对策，为电网企业职工技术创新体系建设提供了实践指导和可行方案。同时，本研究探讨了成果转化的有效途径，如加强成果转化平台建设、完善知识产权保护、激励机制等，从而促进技术创新成果的应用和产业化，增强电网企业的核心竞争力。本研究的针对性强，数据来源真实可靠，能够推动实现公司职工技术创新工作迈上新台阶。

第二章　职工技术创新的理论分析

一、职工技术创新

（一）职工技术创新的内涵与特征

在熊彼特于1912年提出的“创新”概念中，创新行为涉及组织和个体两个层面。创新是指将新想法引入实践的过程和程序，因此，创新通常被描述为通过提出有别于常规或常人思路的见解为导向，利用现有的知识和物质，在特定的环境中，本着理想化需要或为满足社会需求而改进或创造新的事物，包括但不限于各种产品、方法、元素、路径、环境等，并能获得一定有益效果的行为。职工是中国社会制度的特有名词，具有明显的中国特色，中国政府颁布的与劳动者权益相关的法律法规，通常以“职工”一词指代劳动者。“职工”一词适用于国内组织的所有劳动者，这是与中国特色的企业管理理论、中国社会情境、中国文化背景相适应的称呼。

职工技术创新在国内外学者的研究中已被广泛定义（见表2–1）。在本研究中，职工技术创新是指以一线职工为主体，以创新工作室和班组为主阵地，以提高职工技能水平和创新能力为目标，以面向生产现场、解决实际问题、适合推广应用为导向，围绕“发现问题就是成绩、解决问题就是创新”的核心理念，紧扣公司高质量发展布局，围绕促进安全、提高效率、提升质量等，广泛开展的技术攻关、技术革新、发明创造及新业态、新模式、新产品、新服务等方面的创新活动。

表 2-1　职工技术创新相关定义

学者	定义
Kate（1964），Kate & Kahn（1978）	职工创新行为是指职工的行为超出了组织的角色期望，是一种员工自发的活动而不是组织明确要求的活动
Schumpeter（1983）	职工创新是一个新的点子从提出到最后成为实际产品所包含的所有过程
Scott（1994）	职工创新是一个解决问题、想法诞生并实践，最终形成产品的多阶段过程
Amabile 等（1996）	职工在企业组织内产生某一想法并将其转换为有价值的产品或操作方法的流程
Annouk（2000）	个人在生产过程中引入能给个人或组织带来益处的新方法或新流程
Kleysen Street（2001）	将新产品的构想、易于改善工作关系的管理体制等应用于组织的个人行动
West（2004）	职工改进或者引入一种新颖的生产技术或工艺流程的相关活动
蔡启通、高泉丰（2004）	职工在组织中对新产品、新技术进行创意寻找、确立、执行，直至最终生产出有益的产品或服务的系列过程
刘云、石金涛（2009）	职工在工作过程中诞生、引入并使用新颖且有效的想法或事物的全过程
顾远东、彭纪生（2010）	职工在工作过程中产生新的方法并努力将其运用于实践的行为
宋典、袁勇志、张伟炜（2011）	个体产生的新颖且对组织有价值的想法、产品或程序

根据职工技术创新的定义与分类，可以发现职工技术创新具有以下特征。一是职工创新应包含创新的全流程，不仅意味着有创意，而且意味着职工应当参与创意的推广与实施过程，即进一步发展、推广并实施创意（Smith et al.,2012）。二是基层职工创新主要来源于日常工作与实际经历，这种创新是立足岗位开展的，需要完成本职工作，因而具有成本低、可实现程度高、实效性强等优点，能够解决实际问题，为企业带来收益（毕小青和陈永春，2014）。三是职工创新以渐进性创新为主（Flocco et al.,2022），通常表现为对生产过程或操作方法的改进（Van et al.,1986），可以包含任何内容（产品、流程与范式），也可以是内部导向（侧重于组织流程和人员管理政策）或外部导向（侧重于业务模式和市场成功选择）（Høyrup,2010）。四是职工开展角色之外的创新工作的目的是解决工作与生产中的实际问题，实现自身价值，强调实用性与自我满足，而非升职加薪、为自身谋取经济利益。五是职工创新较为零散，职工创新的主体是职工本身（Yuan&Woodman,2010），其创新行为依赖职工自身的技能、基于自我发现获取的创新知识（Garvey & Williamson,2002）以及对组织环境的感受，然后做出的个体行为选择，与系统性、规划性的研发工作相比较为零散。六是职工创新源于职工自发的行为与思想，结果是不可预测的，可能会破坏现有系统的秩序，尤其是当企业自身环境较为封闭、保守时，职工创新可能会对现有制度造成冲击（Cadeddu et al.,2023）。

将基层职工纳入创新管理领域存在多方面的原因。一是在现有发展情境中，国家和公司的竞争优势基于创新能力，其中包含职工的教育水平与创新文化的增强。二是随着经济发展，服务业、制造业等行业在依赖研发部门创新之外，也注重临时创新项目中的创新活动，在这种情况下，员工是一个常见且有价值的创新来源。三是信息与通信技术（ICT）的发展，促进了更为分散的创新过程，增加了从职工那里系统地获取创新创意的机会，以及在迭代步骤中开发和选择创意的可能。四是新生代职工已成为企业的主力军，他们渴望在创新中得到承认和认可，在创新中实现自我价值。职工创新并非横空出世的概念，其与员工驱动创新的概念十分相似，两者都强调基层工作者在没有被正式分配创新任务的情况下，对创新过程作出的贡献。

在当代产业变革与组织形态演进的多重驱动下，将基层职工纳入创新管理核心体系已成为必然选择。其深层动因可从四个维度展开分析:（1）国家战略与企业竞争力的双重赋能需求。在全球价值链重构与能源革命背景下，国家创新驱动发展战略要求企业构建“底层创新力”。电网企业作为技术密集型行业，其竞争优势正从规模优势转向“技术专利储备 + 基层创新活力”的双轮驱动。世界经济论坛研究显示，企业创新能力中 35% 的增量来源于一线职工的技术改良与流程优化，这要求创新管理必须突破“研发部门中心化”传统模式，构建全员参与的生态化创新体系。（2）产业形态变革催生的创新范式转移。随着服务型制造、个性化定制等新业态兴起，创新活动呈现“项目制 + 临时性”特征。麦肯锡全球创新调查表明，78% 的突破性创新源自跨部门临时团队，其中基层员工贡献率达 62%。在电网行业，智能巡检机器人的操作优化、新能源并网流程的微创新等场景，均需一线人员基于实战经验提出解决方案，这种“场景化创新”正在重塑企业创新价值链。（3）数字技术重构创新权力结构。ICT 技术发展使创新资源呈现“去中心化”分布特征。区块链技术保障了基层创新成果的可追溯性，数字孪生平台降低了技术验证门槛，AI 辅助设计工具则放大了个体创造力。国家电网“双创”平台数据显示，数字化工具使基层创新提案数量提升 4 倍，平均开发周期缩短 60%，技术扩散速度提高 3 倍，数字技术正在解构传统创新层级，赋予一线职工更大的创新主导权。（4）代际价值观转型引发的管理范式革新。在“Z 世代”员工占比突破 40% 的背景下，创新参与动机发生结构性变化。盖洛普职场调研显示，新生代员工将“创新认可度”视为职业选择的关键因素，其创新行为呈现“自组织 + 社交化”特征。南方电网试点项目表明，建立“创新积分银行”、设立“青年创新特区”等机制后，90 后职工创新参与率从 28% 跃升至 79%，验证了代际特征对创新管理模式变革的倒逼效应。

值得注意的是，基层职工创新与员工驱动创新（Employee-Driven Innovation）在本质上一脉相承，两者均强调突破组织边界，激发个体在非正式创新任务中的创造性潜能。但电网企业的特殊性在于，其创新活动需兼顾技术前沿性与生产安全性，这要求创新管理体系在放权与管控之间建立动态平衡机制，既保障基层创新活力，又确保电网运行稳定。

（二）职工技术创新、管理创新与科技创新

职工技术创新、管理创新与科技创新是根据不同的创新主体命名的三种创新形式，它们同属于创新，但也有各自的特点。管理创新最初是指发明和实施对于最新技术水平而言是新的管理实践、流程、结构或技术，目的是推进组织目标（Birkinshaw et al.,2008）。此时的管理创新主要指全新的内容，被称为生成式管理创新。随着管理创新概念不断拓展，在其他环境中已知但对于采

用的组织而言是新的管理实践、流程、结构或技术，也被视为管理创新（Mol & Birkinshaw,2009）。这种管理创新被称为采用式管理创新（Nguyen,2021）。科技创新是原创性科学研究和技术创新的总称，涉及创造和应用新知识、新技术、新工艺，采用新的生产方式和经营管理模式，开发新产品，提高产品质量，提供新服务的过程。科技创新更关注科学技术层面，主要指的是知识进步（Soete & Freeman,2012），强调新概念、新思想、新知识、新工艺的产生以及在原有基础上的技术变化。

职工技术创新、管理创新与科技创新均是企业创新体系的有机组成部分，它们相互促进，共同推动企业的发展与进步。职工技术创新是基础。一线职工在日常工作中，通过对生产流程、操作方法等方面的改进和优化，提高生产效率和产品质量。例如，工人对某一设备的操作流程进行优化，使其更加便捷高效。这不仅直接提升了企业的生产效益，而且为管理创新和科技创新提供了实践基础及灵感来源。管理创新是保障。良好的管理能够为技术创新和科技创新营造有利的环境。通过创新管理模式、优化组织架构等，合理分配资源，激发职工的创新积极性。例如，采用更加灵活的项目管理方式，鼓励跨部门合作，为技术创新和科技创新项目提供有力的支持和保障。科技创新是核心驱动力。它涉及企业在技术研发、新产品开发等方面实现重大突破。科技创新往往需要技术创新和管理创新协同配合。一方面，科技创新依赖职工在技术层面的不断探索和实践；另一方面，科技创新需要高效的管理来确保研发资源的合理投入和项目的顺利推进。

根据职工技术创新、管理创新与科技创新的相关概念，可知它们之间主要有以下区别（见表 2-2）。一是主体不同。职工技术创新的主体为普通职工，特别是一线基层职工，管理创新的主体多为管理人员或管理领域的专家学者，科技创新的主体多为具备高精尖知识与研发能力的技术人才。二是目的不同。管理创新的目的是优化管理流程、提高管理效率（李瑞达等，2024）；科技创新的目的是更新技术，以科学技术进步推进企业发展；职工技术创新的目的则多是职工解决实际工作问题、提高工作效率。三是内容不同。管理创新的内容侧重于管理方面，更多地强调管理流程、管理实践的创新；科技创新的内容侧重于前沿技术方面，强调新技术、新知识、新设备，以及对前沿理论技术的突破；职工创新的内容主要围绕实际工作问题展开，强调实效性，产出"轻、巧、省"的器具或优化作业流程或提高现场工作的安全性。本研究关注的是以普通职工为创新主体的创新，即职工技术创新。

表 2-2　职工技术创新、管理创新与科技创新的异同

		职工技术创新	管理创新	科技创新
异	主体	一线基层职工	管理人员	科研人员
	目的	解决实际工作问题，提高工作效率	优化管理流程，提高管理效率	更新技术，以科学技术进步推进企业发展
	内容	主要围绕实际工作问题展开，强调实效性，产出"轻、巧、省"的器具或优化作业流程等	侧重于管理方面，更多地强调管理流程、管理实践的创新	侧重于技术方面，强调新技术、新知识、新设备，以及对前沿理论技术的突破
同	联系紧密	三者相辅相成。职工技术创新为管理创新和科技创新提供实践支撑，管理创新保障技术创新和科技创新的顺利进行，科技创新则引领企业不断迈向新的高度，三者共同构建起强大的企业创新体系，助力企业在激烈的市场竞争中脱颖而出		

（三）职工技术创新的阶段

从创意至创新，其间存在一个过程，在阶段之间进行明确区分是有必要的。创造力学者的研究表明，创意产生后，需要进一步对其进行开发与验证。创新学者也指出，成功实施创意之前各项支持活动的必要性与重要性；而创新过程理论认为，创新是一个较为复杂的过程，涵盖了从创意产生到创意实施等多个阶段，并且这个过程受到多种因素的影响，包括资源、人力、市场环境、技术可行性等。

目前学术界对创新过程包含几个维度还未有定论，关于创新行为的阶段学界有不同的主张。卢小君和张国梁（2007）研究表明，企业员工的创新行为可以分为两个维度，即创新构想产生和创新构想执行，并且强调创新构想产生能够推进创新构想执行。Kanter（1988）则指出，创新不仅涵盖创新想法的萌生，而且包括将创新想法进一步细化、落实的过程；员工的创新行为应当是一个三阶段过程，首先通过对问题的认知形成新观念，其次寻找他人支持，并将这种观念进行实践，最后完成产品或服务的商品化。Zhou 和 George（2001）将创新行为定义为四个阶段，包括个体产生创意、形成创新方案、推广创新方案与创新方案投入应用。Kleysen 和 Street（2001）将创新全过程分为五个流程，分别为寻找创新机会、形成创新想法、展开创新调研、寻求创新支持与创新投入应用。创新通常被描述为复杂的程序，包括各种活动，Echebiri 等人（2021）据此认为，职工创新包括三个阶段，即创意的出现和搜寻、创意的生成以及创意的开发和实施。其中，创意的出现和搜寻是伴随着创意的生成而发生的，发生在个体层面，而创意的开发和实施则是发生在团队或组织层面（袁悦等，2024）。团队的重要性表明，成功推进一个创意意味着员工参与整个过程，因此，普通职工能够积极参与职工创新的三个阶段。

以上主张虽各有特色，但大同小异，学术界尚未形成公认划分标准。本研究结合上述研究的优点，根据国家电网职工创新研究的实际，将职工技术创新分为创意产生、创意评估、项目立项、项目实施、成果评估、推广应用等六个阶段（见图 2-1）。

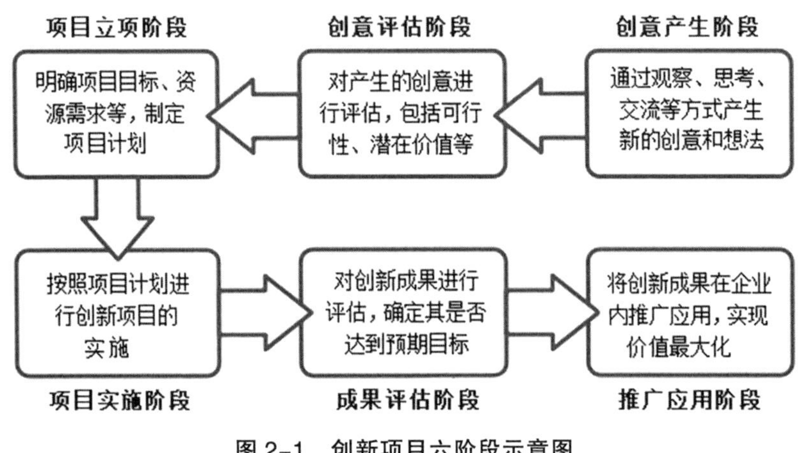

图 2-1　创新项目六阶段示意图

（四）职工技术创新分类

根据创新形式，职工技术创新主要可分为改进型、集成型和自主创新型等三种类型。

改进型创新通常是指，职工在日常工作中，针对现有的工作流程、技术方法、产品性能等内容，进行局部的改进和优化。例如，一线工人发现生产线的某个环节存在生产效率低下的问题，通过调整操作顺序、改进工具使用方法等方式，提高了该环节的生产效率。或者，办公室职员发现某个业务流程烦琐复杂，经过深入分析和思考，提出简化流程的建议，从而减少了工作时间和成本。改进型创新的特点是基于现有的基础进行小幅调整，风险相对较低，实施较为容易。它不需要投入大量资金和技术突破，往往能够在短时间内见到成效。这种创新虽然看似微小，但积少成多，能够为企业带来持续的效益提升。

集成型创新则是将不同的技术、方法、理念等进行有机整合，创造出更具价值的创新成果。在工作中，职工可能会接触到来自不同领域、不同部门的各种资源和信息。通过巧妙地将这些资源进行集成，能够产生意想不到的效果。例如，研发人员将多种先进的技术融入一个产品，使其具备更多的功能和优势。或者，管理人员将不同的管理方法进行整合，形成一套更加高效的管理体系。集成型创新需要职工具备广阔的视野和较强的综合能力，能够发现不同资源之间存在的潜在联系，并将它们有效地组合在一起。这种创新方式能够充分发挥现有资源的价值，实现资源优化配置，为企业带来更大的竞争优势。

自主创新型创新要求职工具备强烈的创新意识和深厚的专业知识，能够独立地开展创新性的研究和开发工作。自主创新型创新往往涉及全新的技术、理念或商业模式的创造。职工需要进行大量调研、实验和探索，突破传统思维模式和技术限制，开拓新的领域。例如，创新工作室人员经过长期的努力，开发出一种全新的材料或技术，为企业带来革命性的变化。或者，营销人员提出一种全新的商业模式，为企业打开新的市场空间。自主创新型创新需要企业给予充分的支持和鼓励，包括提供充足的研发资金、营造良好的创新氛围、建立有效的激励机制等。虽然自主创新型创新的风险较高，但是一旦成功，将为企业带来巨大的经济效益和社会效益。

改进型、集成型和自主创新型创新在企业创新中既相互区别又紧密联系。它们的区别在于，改进型创新主要是对现有工作流程、技术方法等进行局部优化和调整，幅度相对较小，风险低、易实施，能在短期内提升效率或质量。例如，工人对设备操作做出的小改进。集成型创新是将不同的技术、理念等进行有机整合，创造出更具价值的成果，需要有广阔的视野和综合能力，如融合多种先进技术于一个产品。自主创新型创新则是独立开展创造性活动，追求全新的突破，风险高但收益大，如开发全新的技术或商业模式。与此同时，它们也相互联系，改进型创新为集成型创新和自主创新型创新提供基础。通过不断地进行改进积累经验和灵感，可能成为集成型创新的元素，也可能为自主创新型创新打开思路。集成型创新可利用改进型创新的成果，同时为自主创新型创新提供资源整合的思路和方法。而自主创新型创新一旦成功，又能为改进型创新和集成型创新提供新的方向和更高水平的技术支撑。三种创新共同构成了企业创新体系，推动企业不断发展，适应市场变化和提升竞争力。

（五）职工技术创新影响因素

本研究将职工创新的影响因素归纳为内部因素和外部因素，内部因素体现为职工的个人特质和心理因素，外部因素则是工作本身的特征以及职工所在团队和组织的影响（见图 2–2）。

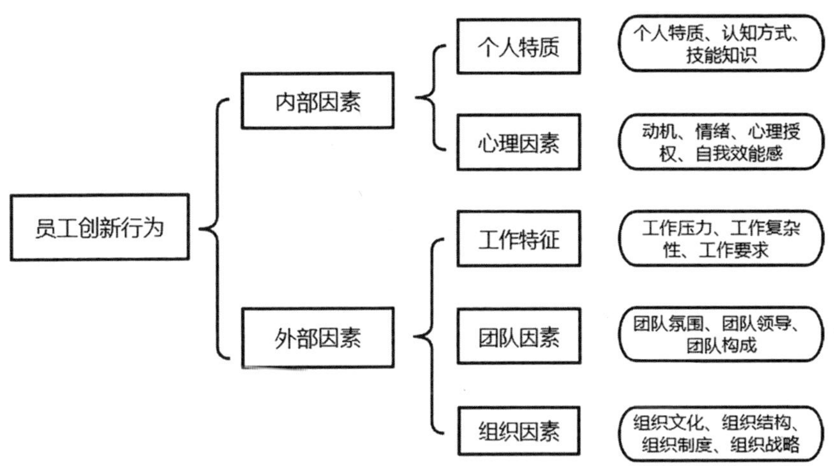

图 2-2　职工技术创新影响因素示意图

1. 个人特质。职工技术创新的重要影响因素是作为创新主体的职工的自身特质。Kesting 和 Ulhøi（2010）认为，员工具有隐藏的创新潜力，并且这种潜力可以显现、认可和开发。理解影响员工创新行为的各种因素极为重要（Amankwa et al.,2019）；任何创造力的根本来源是个人（Redmond et al.,1993）；从理论上讲，职工的创造力提供了职工创新所需的动力（Oldham & Cummings,1996）；具有创造性的职工更有可能发现新产品，或者能够利用现有方法产生新想法，进而解决与工作相关的问题，并经常制定可行的实施计划（Gumusluoglu & Ilsev,2009）。此外，职工的专业知识与工作经验对职工创新也具有重要意义，依靠工作经验与专业知识的创新是务实的，在降低风险的同时能够节省时间和资金，避免了从完全新颖的知识中发展出全新视野而导致的失败（Hargadon,2003）。Echebiri 和 Chukwuemeka（2020）认为，自主需求、自我领导与职工创新具有显著的正相关关系。此外，敢于冒险的个性让职工更有可能尝试新的方法和技术，不怕失败，勇于在不确定的情况下探索创新之路。

2. 心理因素。动机、情绪、心理授权和自我效能感等心理因素对职工技术创新产生重要影响。动机是推动职工进行技术创新的内在动力。热爱工作、追求自我实现等内在动机，能让职工主动投入创新活动，积极寻找问题的解决方案。奖励、晋升等外在动机，也会激励职工努力创新，获得相应的回报。情绪在职工技术创新中也起着关键作用。积极的情绪能提升职工的创造力和思维灵活性。当职工处于愉快、兴奋的情绪状态时，更有可能产生新颖的想法和大胆的尝试。而消极的情绪可能会抑制创新，使职工陷入焦虑和沮丧，降低创新的积极性。心理授权让职工感受到自己在工作中有更大的自主权和影响力，从而增强他们对创新的责任感和投入度。被授权的职工更敢于挑战现状，提出创新的建议和方案，积极推动技术创新的实施。自我效能感高的职工相信自己有能力完成创新任务。他们在面对困难和挑战时更有信心坚持下去，勇于尝试新的方法和技术。这种自信会促使他们不断探索，为技术创新付出更多的努力。

3. 工作特征。工作特征因素中的工作压力、工作复杂性和工作要求对职工技术创新产生重要影响。工作压力在一定程度上能够激发职工技术创新。适度的压力可以促使职工更加专注和努力地寻找解决方案，应对工作中的挑战。例如，面临时间紧迫的任务压力时，职工可能会突破常规思维，尝试使用新的方法和技术来提高工作效率。然而，过高的压力可能导致职工焦虑和疲劳，反而抑制创新能力。工作复杂性为职工技术创新提供了契机。复杂的工作任务通常需要职工综合运用多种知识和技能，这就促使他们不断思考和探索新的途径。在解决复杂问题的过程中，职工更容易产生创新的想法和实践。例如，面对一个涉及多个领域知识的项目，职工需要整合不同的资源和方法，从而产生创新性成果。工作要求对职工技术创新也有推动作用。较高的工作要求促使职工不断提升自己的能力和素质。为了满足这些要求，职工会主动学习新的技术和知识，进而为创新奠定基础。同时，明确的工作要求也为职工的创新方向提供了指引，使他们的创新更具针对性和实用性。总之，将工作压力、工作复杂性和工作要求等工作特征因素控制在合理范围内，能够积极促进职工技术创新，但需要把握好度，以实现最佳的创新效果。

4. 团队因素。团队是职工日常活动单元，团队因素是职工技术创新的重要影响因素。良好的团队氛围能极大地促进职工技术创新。在积极和谐的团队氛围中，成员之间相互信任、尊重和支持，能够自由地交流想法和分享经验。这种开放的氛围鼓励职工大胆提出创新观点，不用担心被批评或嘲笑。例如，当团队成员经常开展头脑风暴时，不同的思维碰撞容易激发创新火花。团队领导在职工技术创新中发挥关键作用。具有创新意识和开放心态的领导会鼓励职工尝试新事物，为他们提供资源和支持。领导的榜样作用也能激励职工积极创新，若领导勇于创新，职工也会更有动力去探索。同时，领导对创新失败的包容态度，能够打消职工进行创新活动的后顾之忧。团队构成对职工技术创新也很重要。多元化的团队构成，包括不同专业背景、技能和经验的成员，能够带来丰富的视角和思路。例如，技术人员和市场人员组成的团队能更好地将技术创新与市场需求相结合。性格特点不同的成员搭配也有助于创新，例如，有的成员善于提出新想法，有的成员则擅长将想法付诸实践。总之，积极的团队氛围、优秀的团队领导和合理的团队构成，能够为职工技术创新提供有力的支持和保障。学术界还关注领导风格如何影响职工的创新行为，例如，Khalili（2016）认为，具有变革型领导风格的领导是员工创造力和创新的主要驱动力。

5. 组织因素。组织环境对职工创新意愿和行为具有一定的影响作用。学界强调了人力资源管理如何影响创新行为，如招聘、甄选和嘉奖员工（Jiang et al.,2014）以及各种财务激励（Talukder,2011）；同时，人力资源管理实践与工会实践的互动对创新行为也具有显著影响（周潇等，2023）。组织文化方面，鼓励创新、容忍失败的文化氛围能够让职工敢于尝试新想法和新技术。当组织倡导创新精神时，职工更有动力去探索和突破；相反地，保守的组织文化可能抑制职工的创新热情。组织结构的灵活性也影响着职工技术创新。扁平化的组织结构减少了层级，使信息流通更加顺畅，职工能够更快速地将创新想法传递给决策层，并且更容易获得资源支持。而较为僵化的组织结构可能阻碍创新的推进。在组织制度中，合理的激励制度能够有效地激发职工的创新积极性。例如，对产生创新成果的职工给予物质奖励和晋升机会，会让职工更加努力地投入创新工作。同时，完善的培训制度可以提升职工的专业技能和创新能力，为创新提供知识基础。组织战略对职工技术创新起着导向作用。如果组织将创新作为核心战略，那么会在资源分配、项目选择等方面向创新倾斜，为职工提供更多的创新机会和平台；相反，缺乏创新战略的组织可能会使职工的创新努力缺乏方向和支持。

（六）职工技术创新的主阵地

1. 创新工作室。创新工作室是职工创新活动的主阵地。创新解决的是系统性的复杂问题，涉及多个未知的利益相关者，面对系统性挑战，公司越来越多地促进跨学科与组织边界的协作（Caccamo,2020）。在这种情境下，组织越来越多地将创新工作室作为推动创新活动和支持组织创新能力发展的重要举措（Schiuma & Santarsiero,2023）。由于传统的研发中心（R&D）通常与公司的其他部分相分离，即使配备了高科技基础与技术人员，也无法始终维持和提高企业的创新能力，因此，组织需要让更多的人参与创新。从这个角度看，创新工作室已成为一项有力的举措，能够促进职工创新，为提高创新能力创造条件，从而支持组织的动态发展和竞争力（Santarsiero et al.,2022）。创新工作室是一种鼓励跨专业协作的创造性方式，对跨专业学习、工作满意度以及职工创新产生积极影响（Raderstorf et al.,2020），能够将多个参与者汇聚在一起，进行协作实践，进而生成新产品和新流程（Caccamo,2020）。

职工创新工作室是企业创新发展的重要方式之一，有利于彰显模范职工的先进性，推进职工创新与企业发展。在我国，创新工作室是以创新人才、劳模工匠、技能人才等优秀人才为核心，在企业内部成立的群众性创新团队，致力于解决所在企业（单位）在生产、技术、管理、安全、经营等核心工作实践中遇到的各种难题与挑战，主要开展产品优化升级、科技研发创新、前沿技术攻关、“五小”创新活动、服务流程创新等工作（王威，2022）。创新工作室一般有四大功能，即创新创效、实训实践、成长成才和传承传播，通常要求创新工作室符合“六有”标准，即有领衔人、有创新团队、有固定场所、有制度保障、有创新成果、有示范效应。

职工创新工作室在不同企业的名称不一。我们的创新工作室类型众多，其中为人们熟知的有职工创新工作室、劳模创新工作室、工匠创新工作室、专家工作室等（金璐和邱建忠，2017）。虽然名称有所差异，但是企业并没有对其进行严格的区分，创新工作室的主要作用仍是发挥先进职工的带动作用，推进职工创新，企业可以根据自身的工作特色与需求，开展职工创新工作室建设工作（李欢，2021）。例如，某个企业的职工具有大国工匠、全国劳动模范、省级工匠、省级劳动模范等国家级或省市级荣誉称号，企业就可以围绕该职工建设职工创新工作室，并以该职工姓名命名职工技术创新工作室。近年来，越来越多的国有制造企业开始采用工作室的模式，企业根据自身的行业特征和经营特点，以工作室这种组织模式为核心，制定与其相配套的规章制度和管理政策，这一模式在很大程度上缓解了技能人才、创新人才缺口，工作室这种组织形式在企业内逐渐发展壮大（赵琛徽和陈子萌，2021）。

2. 班组。班组是企业内部的基本作业单位、基层劳动和管理组织，也是企业职工技术创新的主阵地。班组的起源可以追溯到工业生产的产生与发展。随着企业规模的扩大和生产分工的细化，为了高效地组织生产活动，企业将生产过程中相互协同的同工种工人、相近工种或不同工种工人组织在一起，便形成了班组这种形式。

在现代企业中，班组具有以下几个特点：第一，结构小。它是企业的基层单位，不能再进一步细分。第二，管理全。麻雀虽小，五脏俱全，班组涉及质量、安全、生产、工艺、劳动纪律等方面的管理。第三，工作细。班组的工作非常具体，需要班组长具备耐心和细致的特质。第四，任务实。企业所有的生产管理内容最终都要落实到班组，如同“上面千条线，下面一根针”。第五，群众性强。班组工作是一项群众性很强的生产活动，需要班组长团结员工，集中众人的智慧和力量，才能更好地完成任务。第六，创新活。班组作为企业创新的微观基础，是企业持续改进和创新的重要源泉。它能够快速响应市场需求和生产变化，鼓励班组成员在日常工作中勇于尝试新方法、新技术，不断寻求提升效率和节约成本的创新点。

班组在企业中扮演着至关重要的角色。它是企业各项工作的具体执行者，承担着完成生产任务、提高生产效率、保证产品质量、实现安全生产等重要职责；它是加强企业管理、搞好安全生产、减少伤亡等各类灾害事故的基础和关键；它也是企业信息传递的重要渠道，负责将管理层的指示传达给员工，并将工作中的问题、建议反馈给管理层。更为重要的是，班组作为企业的基层创新单元，其具备的创新功能不容忽视。班组贴近生产一线，能及时发现并解决问题，通过小改小革提升生产效率。班组成员间的交流与合作，激发了创意火花，促进了技术革新和工艺优化。同时，班组也是培养创新人才的摇篮，通过鼓励员工提出改进建议、参与创新项目，不仅增强了团队凝聚力，而且提升了员工个人技能与创新能力。因此，班组的创新功能是企业持续发展的重要动力，它能够不断推动企业技术进步，提升市场竞争力，实现可持续发展。虽然班组长在一般企业中不算“干部”，但实际上他们基本具备了“干部”的管理职能，因此也被称为“兵头将尾”。一个优秀的班组能够通过高效的协作和精确的操作，提高企业的生产效率，确保产品质量的稳定性和可靠性，同时营造良好的安全工作环境，并培育团队的合作精神，为企业的创新发展和竞争力提供有力支持。

在电网系统中，班组占据着至关重要的地位并发挥着不可或缺的作用。班组处于电网运行和维护的第一线，是保障电网安全稳定运行的基础力量。他们如同电网的“细胞”，虽小却至关重要。从工作环节上看，班组是电网各项工作任务的直接执行者。无论是电网建设、设备安装调试，还是日常运维检修，都依赖班组的具体操作。班组的工作质量和效率直接影响电网的整体运行状况。在作用方面，班组起着关键的保障作用。班组负责对电网设备进行定期巡检，及时发现并处理故障和隐患，确保电网设备正常运行，为用户提供持续稳定的电力供应。同时，班组也是电网技术创新和改进的重要实践群体。班组成员在实际工作中积累经验，提出创新性的改进措施和技术方案，推动电网技术不断进步。此外，班组在团队协作和人才培养方面发挥着积极作用。通过共同完成工作任务，班组成员之间形成紧密的协作关系，培养了团队精神。而且，班组为新员工提供了实践锻炼的平台，有助于培养新一代电网专业人才。综上所述，班组在电网中的地位举足轻重，发挥着不可替代的作用，它是电网企业安全、稳定、高效运行和创新发展的坚实支撑。

二、职工技术创新体系的构成

职工技术创新体系是企业为推动职工积极参与技术创新活动而构建的一套系统性架构，是在企业内部构建的一套以促进职工技术创新活动为核心，以提高企业经营效益、安全水平、工作效率、员工劳动技能或操作水平为目标，通过发明创造、技术革新或技术改进、技术创新与开发、发现并杜绝安全隐患、职工技术创新成果推广应用等途径，借助一系列组织机制、激励机制、转化机制和支持机制等，实现科技成果向生产力转化的综合体系。

职工技术创新体系主要由以下几个关键结构组成，它们相互关联、相互支撑，共同构成了一个完整的创新生态系统，推动职工技术创新流畅运转、自我更新、持续演化，并促进创新成果转化顺畅进行和合法、合理分配转化利益。

1. 组织与管理机制。这是职工技术创新体系的基础，包括设立专门的创新管理机构或团队，负责制定创新计划、组织创新活动、管理创新资源等。同时，建立完善的创新管理制度和流程，确保创新活动有序进行和高效管理。

2. 激励与奖励机制。为了激发员工的创新热情，企业需要建立一套完善的激励与奖励机制，包括物质奖励（奖金、股权激励等）、精神奖励（表彰、晋升等）。通过这些激励措施，让员工感受到创新带来的实际收益和荣誉，从而更加积极地投入创新活动。

3. 技术支持与服务平台。技术创新需要相应的技术支持和服务。因此，企业需要建立技术支持平台，为员工提供必要的技术资源、实验设备和研发工具。同时，还可以建立创新服务平台，如创新咨询、专利申请、成果转化等“一站式”服务平台，帮助员工将创新想法转化为实际成果。

4. 成果转化与应用机制。创新成果只有转化为实际生产力，才能真正地发挥其价值。因此，企业需要建立一套完善的成果转化与应用机制，包括成果评估、市场推广、技术应用等。通过这一机制，将员工的创新成果转化为企业的产品或服务，提高企业的市场竞争力和赢利能力。

5. 文化氛围与创新环境。良好的创新文化和氛围对于职工技术创新体系的成功至关重要。企业需要营造鼓励创新、宽容失败的文化氛围和创新环境，让员工敢于尝试、敢于创新。同时，企业通过举办创新论坛、交流会等活动，促进员工之间的交流与合作，激发更多的创新灵感。

三、职工技术创新的理论基础

（一）创新管理

20 世纪以来，创新管理的定义备受学术界关注，目前并未形成一致的标准。创新管理建立的组织形式和管理内容要求能够保障创新成果达成最终目标；创新管理需要围绕创新要素建立新的流程和结构，这往往体现为企业现有管理流程的改革和完善。这就需要对管理有深刻的体验，对创新工作特点有全面的了解。

创新管理能力对产品创新推进企业技术创新活动产生直接影响。例如，多样化、独特性、知识性等管理能力，在实现技术创新过程中需要将产品作为载体，主动向消费者进行推广和宣传，主动接纳市场意见。创新管理目标能推动企业的全球化，在重视区域经济、国家经济进步时，应该动态关注全球经济动态，技术创新要以市场业务需求为指引，改变传统的市场营销战略，按照市场营销战略开展一系列活动的，一切都需要有创新管理的支持。创新管理直接影响企业技术创新，它是保持组织、协调、指挥、综合管理等功能的核心，企业所有运作环节均对产品创新、技术创新有直接影响，而科学合理的管理尤为关键。当前，智能制造企业面临激烈的竞争格局，企业整合技术创新管理成为必然诉求，能为企业技术创新和资源整合提供基础。以下为主要的创新管理理论：

1. 创新双螺旋理论。创新双螺旋理论是指技术进步与应用创新在技术创新中构成的“双螺旋结构”。该理论从技术创新发展维度出发，落脚于技术创新的生产力转化。这一理论认为，技术进步和应用创新既分立又统一，共同演进。技术进步为应用创新创造了新的技术条件，推动着应用层面的发展；而应用创新往往很快达到技术的极限，进而促使技术进行进一步演进。只有当技术和应用的激烈碰撞达到一定程度的融合时，才会诞生引人关注的模式创新和行业发展的新热点，技术创新正是这一“双螺旋结构”共同演进催生的产物。例如，云计算的发展就体现了创新双螺旋理论。云计算的早期目标是让计算、存储等资源像水、电一样随取随用，这是技术进步的体现。但随着应用的深入，单纯的资源“池化”无法满足需求，于是从芯片、协议等底层技术创新入手成为必然趋势，例如，亚马逊云科技推出多种定制化芯片设计以及对底层网络协议的创新，这既提升了云计算的性能，又体现了应用创新对技术进步的推动。该理论强调了科技创新不是简单的线性过程，而是多主体参与、多要素互动的复杂系统工程。在技术创新过程中，不能只关注技术进步，而忽视应用创新，反之亦然。只有两者相互作用、协同发展，才能更好地推动技术创新，实现技术与应用的良性互动和共同提升，进而促进整个产业的发展和升级。

2. 开放式创新理论。开放式创新是指企业在创新过程中，可以利用内部和外部市场通道将企业内外有价值的创新资源集中起来创造价值，同时建立相应的内部机制分享创造价值。在开放式创新模式下，企业技术创新是一个开放的、非线性的活动过程，创新可以跨越企业的传统边界，不再完全依靠企业自身的力量。开放的本质是获取和利用外部创新资源的，强调企业对内外部创新资源的有效整合。在传统的封闭式创新模式下，企业主要依靠内部研发部门进行创新，将创新成果严格控制在企业内部，通过自身的生产和销售渠道推向市场。然而，随着知识经济的发展和全球化竞争的加剧，这种模式的局限性日益凸显。

开放式创新理论认为，企业可以从外部获取创新资源，如技术、知识、人才等，同时可以将内部的创新成果输出到外部，与其他企业、科研机构、高校等进行合作，实现创新价值的最大化。例如，宝洁公司通过建立“联系与发展”网站，向全球征集创新方案，与外部的创新者合作，成功地推出了许多新产品。此外，一些企业还通过与高校、科研机构合作开展研发项目，利用外部的专业知识和研究能力，加速创新进程。开放式创新的优点主要有以下几点：一是可以降低创新成本，企业不必完全依靠内部资源进行创新，减少了研发投入；二是可以提高创新效率，通过整合内外部资源，加快创新速度；三是可以拓展创新视野，企业接触到更多的创新思路和方法，提高创新的质量和成功率。总之，开放式创新理论为企业在新时代的创新发展提供了新的思路和方法，有助于企业更好地适应快速变化的市场环境，提升自身的竞争力。企业开放式创新系统内外部创新资源如图 2-3 所示。

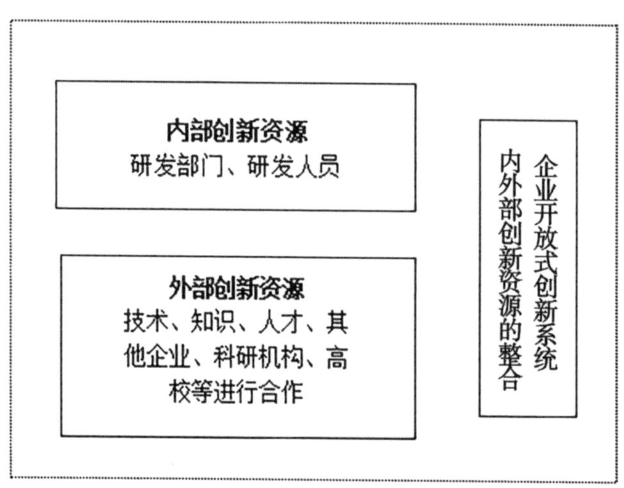

图 2-3　企业开放式创新系统内外部创新资源

3. 创新生态系统理论。创新生态系统（Innovation Ecosystem）概念来自生物学的生态系统类比。丹麦经济学家 Freeman（1987）在其著作《技术政策与经济运行：来自日本的经验》中最早提出了“国家创新系统”的概念。随后，经济与合作发展组织（OECD）于 1994 年开启了“国家创新系统项目”，在国家层面上，创新生态系统得到了高度重视，这个项目也对国家政策的制定和产业的发展产生了巨大的影响。20 世纪 90 年代，硅谷的崛起引起了学者的普遍关注和讨论，因此推动了“创新生态系统”理论的提出。创新生态系统理论最早是由国外学 Moore（1993）从生物学的视角提出的，他第一次站在生物学的角度阐述商业生态系统（Business Ecosystem）中不同生产要素的演化以及要素之间的互动关系。Adner（2006）率先开始了“创新生态系统”的研究。

不同学者对创新生态系统的定义虽有差异，但均着重强调了多个主体间相互协作、实现互利共赢的关系。构建创新生态系统旨在高效地达成目标。例如，梅亮等学者（2014）在研究成果中表明，创新生态系统是企业、市场与消费者构建的价值共创、利益共享、风险共担的联合体系，具备稳定性以及自我进化特性。Granstrand 等人（2020）在回顾既有的创新生态系统及相关概念后指出，创新生态系统处于持续演变状态，是参与者间关系网络的聚合体。Brink（2022）从价值链视角出发，强调创新生态系统是为共享产品贡献力量的组织集合。谈及创新生态系统的构成，欧忠辉（2017）从共生视角将其界定为由共生单元、共生环境和共生模式这三个相互影响的要素组成。其中，共生单元主要涵盖上下游企业、用户、学研机构以及其他中介机构等。戴亦舒（2018）则认为，创新生态系统由多个实施和支持创新的主体构成，具体包括企业、政府部门、投资机构等。在这一系统中，创新资源（人力资源、技术资源、知识资源）发挥着关键作用，创新主体借助共享创新资源提升自身的创新能力。江瑶（2024）也进行了类似的研究，强调了创新生态系统的价值共创效应。

创新生态系统同时具备自然生态系统和创新系统的双重特性（吴金希，2014；董铠军等，2018）。总体上，创新生态系统具备5个显著特征（何德雨，2022）。其一为系统性。创新生态系统是由各类创新参与者通过非线性的相互作用，经过从目标制定到治理制度等多个环节有机地结合在一起，从而展现出各环节在独立状态下所没有的性质（梅亮等，2017）。其二为多样性。创新生态系统囊括了创新企业以及其他各种各样的创新参与者，构建起多元且有效的价值网络，以此提升创新生态系统整体的创新能力以及资源利用效率。其三为环境自适应性。创新环境是创新生态系统形成与演变的关键推动因素（Reinartz et al.,2011）。在创新环境的承载以及创新参与者的相互作用下，创新生态系统能够实现自我进化。张超等（2021）基于数字化背景，提出了引入新生产要素的数字创新生态系统的两种基本形式。其四为动态演化性。在创新生态系统中，创新企业以及其他各类创新参与者始终处于动态变化的交互过程中（张司飞等，2021），这种交互行为能够持续地为创新生态系统提供生长动力和发展方向，提升系统整体的创新能力和合理程度。其五为协同共生性。创新生态系统倡导协同创新和互利共生，它的协同共生性主要体现在系统中创新企业之间以及创新企业与其他各类创新参与者之间，保持着紧密的协调关系（曾国屏等，2013），彼此依赖、相互依存、共同获利。

4. 创新过程理论。创新过程理论作为研究新技术、新产品或新服务从萌芽到实现并广泛应用的全过程的学说，经历了从简单到复杂、从线性到非线性、从单一学科到跨学科融合的演变。它不仅揭示了创新活动的内在机制，也为促进创新、优化创新环境提供了理论指导。创新过程理论起源于对科学研究与技术进步关系的探讨。美国总统富兰克林·罗斯福的科学顾问范内瓦·布什在报告中首次明确提出，基础研究是技术进步的源泉，通过研究与开发（R&D）的投入，可以直接转化为产品或服务，进而推动经济发展。这一观点奠定了传统线性创新模式的基础，即“基础研究→应用研究→开发→中试→生产→销售”的直线型路径。该模式强调了基础科学研究的重要性，认为只要加大科研投入，就能自然而然地推动技术创新和经济增长。然而，随着实践的深入，人们逐渐发现，创新过程并非如此简单直接。基础研究与应用研究之间的界限模糊，科学研究往往同时追求知识增长和实际应用的双重目标。此外，技术创新并非总是源自基础研究，很多时候是受市场需求、技术机遇或社会问题的驱动。

20 世纪中后期，随着信息通信技术的飞速发展和知识网络的广泛形成，创新过程开始呈现出非线性、多向互动的特点。D.E. 斯托克斯等学者指出，科学研究与技术创新之间的相互作用是复杂的，不能简单地用线性模型来描述。他们提出了“巴斯德象限”理论，强调科学研究可以同时具有基础性和应用性，两者并非截然分开。在这一背景下，非线性创新模式逐渐兴起。它认为创新过程是一个由众多相互依存、相互作用的因素构成的复杂系统，包括技术、市场、组织、政策、文化等维度。这些因素之间通过非线性关系相互影响，共同推动创新活动的发生与发展。非线性创新模式强调创新过程的动态性、不确定性和多样性，认为创新往往源自不同领域、不同学科之间的交叉融合。

随着研究的深入，创新被视作一个生态系统的构建过程。在这个系统中，企业、高校、科研机构等创新主体通过知识共享、技术合作、人才流动等方式紧密相连。技术转移机构、风险投资公司等中介服务机构则起到桥梁与催化剂的作用，促进创新资源的高效配置。同时，政策制度、市场需求、文化氛围、技术支持等创新环境为创新活动提供了必要的外部支撑。创新生态系统的构建强调各要素之间的协同作用，通过构建开放、包容、合作的创新网络，激发创新主体的创造力与活力。展望未来，创新过程理论将继续深化与完善。跨学科融合将成为常态，促进知识的跨界交流与共享，为创新注入新活力。用户参与和价值共创将更加得到重视，通过用户反馈与共创，提升创新的针对性与有效性。智能化与数据驱动技术将优化创新流程，提高创新效率与质量。同时，可持续性与社会责任将被纳入创新考量，推动绿色创新与社会创新的发展。

（二）组织管理

组织管理作为一门学科，有着悠久的历史和各具风格的理论派别。19 世纪末 20 世纪初，美国工业化进程加速，企业规模不断扩大，管理难度日益提高，需要有效的管理方法应对。于是，一些学者开始系统地探讨组织管理的理论和实践问题。其中具有代表性的学者包括弗雷德里克·泰勒、亨利·法约尔、马克斯·韦伯等人。泰勒在《科学管理原理》一书中提出了“科学管理”的概念和方法。他认为，通过对工作过程进行科学的分析、归纳和总结，可以找出最佳的工作方法和流程，从而提高工作效率和质量。他还提出了“管理者与工人之间的分工合作”等管理原则，对后来的组织管理学科发展起到了重要的推动作用。亨利·法约尔在《工业管理与一般管理》一书中提出了“管理过程”的概念和方法。他认为，管理是科学与艺术的结合，需要管理者具备多种技能和素质，如组织能力、领导能力、沟通能力等。他还提出了“分权与协调”“管理者的职能是计划、组织、指挥、协调和控制”等管理原则，对组织管理学科的发展产生了深远影响。马克斯·韦伯在《社会与经济秩序的基本概念》里提出了“官僚制”“理性化”等概念。他认为，官僚制是一种高度规范化和分工的组织形式，可以确保组织的稳定性和效率性。他强调了理性化在组织管理中的重要性，认为管理者应该以理性和科学的方法来处理组织问题。

组织管理理论的发展是一个不断演进的过程，后续还经历了行为科学管理理论、现代组织管理理论等阶段。不同阶段的理论都在一定程度上推动了组织管理的发展和完善，为企业和各种组织的有效运作提供了重要的指导。以下是当今应用较多的组织管理理论：

1. 无边界组织理论。无边界组织理论是一种旨在打破传统组织中的垂直边界、水平边界和外部边界等，实现信息快速流通、鼓励创新、提高组织灵活性和效率，并适应快速变化的市场环境的新型组织管理理念。在传统组织中，存在各种边界，如垂直边界（层级结构）、水平边界（部门分割）、外部边界（组织与外部环境的界限）等。这些边界往往会限制信息的流通、阻碍创新以及降低组织的灵活性和效率。无边界组织理论旨在打破这些边界。在无边界组织中，层级结构被扁平化，信息能够更快速地在不同层级之间流动，员工有更多的机会参与决策，从而提高组织的反应速度和创新能力。部门之间的壁垒被消除，鼓励跨部门合作和团队协作，实现资源的优化配置和知识共享。同时，组织与外部环境的边界也变得更加模糊，组织积极与供应商、客户、合作伙伴等进行合作与交流，整合外部资源为己所用。例如，一些互联网企业采用无边界组织模式，员工之间可以自由交流、合作，不受传统部门和层级的限制。他们与外部的开发者、用户等共同创新，不断推出新的产品和服务。无边界组织理论强调灵活性、开放性和协作性，适应了当今快速变化的市场环境和复杂多变的竞争态势，为组织的发展提供了新的思路和方法。

2. 组织生态理论。组织生态理论将组织视作类似生物生态系统的存在。组织生态系统如同自然生态系统般具有多样性，存在各种类型的组织，如一行业中的大型企业、中小企业以及传统企业和创新型企业等，共同构成了丰富的组织生态。同时，组织如同生物一样需要适应环境才能生存发展，环境涵盖经济、政治、社会、技术等方面，当环境变化时，组织需调整结构、战略和行为，例如，随着互联网技术的发展，传统企业进行数字化转型。此外，组织之间既存在竞争关系又有合作关系，竞争促使组织提高效率和竞争力，合作则可实现资源共享、优势互补，例如，新兴产业中的企业通过合作研发、共享市场渠道推动产业发展。这一理论给组织管理带来了诸多启示，包括重视环境分析以把握市场机会应对威胁，鼓励创新与适应以培养员工适应能力，促进合作与协同以实现资源共享和优势互补，从而扩大组织影响力，提高整体竞争力。

3. 柔性团队理论。柔性团队理论是一种强调团队灵活性和适应性的组织管理理念。在当今快速变化的市场环境和复杂多变的任务需求下，传统的固定结构团队往往难以迅速应对各种挑战。柔性团队理论应运而生，该理论旨在打造能够快速响应变化、高效完成任务的团队。柔性团队具有以下几个主要特点：一是成员的多样性。柔性团队由具备不同专业技能、知识背景和经验的成员组成。这种多样性使得团队在面对不同任务时能够从多个角度进行思考和解决问题，提高团队的创新能力和适应能力。二是结构的灵活性。柔性团队的结构不是固定不变的，而是可以根据任务的需求进行动态调整。例如，在面对一个紧急项目时，可以迅速组建一个跨部门的临时团队，项目完成后，团队成员又可以回到各自的岗位或加入其他团队。三是沟通的高效性。柔性团队注重成员之间的沟通与协作，采用灵活多样的沟通方式，如即时通信、在线协作平台等，确保信息能够快速、准确地在团队成员之间传递，提高团队的工作效率。四是目标的明确性。柔性团队虽然结构灵活，但每个团队都有明确的目标和任务。团队成员清楚地知道自己的工作方向和重点，能够围绕共同的目标紧密合作。例如，一些创新型企业经常会组建柔性团队进行新产品研发。团队成员来自不同的部门，包括研发、设计、市场等部门，他们在项目实施期间紧密合作，共同攻克技术难题、满足市场需求，一旦产品成功推出，团队可能会解散或进行新的组合从而应对下一个挑战。柔性团队理论为组织在动态环境下的团队建设和管理提供了新的思路与方法，有助于提高组织的竞争力和创新能力。

（三）人才激励

激励指的是让被激励者拥有内在动力，朝着管理者所期望的目标前进。从管理学的角度来看，激励就是引导、激发、规划组织内成员的行为，使其能够自发地努力实现组织目标，而他们所付出的努力则是以满足其某种特定的需要为前提条件的。大多数学者认为，激励就是指管理者运用某些方法，使得被激励的对象在心理上处于一种紧张和兴奋的状态，愿意付出更多的精力和时间，积极地行动起来，以实现管理者所期望的目标。而激励的目的则是提高组织的效率，尽可能地调动组织内成员的积极性和主动性。进行激励工作的基本任务就是充分调动组织内员工的工作积极性和创造性，而管理的目的则是利用组织拥有的资源，高效地实现组织的目标。因此，从某种角度来说，激励就是管理的核心功能之一。从 20 世纪初开始，各国的管理学家以及社会学家从不同的思路对激励问题进行了大量研究，并形成了相应的激励理论。而他们的研究工作也使得激励理论完成了从单一金钱激励到满足组织内成员多种需要、从激励的内容研究到激励过程探索的演变过程。

激励包含了以下 5 个方面的内容：（1）激励是以满足组织内成员的需求为出发点的，即管理者通过对组织系统的工作环境和报酬奖励形式进行适当的设计，进而满足组织内员工外在与内在的需要。（2）科学合理的激励工作包含了两个方面，即奖励和惩罚同时存在，管理者既要对被激励者所表现出来的符合企业预期目标的行为进行奖励，又要对其所做的不符合企业预期目标的行为进行惩罚。（3）激励需要贯穿组织内员工工作的全过程，包括对企业内每个员工外在与内在需要的了解、员工个性的把握、行为活动的控制以及员工最终行为结果的评价。（4）信息沟通对于激励工作的成败是至关重要的，从激励制度的制定和宣传，到对企业内员工行为的控制和结果的评价，都需要一定的信息传递和沟通。企业内信息沟通的通畅与效率会直接影响企业内激励制度的实施效果和此项工作的实施成本。（5）激励工作的最终目的是实现组织目标与组织内成员的个人目标的统一。关于激励力量有多种理论，本研究将从技术工人的激励角度来阐述相关激励理论，具体如下。

1. 双因素理论。双因素理论是由美国心理学家弗雷德里克·赫茨伯格提出的。这一理论的核心观点是存在两类因素影响着人们的工作满意度和积极性。一是保健因素（Hygiene Factor）。这类因素如果处理不当，会导致员工不满；即使处理得当，也只能消除员工的不满，不能带来积极的激励效果。保健因素包括公司政策、管理方式、监督体系、工作条件、工资福利、人际关系等。举例来说，如果公司的工作环境恶劣、工资待遇低、管理混乱，员工会感到不满；但仅仅改善这些方面，比如提高工资、改善工作环境，员工可能不会因此而更加积极主动地投入工作，只是减少了抱怨。二是激励因素（Motivator）。这类因素能真正地激发员工的工作热情和积极性，带来工作满意度的提升。具体内容主要有工作中的成就感、认可和赞扬、工作本身的挑战性和趣味性、个人成长和晋升的机会、工作责任的增加等。例如，一位员工因出色地完成项目得到公开表彰和奖励，或者获得了承担更重要工作的机会，从而感受到了自身价值的实现和成长，该员工会极大地提高工作积极性。在实际应用中，双因素理论具有重要的启示：管理者不应仅仅关注保健因素，避免员工产生不满；更要注重运用激励因素，激发员工的内在动力；对于不同的员工，保健因素和激励因素的重要性可能有所差异，管理者需要因人而异地进行管理；为了有效地激励员工，应在提供必要的保健因素基础上，重点创造和提供激励因素。

2. 自我决定理论。自我决定理论主要关注个体在行为中的自我决定程度，即个体在从事某项活动时是出于内在的兴趣、价值观和自我认同，还是受到外部压力和奖励的驱动。该理论是由美国心理学家爱德华·德西等人提出的，它是一种关于人类动机和人格的理论。该理论认为，人类具有三种基本心理需求：自主需求、胜任需求和关系需求。自主需求是指个体对自我决定和自我控制的需求，即能够在行为中感受到自己是出于自愿而不是被迫。例如，技术工人在工作中如果能够自主选择工作方法、任务安排等，会更有积极性和创造性。胜任需求是指个体对自己能够成功完成任务并取得成就的需求。技术工人在掌握新技能解决复杂技术问题并获得成功时，会满足胜任需求，从而增强工作动力。关系需求是指个体对与他人建立联系、关心和被关心的需求。在工作场所中，良好的团队氛围、同事之间的合作与支持，可以满足技术工人的关系需求，提高他们的工作满意度和忠诚度。根据自我决定理论，当个体的这些心理需求得到满足时，他们会更愿意从事内在动机驱动的行为，表现出更高的积极性、创造力和幸福感。相反地，如果这些需求得不到满足，个体可能会感到沮丧、无助，工作动力也会减弱。在激励技术工人方面，可以运用自我决定理论，提供自主工作的机会、培训和发展以满足胜任需求，营造良好的团队氛围以满足关系需求，从而提高技术工人的工作积极性和创新能力。

（四）系统管理

系统管理理论是管理原理中最基本的、起着统帅作用的原理。它是20世纪60年代美国管理学家卡斯特、罗森茨韦克和约翰逊等人在一般系统论的基础上建立的，是应对管理困境的一种理论体系。系统管理理论认为，管理系统主要是由人、物、环境等三方面因素组成的，各项业务又是相互联系的，通过系统的方法分析进而优化管理。系统管理理论是以总体与其他要素的直接作用作为切入点，是开展研究管理与要素联系之间的多样性、处理在管理中的要素所遇到的困难，进行有效管理的理论体系。学者认为，在自然界和人类社会中，一切事物都是以系统的形式存在的，任何事物都可以被看作一个完整、开放的系统，系统是由相互作用、相互依赖的子系统组成并且具有特定功能的有机整体。

1. 耗散结构理论。耗散结构理论是由比利时科学家伊里亚·普里戈金于 20 世纪 70 年代提出的，它是研究远离平衡态的开放系统从无序到有序的演化规律的理论。该理论指出，一个远离平衡态的开放系统，通过与外界不断交换物质和能量，当外界条件变化达到一定阈值时，系统内部可能通过非线性作用产生自组织现象，使系统从原来的无序状态自发地转变为时空上和功能上的宏观有序状态，形成新的、稳定的有序结构。这种结构被称为耗散结构。

耗散结构的形成需要满足几个条件：首先，系统必须是开放的，即需要与外界有交换物质、能量、信息的能力；其次，系统必须远离平衡态，以保持对涨落的敏感性；再次，系统内部必须存在非线性作用因素，以产生相互影响和协调一致的行为；最后，系统从无序向有序演化必须出现随机涨落的现象。

耗散结构理论揭示了开放系统如何通过自组织现象实现从无序到有序的演化过程，为研究复杂系统提供了新的方向和方法。它强调了系统的开放性、非线性特性和涨落的作用，为我们理解和解释自然界与人类社会中的各种现象提供了新的工具。耗散结构理论是促进自发创新的可能基础之一。

2. 技术扩散场理论。技术扩散场理论作为技术创新领域的一个重要系统论应用，深入探讨了技术知识如何在不同区域间传播与构建的过程。这一理论聚焦于技术发达区间（场源）与技术落后区间

（技术吸收体）之间的相互作用，以及这种互动如何驱动技术扩散。

在技术扩散场中，技术知识并非孤立存在，而是与多种要素紧密相连，这些要素包括市场环境、教育资源、基础设施、政策环境等，它们共同构成了技术扩散的生态环境。技术的扩散方向、速度和效果，均受到这个“场”的深刻影响。场源区域的技术溢出，为技术落后区域提供了学习和模仿的机会，而技术吸收体的需求则成为拉动技术扩散的重要动力。

技术扩散的速度和效率，不仅取决于场源区域的技术溢出强度，而且受到空间区域本身势能的影响。势能高的区域，如经济发达、教育水平高、政策环境优越的地区，往往能更快地吸收和转化新技术，从而加速技术的扩散。反之，势能低的区域则可能面临技术扩散的障碍。

技术扩散场理论为我们提供了一个全面理解技术传播机制的视角，它强调了技术扩散的系统性、动态性和空间性，为政策制定者、企业和技术研究者提供了宝贵的理论支撑和实践指导。通过优化技术扩散场的生态环境，组织可以更有效地促进技术的传播与应用，推动社会经济的持续发展。

（五）创新成果转化

创新成果转化涵盖广义与狭义两种定义。广义上，创新成果转化不仅指将新技术、新工艺应用推广以实现商业化，而且包括提升劳动者的生产力与生产效率。狭义上，创新成果转化特指将技术转化为产品从而实现商业化的过程。创新活动不仅是企业整合各种内外部资源开展创新、创造创新产品，而且包括企业将创新成果进行商业化从而获得利润的过程。本研究中的创新成果转化指的是科学研究和技术开发所获得的具有实际价值的科技成果，通过一系列流程，如实验、研制、应用和推广，最终将其商业化的系统工程。

创新成果转化模式主要有以下几种。一是自行产业化模式。企业或科研机构依靠自身的资源和能力，将创新成果转化为产品或服务推向市场。例如，一些大型企业拥有完备的研发、生产和销售体系，能够独立将内部的创新成果进行产业化。这种模式的优势在于企业对创新成果的掌控力强，能够快速响应市场需求进行调整，但也面临着资金投入大、风险集中等问题。二是技术转让模式。创新成果持有者将成果转让给有需求的企业或机构，获取转让费用。受让方获得技术后进行开发和应用。例如，科研院所将一项新技术转让给企业，企业利用该技术提升自身竞争力。此模式可以使创新成果快速找到应用场景，但成果持有者可能会失去对成果后续发展的控制权。三是合作开发模式。创新成果持有者与其他企业、科研机构等合作，共同投入资源进行成果转化。双方发挥各自优势，实现互利共赢。例如，高校与企业合作，高校提供技术支持，企业提供资金和市场渠道。这种模式可以整合各方资源，降低风险，但需要良好的合作机制和沟通协调。四是产学研合作模式。企业、高校和科研机构紧密合作，共同开展创新研究和成果转化。通过优势互补，提高创新效率和成果转化成功率。例如，共同建立研发中心，共同攻克技术难题，推动创新成果的产业化应用。

影响企业创新成果转化的多方面因素。创新产品的品质、市场环境以及顾客接受度等因素，都会影响企业的创新商业化。创新产品的商业化成败在很大程度上决定了企业的成败。创新成果转化是企业将知识转化为市场价值的过程，获得经济效益，从而实现可持续发展。创新成果转化主要受到两个方面的制约：一方面要求科学技术本身具有先进性、适用性和可行性的特点，只有具备这些特点，科技成果才有可能实现商业化；另一方面，企业研发的成果产品必须契合市场需求，成果产品本身的技术成本、产品性能与价格也必须以市场为导向。综上，只有以市场为导向的、先进的、具有实际意义的科技成果才能顺利实现商业化，提升企业经济效益。

（六）理论研究对职工技术创新体系建设的启示

在综合并深入剖析相关理论后，研究者与实践者共同构建了日益完善且具备高度实用性的企业创新体系及其管理模式。这一体系为职工技术创新体系及其成果的有效转化带来了多方面的启发性思考，具体可归纳为以下几个方面：

首先，应重视企业创新体系的全面性与整合性，而非局限于孤立的创新管理策略。在创新管理范式不断演变的过程中，企业创新体系正逐步强化技术、市场、组织管理等多维度要素的紧密协作与深度融合。相较于传统的研发视角，技术与市场的双向互动、创新效率与经济效益的双重提升以及创新商业模式的探索，已成为推动创新进程的关键要素。因此，在课题研究的深入探索中，必须深刻洞察创新过程的非线性特征、复杂结构、组合形态以及整体协同性，以科学的方式引导创新价值的最大化释放。

其次，要促进企业内部与外部创新主体的共生共荣与协同演化。系统论的观点强调，企业应与其所处的生态环境形成“共生演化”的关系，超越简单的竞争或合作模式。创新生态系统内部灵活多变的连接网络为各成员提供了共生的土壤，并赋予了它们在选择关系与体系设计上的高度灵活性。一个充满活力且健康的创新生态系统，能够推动企业商业战略从单一的联合操作向更加协同、系统化的合作模式转变，从产品层面的竞争向平台层面的竞争升级，从孤立发展向共生演化的新范式迈进。

再次，确保创新个体目标与企业整体战略目标的和谐统一至关重要。从组织管理的维度审视职工技术创新体系，其根本目的是实现职工个人价值追求与企业整体价值创造的平衡与共赢，从而为职工个人目标的实现、企业竞争优势的增强以及整个生态系统的繁荣发展奠定坚实的基础。无论是职工与企业之间的内部协同，还是企业与外部资源之间的外部协同，都要密切关注创新知识的有效传播、信息的共享流通、人员的合理配置、资源的优化整合、企业文化的积极营造以及生态系统的健康维护，以确保个体目标与整体目标的高度一致与协同推进。

最后，应以动态演进的视角审视创新系统自身的持续发展。创新系统的构建始于企业内部资源的有效整合，依托企业内部的知识、信息、人才、资金、组织管理等基础要素及其相互作用关系，通过各管理职能部门的紧密交互与协同合作，实现内部创新生态和外部资源的深度融合与协调统一。在此基础上，逐步构建点对点合作创新与复杂交互并存的创新生态系统。因此，在企业内部培育创新生态系统并拓展外部协同资源是持续动态、不断进化的过程，需要企业以开放的心态和灵活的策略不断适应与创新。

四、职工技术创新方法

（一）TRIZ 创新方法

TRIZ 是一种系统化的、高效的创新问题解决工具。它提供了多种思维方法和工具来帮助人们跳出传统的思维模式，发现问题的本质，并找到创新的解决方案。TRIZ 起源于苏联，由工程师根里奇·阿奇舒勒在 20 世纪 40 年代提出。阿奇舒勒在分析大量专利后发现，尽管技术和领域不同，但许多发明和解决方案都遵循着相似的模式和原理。基于这一观察，他总结出了 TRIZ 理论，旨在帮助人们更有效地解决创新问题。TRIZ 的核心思想是“任何创新问题都已经有了解决方案”。其主要工具和方法有：

1. 九屏幕法。九屏幕法是一种强大的系统思维工具，它通过构建一个包含时间维度（过去、现在、未来）和系统层次（宏观系统、当前系统、微观系统）以及系统属性（优点、缺点）的九宫格框架，全面审视和分析问题。这种方法鼓励创新者从多个角度和层面去挖掘问题的本质，识别隐藏的机会和威胁，从而提出更全面、更具前瞻性的解决方案。首先，明确当前问题的核心；其次，在九宫格中填充相关信息，如类似问题的解决方式、当前系统的优缺点、未来可能的趋势等；最后，通过分析各屏幕之间的关联和矛盾，激发新的想法和解决方案。

2.STC 算子法（Size–Time–Cost）。STC 算子法是一种用于消除物理矛盾的创新思维方法，它专注于解决物理矛盾，即当改善系统某一参数（如尺寸减小）会导致另一参数（如成本增加）恶化时的情况。它通过分析系统的尺寸（S）、时间（T）和成本（C）等三个关键维度，寻找在不牺牲其他参数的前提下优化目标参数的方法。在此过程中，创新者需识别出系统中的物理矛盾，随后利用 STC 算子法的变换原则，如尺寸的小型化、过程的并行化、成本的分摊等，来探索解决矛盾的新途径。

3. 分离原理法。一种用于解决技术矛盾的创新思维方法。它基于 TRIZ 的四个分离原理：空间分离（将矛盾双方在不同空间分开处理）、时间分离（将矛盾双方在不同时间分开处理）、系统级别分离（在不同系统层级上解决矛盾）、物质场分离（通过引入新的物质或场来改变系统结构），对问题进行拆分，并从不同的角度寻找解决方案。因此，在面对技术矛盾时，创新者应首先识别矛盾的具体表现，然后尝试单独或组合应用上述四种分离原理，创造新的解决方案空间。

4. 小人法（Su–Field Analysis）。小人法将系统中的元素拟人化为“小人”，通过分析这些小人的功能、相互作用及存在的问题，寻找改进和创新的机会。这种方法有助于直观理解系统内部的复杂关系，促进非线性和创造性思考。这是一种用于消除技术矛盾的创新思维方法。在具体操作时要绘制系统的小人图，标注各小人的功能、需求和问题，然后通过改变小人的行为、添加新的小人或调整小人之间的交互关系，探索解决方案。

5. 金鱼法（Analogy–Based Thinking）。金鱼法利用类比思维，将待解决的问题或技术与已知的其他领域中的成功案例进行类比，通过比较它们的相似之处和差异点，启发新的思考方向。该方法将现有技术或解决方案比作金鱼，以便更清晰地分析它们的优缺点，从而提出更有效的替代方案。在实践中一定要注意选择与目标问题具有相似特征但属于不同领域的金鱼作为类比对象，分析其成功因素，然后尝试将这些因素转移到原问题中，形成新的解决方案。

6. 最终理想解（Ideal Final Result，IFR）。最终理想解指人们在描述技术系统改进或解决方案时所追求的最终理想状态，即在没有任何限制条件下，技术系统或问题最理想的解决方案状态。它强调从最终用户的角度出发，定义问题的完美解决状态。通过设定 IFR 作为创新过程的指南针，不断引导团队接近这一目标，逐步消除问题中的非理想因素。这种方法可以帮助人们明确问题的最终目标，推动技术或产品的持续优化，从而指导创新过程，避免走弯路。

（二）脑力激荡创新法

脑力激荡创新法又被称为头脑风暴法，它是一种激发集体创造力、鼓励自由思考、促进思想碰撞的有效方法。它通过组织一群具有不同背景和专长的人，围绕特定主题或问题开展无拘无束的讨论，目的是在短时间内产生大量新颖、实用的想法和解决方案。

1. 基本原则。（1）自由畅想：鼓励参与者不受任何限制地提出想法，无论这些想法看起来多么不切实际或离经叛道。这一阶段的目标是数量而非质量，旨在拓宽思维边界。（2）延迟评判：在头脑风暴过程中，禁止对任何想法进行即时评价或批评。所有提议都应被记录下来，评判和筛选工作应留到会议结束后进行，以避免过早否定可能孕育创新火花的想法。（3）鼓励组合与改进：鼓励参与者基于他人的想法进行拓展、组合或改进，形成新的创意。这种“站在巨人肩膀上”的思考方式能加速创意的迭代升级。（4）平等参与：确保每个人都有机会发言，无论职位高低，鼓励团队成员之间的平等交流与合作，利用多样性促进创意的涌现。

2. 实施步骤。（1）明确目标：会议开始前，清晰界定讨论的主题或待解决的问题，确保所有参与者对目标有共同的理解。（2）组建团队：挑选具有不同背景、技能和经验的人员组成团队，增加视角的多样性和思考的深度。（3）设定规则：重申头脑风暴的基本原则，特别是自由畅想和延迟评判的重要性，创造一个开放、无压力的氛围。（4）开展讨论：可以采用轮流发言、小组讨论或随机点名等方式，鼓励每个人贡献想法。使用白板、便笺纸等工具记录所有想法，保持讨论的流畅性。（5）归纳整理：会议结束后，对收集的想法进行分类、归纳，去除重复项，提炼出有价值的创意。（6）评估与实施：组织专家小组或利用评估工具对创意进行可行性分析，挑选出最具潜力的方案进行进一步开发和实施。

3. 提升效果的技巧。（1）引入外部刺激：通过展示相关案例、视频或进行实地考察，为团队提供新的灵感来源。（2）角色扮演：让参与者从不同角度（用户、竞争对手等）思考问题，增加思考的维度。（3）时间限制：设定明确的时间框架，如“30 分钟内提出尽可能多的想法”，激发紧迫感，提高效率。（4）后续跟进：对于有价值的创意，建立跟踪机制，确保它们得到适当的关注和推进，转化为实际行动。

总之，脑力激荡创新法是一种强大的团队创意激发工具，它通过营造开放、包容的环境，激发个体潜能，促进团队智慧的汇聚，为解决复杂问题、推动创新发展提供了无限可能性。

（三）六顶思考帽创新法

六顶思考帽创新法，是由被誉为“创新思维学之父”的英国心理学家爱德华·德·博诺博士提出的，它是一种思维训练模式和问题解决工具。该方法的核心思想是用六种颜色的帽子代表六种思维模式，帮助人们全面、系统、多角度地审视问题，从而避免片面思考、盲目决策的风险。

1. 六顶思考帽的构成。（1）白帽：代表纯粹的信息和事实。戴上白帽，思考者关注的是客观、中立的数据、信息和现状，不进行任何解释或评价，只呈现事实。这有助于摆脱个人情感，为决策提供坚实可靠的基础。（2）红帽：代表情感和直觉。戴上红帽，思考者可以自由地表达感受、情感和直觉，无须担心是否合乎逻辑。这有助于释放情感能量，充分考虑感性因素，为决策提供人性化的视角。（3）黄帽：代表乐观和积极。戴上黄帽，思考者专注于问题的正面和机会，寻找解决方案的积极之处。这有助于激发创新和寻找发展方向，保持对成功的信念。（4）黑帽：代表谨慎和批判。戴上黑帽，思考者聚焦问题的负面和风险，进行逻辑上的质疑和批判。这有助于减少决策的风险，确保方案的可行性和稳健性。（5）绿帽：代表创新和新思维。戴上绿帽，思考者可以自由地发挥创造力，提出新颖的想法和解决方案。这有助于推动团队的创新能力，探索未知的可能性。（6）蓝帽：代表控制思考的过程。戴上蓝帽，思考者扮演组织者和引导者的角色，确保六顶帽子的使用是有序和有效的。这有助于整合各种思考角度，形成综合性的决策。

2. 六顶思考帽的应用。六顶思考帽在创新中扮演着至关重要的角色，作为一种思维训练模式，它通过用六种颜色的帽子代表六种思考模式，为创新提供了一个全面、系统、多角度的思考框架。

（1）在创新过程中，绿色思考帽代表着创新和新思维。戴上绿色思考帽，人们可以不受限制地提出新的想法、观点和解决方案。这种思维模式鼓励团队成员跳出传统框架，勇于尝试新思路，从而激发出更多的创新和新思维。（2）在全面审视问题进行创新的过程中，白色思考帽要求关注客观事实和数据。通过收集和分析相关信息，团队可以更全面地了解问题的本质和背景，为创新提供坚实的基础。而黑色思考帽代表着批判性思维。在创新过程中，戴上黑色思考帽可以对现有的想法进行质疑和批判，发现潜在的问题和风险，从而避免盲目乐观和忽视重要问题。（3）在评估和优化方案时，黄色思考帽代表着积极和乐观，戴上黄色思考帽可以从正面评估各种想法和方案，发现其优点和潜在价值，为创新提供动力和支持。而红色思考帽允许人们表达直觉和情感。在创新过程中，团队成员可以戴上红色思考帽，分享对某个想法的直觉感受和情感反应，这有助于更全面地了解想法的可行性和吸引力。（4）组织和规划创新过程，蓝色思考帽象征着思维中的控制与组织，戴上蓝色思考帽的成员负责规划和管理整个思考过程，确保团队成员按照有序的方式进行思考和讨论。这有助于提高效率，确保创新过程顺利进行。（5）在促进团队协作和沟通的过程中，可以发挥六顶思考帽的整体效果，创新团队中的每个成员都可以戴上不同的思考帽，从多个角度对问题进行分析和讨论。这种集体思考的方式有助于促进团队协作和沟通，减少误解和冲突，提高创新效率。例如，进行创新项目管理时，六顶思考帽可以帮助团队更好地规划项目、分配资源、评估风险和进度。白色思考帽明确项目目标和背景，绿色思考帽提出创新解决方案，黑色思考帽识别潜在风险，黄色思考帽评估项目价值，红色思考帽表达团队成员的直觉和感受，蓝色思考帽组织和监控整个项目过程，确保项目顺利进行。

3. 注意事项。（1）帽子顺序的灵活性：尽管学者推荐了六顶思考帽的使用顺序（如蓝—白—红—绿—黄—黑—蓝），但在实际应用中，团队可以根据具体情况灵活调整帽子的使用顺序，适应不同的创新需求。（2）保持中立和客观：在使用白色思考帽时，要确保信息的真实性和客观性，避免主观臆断和偏见对创新过程产生负面影响。（3）鼓励开放和包容的思维：在使用六顶思考帽时，要鼓励团队成员保持开放和包容的心态，尊重不同的观点和想法，共同推动创新过程的发展。

（四）人工智能创新法

人工智能创新法作为一种充满活力的前沿创新方法论，正逐渐改变着我们对创新的理解和实践。它不仅融合了智能算法、大数据分析、机器学习等先进技术，而且深刻地影响了产品设计、服务优化、科研探索、风险管理等领域，为人类社会带来了前所未有的创新机遇。

1. 数据驱动。在人工智能创新法中，数据不仅是核心资源，而且是创新的源泉。通过构建数据湖、数据仓库等大数据平台，企业能够高效地存储、处理和分析海量数据。这些数据不仅包括用户行为数据、市场趋势数据，而且包括产品性能数据、供应链数据等，为创新提供了全面的信息支持。同时，数据可视化技术使得复杂的数据变得直观易懂，有助于决策者快速把握数据背后的洞察。

2. 智能算法与模型。智能算法与模型是人工智能的“智慧”所在。除了传统的机器学习算法，深度学习、强化学习等先进算法的应用使得 AI 在图像识别、语音识别、自然语言处理等领域取得了突破性进展。这些算法能够自动提取特征、学习规律，并生成创新的解决方案。此外，通过构建预测模型、优化模型等，AI 能够预测市场反应、优化资源配置，为创新提供科学依据。

3. 人机交互与协同。在人工智能创新法中，人机交互与协同是不可或缺的一环。通过构建智能界面、智能助手等，AI 能够与人类进行高效、自然的交互，使得人类能够更便捷地利用 AI 进行创新。同时，AI 还能够辅助人类进行创意激发、方案设计等，实现人机协同创新。这种协同模式不仅提升了创新的效率和质量，而且激发了人类的创造力和想象力。

4. 持续学习与迭代。人工智能创新法强调持续学习与迭代的重要性。通过机器学习技术，AI 能够不断从数据中学习新知识、新技能，并持续优化自身的性能。这种持续学习的能力使得 AI 能够不断适应新的市场环境、用户需求和技术趋势，为创新提供源源不断的动力。

尽管人工智能创新法带来了诸多机遇和优势，但也面临着一些挑战和问题。例如，数据隐私和安全问题、算法偏见和公平性问题、人工智能伦理问题等，需要我们深入思考并解决。应用人工智能创新方法时，需要明确目标与需求、数据质量与管理、算法选择与优化、模型训练与验证、部署与运维、伦理与合规性、持续迭代与改进以及风险管理与应对等方面的事项。未来，随着人工智能技术的不断进步和应用场景的拓展，我们可以期待更多领域将 AI 融入创新过程，实现更高效、更精准、更富有创造力的创新。

第三章 职工技术创新的制度与实践分析

一、职工技术创新的相关论述

（一）党和政府对职工技术创新高度重视

习近平总书记站在中国式现代化全局的高度，始终高度关注创新。从国家发展的战略全局出发，总书记围绕创新的目标、主体、路径、境界等多维度进行深入阐述，为职工技术创新把脉定向，明确“为何创新”“谁来创新”“如何创新”“创新何成”。这不仅为国家创新体系的构建绘制了清晰的蓝图，也为职工技术创新的发展锚定了方向，进一步强化了职工技术创新作为激发基层创新活力、提升企业竞争力的重要作用，进而为国家现代化建设贡献积极力量。

在当今全球科技竞争日益激烈、新一轮科技革命和产业变革蓬勃兴起的时代背景下，创新已成为国家发展的核心动力和战略支撑。职工技术创新作为国家创新体系的重要组成部分，不仅是推动企业技术进步、提升企业核心竞争力的关键力量，更是实现科技自立自强、推动经济社会高质量发展的微观基础。总书记的系列重要指示，深刻揭示了职工技术创新在新时代的重要地位和作用，为激发广大职工的创新活力、提升职工创新能力、促进职工技术创新成果转化应用提供了根本遵循，也为电网企业乃至各行各业的创新发展指明了方向，具有深远的战略意义和重大的现实价值。

在“为何创新”层面上，2024 年 1 月 31 日，习近平总书记在主持二十届中共中央政治局第十一次集体学习时强调，新质生产力“以全要素生产率大幅提升为核心标志，特点是创新，关键在质优，本质是先进生产力”[①]。这为职工技术创新提供了方向指引，即要以提升质量和效率为核心，致力于形成先进生产力。

在“谁来创新”层面上，2025 年 4 月 28 日，习近平总书记在庆祝中华全国总工会成立 100 周年暨全国劳动模范和先进工作者表彰大会上指出，“要顺应新一轮科技革命和产业变革，全面提升劳动者素质。这是中国工人阶级作为‘最进步的阶级’始终走在时代前列的必然要求。要紧紧围绕实施科教兴国战略、人才强国战略、创新驱动发展战略，深入实施职工素质建设工程，深化产业工人队伍建设改革，广泛开展劳动和技能竞赛，引导广大劳动者终身学习、不断提高自身素质，努力建设一支知识型、技能型、创新型的劳动者大军”[②]。习近平总书记的讲话强调了职工在创新链条中的重要作用，凸显了基层实践与科技创新、人才力量同等重要。

---

①《习近平在中共中央政治局第十一次集体学习时强调加快发展新质生产力扎实推进高质量发展》,《人民日报》2024 年 2 月 2 日，第 1 版。

②《习近平在庆祝中华全国总工会成立 100 周年暨全国劳动模范和先进工作者表彰大会上的讲话》，新华网，2025 年 4 月 28 日，https://www.news.cn/politics/leaders/20250428/1bbdf45a565244fdb80b61027fdc5368/c.html。

在“如何创新”层面上，2021 年 5 月 28 日，习近平总书记在中国科学院第二十次院士大会、中国工程院第十五次院士大会、中国科协第十次全国代表大会上进一步要求，“创新不问出身，英雄不论出处。要改革重大科技项目立项和组织管理方式，实行‘揭榜挂帅’、‘赛马’等制度。要研究真问题，形成真榜、实榜。要真研究问题，让那些想干事、能干事、干成事的科技领军人才挂帅出征，推行技术总师负责制、经费包干制、信用承诺制，做到不论资历、不设门槛，让有真才实学的科技人员英雄有用武之地”！[①] 这为职工技术创新打破身份、资历、资源壁垒提供了操作路径。

在“创新何成”层面上，2023 年 7 月 6 日，习近平总书记在江苏南京南瑞集团勉励年轻研发人员：“大家意气风发、朝气蓬勃，要立志高远、脚踏实地，一步一步往前走，以十年磨一剑的韧劲，以‘一辈子办成一件事’的执着，攻关高精尖技术，成就有价值的人生”。[②] 这为职工创新树立了长期坚持、精益求精的精神指引。

1995 年 5 月，中共中央、国务院颁布《关于加速科学技术进步的决定》(以下简称《决定》)，其中首次提到了群众性技术创新。《决定》强调，技术创新是企业科技进步的源泉，是现代产业发展的动力，要把增强企业应用先进技术的活力和提高技术创新能力作为现代企业制度建设的重要内容，要加强企业职工在职技术培训，

---

①《习近平在中国科学院第二十次院士大会、中国工程院第十五次院士大会、中国科协第十次全国代表大会上的讲话》，求是网，2021 年 5 月 29 日，https://mp.weixin.qq.com/s/wZ37Zn-lhzjmthITY62_HQ。

②《习近平在江苏考察时强调 在推进中国式现代化中走在前做示范 谱写“强富美高”新江苏现代化建设新篇章》,《人民日报》2023 年 7 月 8 日，第 1 版。

广泛开展群众性技术革新活动。

2013年2月,《国务院办公厅关于强化企业技术创新主体地位全面提升企业创新能力的意见》发布（以下简称《意见》),《意见》强调企业作为技术创新主体的重要性，明确指出，企业应广泛开展职工合理化建议、技术革新、技能大赛等群众性技术创新活动，以提高职工科技素质，激发职工创新活力。《意见》鼓励企业设立职工创新工作室，支持职工参与企业技术创新项目，形成全员创新的良好氛围。同时,《意见》要求企业建立和完善职工技术创新激励机制，对职工的创新成果给予表彰和奖励，保护职工的知识产权，形成有效的利益分享机制，确保职工技术创新成果能够得到有效转化和应用，促进企业技术进步和产业升级。此外,《意见》还指出要加强对职工的技能培训和创新教育，提升职工的技术技能和创新意识，为企业持续创新提供人才保障。这些措施旨在构建以企业为主体、以市场为导向、产学研相结合的技术创新体系，全面提升企业创新能力，推动经济高质量发展。

在这个充满不确定性的时代，企业若想立足并持续成长，唯有紧随时代的步伐，灵活应对，方能在瞬息万变的市场中寻得一席之地。企业的成功与否，很大程度上取决于其能否敏锐捕捉时代脉搏，适时调整自我定位，以创新为驱动力，引领变革。而职工技术创新是企业创新体系中的重要组成部分，它直接来源于企业内部，尤其是基层员工的智慧和实践经验。同时，职工技术创新作为企业内部创新的重要驱动力，是推动新型工业化、信息化、城镇化、农业现代化同步发展的关键。

2019年1月17日，习近平总书记在天津考察期间，来到天津滨海—中关村协同创新展示中心，国网天津市电力公司滨海供电公司配电抢修班班长张黎明向习近平总书记介绍了人工智能配网带电作业机器人。习近平总书记称赞张黎明创新团队实践出真知，并对研发机器人能够代替工人高空带电作业以保障一线工人的生命安全这一点表示了肯定。

在2022年的中国共产党第二十次全国代表大会上，习近平总书记再次强调实施创新驱动发展战略的重要性。他指出，教育、科技、人才是全面建设社会主义现代化国家的基础性、战略性支撑，“坚持科技是第一生产力、人才是第一资源、创新是第一动力”。职工技术创新作为企业创新生态的重要组成部分，承载着提升企业自主创新能力、推动产业升级的重任，成为实现国家科技自立自强的微观实践。

2024年7月18日，党的二十届三中全会通过《中共中央关于进一步全面深化改革、推进中国式现代化的决定》(以下简称《决定》),《决定》的第四部分“构建支持全面创新体制机制”提到，要坚持面向世界科技前沿、面向经济主战场、面向国家重大需求、面向人民生命健康，优化重大科技创新组织机制，统筹强化关键核心技术攻关，推动科技创新力量、要素配置、人才队伍体系化、建制化、协同化。加强国家战略科技力量建设，完善国家实验室体系，优化国家科研机构、高水平研究型大学、科技领军企业定位和布局，推进科技创新央地协同，统筹各类科创平台建设，鼓励和规范发展新型研发机构，发挥我国超大规模市场引领作用，加强创新资源统筹和力量组织，推动科技创新和产业创新融合发展。

2024年10月12日,《中共中央、国务院关于深化产业工人队伍建设改革的意见》(以下简称《意见》)发布,《意见》指出，激发产业工人创新创造活力，鼓励产业工人立足工作岗位、解决现场实际问题，广泛开展面向生产全过程的技术革新、技术创新、技术攻关、技术创造和小发明、小创造、小革新、小设计、小建议等群众性创新活动，完善发挥企业班组作用的制度。引导和支持大国工匠、高技能人才参与重大技术革新、科技攻关项目。加强产业工人创新成果知识产权保护，做好产业工人申报国家科技进步奖等工作。发挥劳模和工匠人才的示范引领作用。加强劳模工匠创新工作室、技能大师工作室、职工创新工作室、青创先锋工作室等平台建设。推动在专精特新中小企业、专精特新“小巨人”企业中加强创新工作室建设。鼓励发展跨区域、跨行业、跨企业的创新工作室联盟。实施“劳模工匠助企行”，促进专精特新中小企业发展。

（二）全国总工会关于职工技术创新的重要意见

2006 年，为贯彻党的十六届五中全会和全国科技大会精神，落实中共中央、国务院关于加强自主创新的要求，科学技术部、国务院国资委和中华全国总工会决定联合实施“技术创新引导工程”，促进企业成为技术创新的主体，提升企业核心竞争力，发布《关于印发“技术创新引导工程”实施方案的通知》（以下简称《通知》）。《通知》强调，要“激励广大职工为企业技术创新建功立业”。具体而言，引导职工加强技术创新和技术改造，推动产业结构优化升级和经济结构调整。广泛开展职工技术交流和技术协作，组织能工巧匠进行技术攻关，发动职工参与技术市场建设，促进职工科技成果加速转化。

2012 年，中华全国总工会、科学技术部等颁布《关于进一步加强职工技术创新工作的意见》（以下简称《意见》），这是职工技术创新的纲领性文件。《意见》深刻洞察到职工技术创新在国家创新驱动发展战略中的关键地位，明确了其对于提高国家自主创新能力、促进经济发展方式转变、提升职工素质和彰显工人阶级先进性的重要作用。《意见》提出了一套全面的策略框架，旨在构建一个支持职工技术创新的生态系统。首先,《意见》强调了强化职工技术培训的重要性，倡导结合理论学习与实际操作，培养知识型、技术型和创新型职工，形成层次分明、结构合理的人才梯队。其次，为了激发职工的创新潜能,《意见》鼓励广泛开展技术创新活动，涵盖技术攻关、革新、发明创造和合理化建议等多个层面，旨在推动企业技术进步和经济转型升级。同时,《意见》高度重视发挥劳动模范和优秀技能人才的引领作用，通过培养技能人才楷模，推广先进技术和操作方法，激励广大职工追求卓越，弘扬劳模精神，营造崇尚创新的文化氛围。

2015 年，中华全国总工会在《关于职工技术创新工作—— 2015 年工作总结和 2016 年工作设想》中强调，各级工会围绕广泛开展职工技能培训和“五小”创新活动，深入开展职工职业技能大赛，深化劳模创新工作室、创新型班组创建等活动，加强职工创新人才和创新成果评选活动，充分发挥工会组织群众性技术创新的基础性作用，积极推进国家技术创新工程，增强企业自主创新能力。

2017 年，中华全国总工会发布《全国示范性劳模和工匠人才创新工作室命名管理工作暂行办法》(以下简称《暂行办法》)，通过建立严格的命名条件与任务要求以及动态的考核与管理机制，旨在确保创新工作室能够持续有效地发挥其在技术创新领域的示范引领和骨干带头作用，为实施创新驱动发展战略、促进产业升级转型和经济社会可持续发展提供强有力的支持。此外,《暂行办法》还鼓励各级工会提供必要的资金支持和政策指导，促进创新成果的转化与应用，搭建交流平台，推动创新工作室之间的合作与资源共享，为职工技术创新创造更加有利的环境。

2019 年，中华全国总工会印发《关于广泛深入持久开展“五小”活动的指导意见》（以下简称《指导意见》），要求广泛深入持久开展“五小”活动，注重岗位创新、解决一线问题、增强创新能力，扩大覆盖面、提高参与度，使活动落实基层、深入一线，并长期坚持下去，形成长效机制，进一步组织动员广大职工建功新时代。《指导意见》明确了开展“五小”活动的总体要求，特别强调，“五小”活动要坚持以职工为中心，尊重职工首创精神；坚持以需求为导向，围绕生产经营的重点和难点，紧密结合岗位实际，根据市场需求、企业需要、职工期盼开展活动；坚持在继承中创新，不断丰富和完善竞赛内容、创新活动方式和载体；坚持共建共享，在促进企业发展的同时让职工受益。

2020 年，为进一步管好用好职工创新补助资金，提高一线职工技术创新能力和水平，经中华全国总工会第十七届书记处第 18 次会议审议，对《职工创新补助资金管理办法（试行）》进行了修订。该文件共有总则、机构与职责、补助范围、申报与确定、实施与管理以及罚则等 7 个章节，明确了职工创新补助资金项目的申请条件、评审标准、资金拨付、使用监管及违规处理等各项管理细则，旨在通过科学规范的管理机制，确保资金精准投放到有价值的创新项目中，助力一线职工在技术创新领域取得更大的突破与成就。

2022 年，中华全国总工会印发《关于学习宣传贯彻习近平总书记致首届大国工匠创新交流大会贺信精神的通知》，强调了习近平总书记对广大职工立足岗位进行创新创造的殷切期望，鼓励职工勤学苦练、深入钻研，勇于创新、敢为人先，不断提高技术技能水平。具

表 3-1　中华全国总工会关于职工技术创新的相关文件概况

年份	相关文件 / 交流材料	相关内容简要
2022 年	《关于学习宣传贯彻习近平总书记致首届大国工匠创新交流大会贺信精神的通知》	习近平总书记表达对广大职工立足岗位进行创新创造的殷切期望，鼓励职工勤学苦练、深入钻研，勇于创新、敢为人先，不断提高技术技能水平
2006 年	《关于印发“技术创新引导工程”实施方案的通知》	激励广大职工为企业技术创新建功立业
2012 年	《关于进一步加强职工技术创新工作的意见》	职工技术创新在国家创新驱动发展战略中占据关键地位，对于提高国家自主创新能力、促进经济发展方式转变、提升职工素质和彰显工人阶级先进性具有重要意义
2014 年	《进一步加强职工技术创新工作，积极推动国家创新驱动发展战略实施》	广泛开展职工技术创新活动，促进企业提高自主创新能力；深入开展职工技能提升活动，大力提高职工技术创新能力；积极开展劳模创新工作室创建活动，带动更多的职工参与技术创新；表彰和选树一线创新人才和创新成果，营造良好氛围
2015 年	《关于职工技术创新工作—— 2015 年工作总结和 2016 年工作设想》	各级工会充分发挥工会组织群众性技术创新的基础性作用，围绕增强企业自主创新能力，未来也将继续积极推动国家技术创新工程的实施
2017 年	《全国示范性劳模和工匠人才创新工作室命名管理工作暂行办法》	通过规范和优化全国示范性劳模和工匠人才创新工作室的命名与管理工作，构建高质量的创新平台，促进职工技术创新活动的蓬勃发展
2019 年	《关于广泛深入持久开展“五小”活动的指导意见》	广泛深入持久开展“五小”活动，注重岗位创新、解决一线问题、增强创新能力，扩大覆盖面、提高参与度，使活动落实基层、深入一线，并长期坚持下去、形成长效机制，进一步组织动员广大职工建功新时代
2020 年	《职工创新补助资金管理办法（试行）》	管好用好职工创新补助资金，提高一线职工技术创新能力和水平
2024 年	《大国工匠人才培育工程实施办法（试行）》	提出培育对象有引领力、实践力、创新力、攻关力、传承力等“工匠五力”

体措施包括:（1）组织动员职工积极参与建功立业，广泛深入持久地开展各类劳动和技能竞赛，深化群众性创新活动，以首届大国工匠创新交流大会为契机，进一步激发职工的创新热情和创造潜力。（2）深入推进产业工人队伍建设改革，制定和实施深化改革的思路、举措，全面提升职工的技术技能水平，为职工创新创造提供更广阔的空间和平台。（3）通过加强职工思想政治引领，广泛开展如“强国复兴有我”“中国梦·劳动美”“劳动创造幸福”等主题宣传教育活动，提升职工对技术创新的认识和参与度。（4）确保职工技术创新活动得到充分的支持和保障，特别是在维权服务方面，要突出做好新就业形态劳动者、农民工、生活困难职工等重点群体的权益保护，确保他们在创新过程中的合法权益不受侵害。

2024 年 1 月 3 日，中华全国总工会印发《大国工匠人才培育工程实施办法（试行）》，提出培育对象应在大国工匠能力标准上有突出潜能，即在引领力、实践力、创新力、攻关力、传承力等“工匠五力”上显现明显发展潜力，善于在生产实践中发现问题、探索分析、总结规律，提出解决问题、生产优化等方案，或找出疑难问题的症结所在，参与解决“卡脖子”难题，或正投身于推动解决“卡脖子”难题，并有创新成果形成显著的经济社会效益。

（三）国家电网公司关于职工技术创新的指导意见

2017 年，国家电网公司坚决贯彻党中央、国务院决策部署，在国资委的领导和支持下，坚持创新驱动发展战略，以建设创新型企业为引领，走出一条持续创新、重点跨越、全面发展，具有国家电网特色的创新发展道路。就“双创”工作的主要做法和成效作汇报，形成“国家电网公司：实施创新驱动发展战略推进大众创业万众创新”相关交流材料。其中“优化创新资源，健全公司创新体系”中提到，国家电网完善科学技术奖励体系，组织开展职工技术创新优秀成果评选、青年创新创意大赛等群众性活动，鼓励岗位创新、全员创新。在“激发基层活力，群众性创新成果丰硕”中提出6项职工创新活动：①建设创新型班组，②开展职工技术创新竞赛，③建立劳模创新工作室，④成立质量控制（QC）小组，⑤组织供电“服务之星”劳动竞赛，⑥组织青年创新创意大赛（青创赛）。

2020年9月30日，国家电网公司工会发布《关于落实公司科技创新大会精神进一步加强职工技术创新工作的意见》（以下简称《意见》），深刻阐明了职工技术创新对于推进公司战略落地、提升班组建设和职工素质的重要价值，将其定位为企业发展的动能源泉。《意见》通过全面的策略布局，旨在激发广大职工的创新热情，包括广泛宣传发动、强化奖励激励、培育创新文化，以增强职工的使命感、责任感和紧迫感，营造尊重劳动、崇尚技能、鼓励创造的浓厚氛围，鼓励推动全员创新、持续创新。《意见》还特别强调了项目化管理和成果推广，实行项目分类管理，推动高质量成果产出，通过评优推荐、分层分级推广、线上线下转化等多种途径，促进创新成果在更大范围的应用，解决实际问题，发挥实际成效。同时，《意见》将提升职工素质与人才培养置于重要位置，通过技能提升、电力工匠培养和青年人才托举工程，助力一线职工成长成才。

2020年10月28日，国家电网公司印发《国家电网有限公司职工技术创新管理办法》，明确指出职工技术创新活动要以一线职工为主体，以提高生产技术水平和创新能力为目标，解决实际问题，要坚持战略引领、问题导向、技能提升和注重实效，公司采用分级负责制，各级工会协同有关部门共同参与项目的统筹管理和协调配合。项目立项流程包括项目征集和项目评价。通过专家对项目的创新性、可行性和效益等方面进行评估，决定是否予以立项。此外，公司还设置了表彰奖励制度，每两年评选一次优秀成果，并给予相应奖励。为了支持技术创新、鼓励成立劳模工匠创新工作室联盟，探索联合创新的方式。

2021 年，公司发布《国家电网有限公司产业工人队伍建设改革“十四五”行动方案》(以下简称《方案》)，以深入学习贯彻习近平新时代中国特色社会主义思想，全面落实习近平总书记关于工人阶级和工会工作的重要论述，特别是关于产业工人队伍建设改革的重要指示精神为核心指导。《方案》明确提出了“十四五”期间产业工人队伍建设改革的总体思路，即全面响应中共中央、国务院《产业工人队伍建设改革方案》要求，紧密结合公司“一体四翼”发展布局，着重于职工的思想引领、建功立业、素质提升、地位提高和权益保障，推动改革向纵深发展，向基层延伸，致力于培育一支具备坚定理想信念、精湛技术能力、勇于创新担当、乐于奉献的高素质职工队伍，为构建具有中国特色国际领先的能源互联网企业提供坚实的人才支撑。

2024 年 2 月，为深入贯彻落实习近平总书记对国网天津市电力公司张黎明同志及其职工创新团队的重要勉励精神，引导广大职工扎根一线、立足岗位创新创造，更好地发挥职工技术创新在实现高水平科技自立自强中的重要作用，以数智化坚强电网推动构建新型电力系统，奋力谱写国家电网高质量发展新篇章，更好地支撑和服务中国式现代化，公司研究制定贯彻落实习近平总书记重要勉励精神进一步加强职工技术创新工作的若干举措，经公司党组会议审议通过并印发《中共国家电网有限公司党组关于印发贯彻落实习近平总书记重要勉励精神进一步加强职工技术创新工作若干举措的通知》(以下简称《通知》)。该《通知》涵盖营造创新氛围、增强创新支持、推动成果转化、健全激励机制、建设人才队伍等 5 个方面的 22 条具体举措。

(四)国网湖北电力关于加强职工技术创新的相关文件

2012 年,国网湖北电力工会印发《湖北省电力公司职工技术创新活动管理办法》(以下简称《办法》)。该《办法》明确了职工技术创新活动的组织管理、项目申报与评审、资金支持与奖励、成果转化与应用等方面的具体要求。

2021 年,国网湖北电力印发《国网湖北省电力有限公司科技成果转化平台建设方案》(以下简称《方案》)。该《方案》明确了指导思想、建设目标、建设内容、组织机构与责任分工以及保障措施等 5 个方面的具体内容。提出要围绕“一系统、一团队、四保障、六整合”的公司科技成果转化的核心,打造集“线上信息服务,线下专业实施”于一体的公司级科技成果转化平台,并确定该平台建设在公司科技成果转化的核心地位。

2022 年,国网湖北电力深入推进产业工人队伍建设改革,落实国家电网有限公司人才培养“三大工程”,即高端人才引领、电力工匠塑造、青年人才托举工程,构建“3 + 1”(职务、职员、工匠通道和领军人才)人才体系,为优秀人才施展才华搭建舞台,激发干部职工干事创业活力,加快打造结构合理、素质优良的人才梯队。“3”即“三通道”,打造面向领导干部的职务通道,面向管理、技术类人员的一级至七级职员通道,面向技能、服务类职员的一级至七级工匠通道。“1”即领军人才,职务、职员、职工工匠通道的人才均可获得领军人才的称号和待遇。针对供电服务职工，公司建立“管理岗位+工匠”的“双通道”职业发展体系，拓宽全体职工职业发展通道。

2023 年 8 月 30 日，国网湖北电力印发《关于国网湖北省电力有限公司职工（劳模、工匠）创新工作室建设管理办法（试行）的通知》，创新工作室建设管理的总体要求是以提高职工的职业道德、创新能力和技能素质为核心，以发现和解决工作现场的急、难、险、重问题为重点，充分发挥“创新创效、实训实践、成长成才、传承传播”四大功能，形成“人人皆可创新、人人尽展其才”的良好氛围，培养造就一支知识型、技能型、创新型的高素质产业工人队伍。提出公司级和公司示范性创新工作室，按照总量控制的原则实施动态管理，其中公司级创新工作室控制在 100 家以内，公司示范性创新工作室控制在 10 家以内，明确了公司级创新工作室“有领衔人、有创新团队、有固定场所、有制度保障、有创新成果、有示范效应”的“六有”申报条件。

2024 年 7 月，为激励广大职工扎根一线，加强创新创造，为公司和电网高质量发展赋动能作贡献，国网湖北电力工会发布《关于开展“感恩勉励精神建功电力事业”职工技术创新立功竞赛的通知》（以下简称《通知》），其中明确了竞赛主题、时间、目标以及组织等相关具体事项。《通知》尤其强调竞赛围绕“比核心理念落实，赛创新意识提升；比立足岗位建功，赛平台载体创建；比群体体系落地，赛工作机制建立；比创新资源整合，赛成果孵化转化”四大板块内容进行多维度比拼，全面评估职工的创新能力。此外，《通知》清晰地规定了各项竞赛的考核评分细则，确保活动公平、公正、透明，激励广大职工踊跃参与。

同年7月，为贯彻落实国家电网公司党组关于职工技术创新工作部署和公司科技创新工作会议精神，充分发挥劳模、工匠在职工技术创新实践中的示范引领作用，着力打造具有湖北特色的职工技术创新体系，公司工会结合公司实际，研究制定新的《国网湖北省电力有限公司职工技术创新管理办法》(以下简称《管理办法》)。《管理办法》以《国家电网有限公司职工技术创新管理办法》为蓝本，结合2024年国家电网有限公司党组最新工作部署和湖北公司实际，对公司原有制度进行修订，由总则、职责分工、项目立项、项目实施及验收、创新成果孵化转化及推广应用、表彰激励、支撑保障、监督评价、附则等9个部分组成。

为贯彻落实国家电网公司党组关于职工技术创新工作部署和公司科技创新工作会议精神，充分发挥劳模、工匠在职工技术创新实践中的示范引领作用，着力打造具有湖北特色的“453”职工技术创新体系，同时为做好公司职工（劳模、工匠）创新工作室建设管理暨职工技术创新工作推进会做准备，国网湖北电力工会于8月作了《创新工作室建设管理暨职工技术创新座谈会的情况报告》(以下简称《情况报告》)。《情况报告》围绕会议情况、会议代表反馈问题以及下一步工作建议等3个部分展开，尤其强调了未来的工作室活动要围绕“增强创新工作室活力、建立灵活创新机制、营造全员创新活泼氛围、开展多层次广泛交流活动、为两率提升注入活水”的“五个活”开展工作。

二、职工技术创新的演变与发展

（一）职工技术创新的演变

1. 创新政策宏观引导。随着改革开放的深入，中国经济开始从计划经济向市场经济转型，企业被赋予自主经营权，同时也面临着提高生产效率、增强市场竞争力的严峻挑战。此时，职工技术创新作为技术革新的重要形式，逐渐在企业内部萌芽并得到初步探索。1999 年，全国技术创新大会上发布的《中共中央、国务院关于加强技术创新，发展高科技，实现产业化的决定》，将技术创新定义为企业应用创新的知识和新技术、新工艺、采用新的生产方式和经营管理模式，提高产品质量，开发新的产品，提供新的服务，占据市场并实现市场价值。而职工是企业创新的主体，是推动行业技术进步的重要力量。这一阶段的职工技术创新主要表现为对现有生产技术和工艺流程的小改小革，旨在解决生产中的实际问题，提高产品质量和生产效率。企业鼓励职工提出合理化建议，通过集思广益的方式，激发职工的创造力和创新精神。技术创新活动紧密围绕企业生产经营实际开展，注重实践效果和应用价值。许多企业设立了“合理化建议箱”，鼓励职工提出改进意见和创新方案。这些建议往往涉及生产流程优化、设备改造、工艺创新等方面，为企业带来了显著的经济效益。

在这一阶段，相关政策呈现出明显的宏观导向特征，国家层面的战略规划成为主导。虽然职工技术创新在这一时期并未成为政策关注的核心，但政策文件中频繁提及创新文化的重要性，强调创新不仅是科技人员的专利，更是每一位劳动者应具备的素质。政策制定者通过构建基本的创新政策框架，例如设立国家创新体系、优化创新资源配置、营造良好的创新生态环境等，为职工技术创新提供了方向性指引和初步的制度保障。然而，这一阶段的政策描述往往较为宽泛，缺乏具体的操作指南，更多地停留在理念倡导和愿景描绘上，亟须细化措施，从而切实地激发职工的创新活力，推动企业与社会的创新发展。

2. 创新体系逐渐完善。进入 21 世纪，全球化和信息化浪潮以前所未有的速度席卷全球，技术创新作为推动企业持续发展与参与国际竞争的核心驱动力，其重要性日益凸显。中国政府高瞻远瞩，明确提出实施创新驱动发展战略，这一战略不仅是对国家未来发展路径的深刻洞察，也是对企业转型升级的强烈号召。在此背景下，职工技术创新作为创新驱动发展战略的重要组成部分，得到了前所未有的关注与重视，其发展也迈入了新的历史阶段。此阶段的职工技术创新体现出体系化建设逐渐完善、创新领域多元化、激励机制与文化氛围不断强化等特点。在体系化建设方面，企业构建了全面的技术创新体系，将其提升至企业战略核心的高度，形成全员参与、自上而下的创新机制。此机制贯穿创意产生、项目孵化、成果转化的全过程，强化跨部门、跨领域合作，优化资源配置，并拓展外部合作网络，与高校、科研机构等建立开放合作关系，为职工创新提供了坚实的平台和丰富的资源。在创新领域方面，随着技术进步与市场需求的多样化，职工技术创新不再局限于传统领域，而是广泛覆盖新产品开发、新工艺应用、新服务模式等前沿阵地。企业建立并逐渐完善技术创新激励机制，包括创新基金、专项奖励、职称晋升等多元化激励措施；同时，营造浓厚的创新文化氛围，通过举办职业技能大赛、技术创新成果评选等活动，为职工提供展示和交流的平台，进一步激发了职工的创新热情与创造力，为企业的技术创新事业注入了源源不断的活力。

在这一时期，国家开始重视职工在技术创新中发挥的不可或缺的重要作用，相关部门出台了政策文件，如《关于进一步加强职工技术创新工作的意见》等，为职工技术创新提供了方向指引和政策保障；还设立了专项资金与奖励机制，直接资助和激励在技术创新中取得显著成效的职工及项目。此外，政府还致力于搭建技术创新平台，如创新工作室、技师工作站等，为职工提供实践场所与资源支持，并通过举办全国性的技能竞赛、成果评选等活动，展示职工技术创新成果，弘扬工匠精神，营造全社会尊重创新、鼓励创新的良好氛围。这一系列政策举措共同构成了职工技术创新的有力支持体系。

3. 职工创新被赋予了新使命。随着创新驱动发展战略的深入实施，技术创新成为推动经济社会发展的核心动力。在这一阶段，职工技术创新被赋予了新的内涵和意义，成为企业转型升级和高质量发展的关键支撑。政府加大对技术创新的支持力度，通过提供资金、政策、平台等支持措施，为企业和职工技术创新创造良好的外部环境。

此时，职工技术创新在企业战略、创新模式、成果转化等方面都展现出时代独特性。在战略层面，职工技术创新紧密契合企业实施创新驱动发展战略的需求，成为推动产业升级与转型升级的核心动力。广大职工凭借敏锐的洞察力与不懈的探索精神，聚焦前沿技术的突破与应用，不断为企业注入新的活力、提供新的增长点。技术创新活动不仅致力于优化生产流程与提升产品性能，更深入业务模式创新、服务模式变革等层面，引领企业向价值链高端攀升。在创新模式上，面对复杂多变的市场环境与日益激烈的竞争态势，职工技术创新更加注重跨学科、跨领域的协同创新。通过搭建产学研深度融合的创新网络，企业与高校、科研机构紧密合作，共同攻克技术难题，加速科技成果的转化与应用。同时，产业链上下游企业的协同联动也成为常态，通过资源共享、优势互补，形成强大的创新合力，推动整个产业生态的发展与繁荣。这种协同创新模式不仅促进了技术创新的高效产出，而且为企业带来了更加广阔的市场机遇与竞争优势。在创新成果层面，职工技术创新成果的商业化和产业化应用成为重要目标。企业为职工提供市场导向的指引和支持，帮助职工将技术创新成果转化为具有市场竞争力的产品或服务。通过市场验证和商业化推广，职工的创新成果得以实现其经济价值和社会价值，为企业带来了经济效益和社会效益。

在这一时期，国家将职工技术创新纳入国家发展战略和规划中，如“十四五”规划和2035年远景目标纲要等，强调技术创新对经济社会发展的重要作用，并明确提出要加强职工技术创新能力的培养和激励。同时，通过设立创新基金、专项奖励、职称晋升等方式，对在技术创新中表现突出的职工给予物质和精神上的双重激励。这些措施有效地激发了职工的创新热情和创造力。此外，加强职工知识产权的保护和转化应用，完善相关法律法规和政策措施，确保职工的创新成果得到应有的尊重和回报。

（二）职工技术创新的未来发展

在未来的职工技术创新领域，多重因素的交织将共同塑造六大鲜明的发展趋势，这些趋势不仅反映了技术进步的必然结果，也体现了经济环境、社会变迁和政策导向的深刻影响。

1. 技术深度融合与智能辅助的全面升级。随着人工智能、自动化技术的不断成熟与普及，职工技术创新将迎来一场深刻的智能化变革。数字孪生技术的广泛应用，使得创新过程得以在虚拟环境中进行高效模拟与优化，极大地降低了实际实验的成本与风险。同时，大数据分析的深入挖掘，为职工提供了前所未有的对市场的洞察与对用户需求的理解，从而指导创新方向，提升创新的精准度与市场接受度。在这场智能化升级中，职工将借助智能工具，实现创新效率与质量的双重飞跃，开辟技术创新的新天地。

2. 个性化与定制化创新的崛起与普及。未来，消费者需求将日益多元化、个性化，这就要求职工技术创新必须紧跟市场步伐，实现产品与服务的定制化转型。模块化设计思路的推广，使得产品能够灵活组合、快速迭代，以满足消费者不断变化的个性化需求。同时，通过构建开放的创新平台，吸引消费者参与创新过程，实现用户需求的直接反馈与产品设计的即时调整，从而打造出真正符合市场需求的创新产品。这一趋势的兴起，不仅提升了消费者的满意度与忠诚度，也为职工技术创新开辟了更广阔的发展空间。

3. 绿色可持续创新的引领与践行。在全球环保倡议与可持续发展理念的推动下，绿色可持续创新将成为职工技术创新的重要方向。职工将积极探索环保材料与工艺，致力于减少生产过程中的环境污染与资源消耗。同时，开发节能减排技术，推动循环经济与低碳生产，实现企业的经济效益与生态效益的双赢。这一趋势的践行，不仅响应了全球环保的号召，也为企业树立了良好的社会形象，增强了市场竞争力。

4. 开放创新与跨界合作的深化与拓展。未来，职工技术创新将不再局限于单一企业或领域，而是呈现出开放性与跨界性的特征。企业将构建更加开放的创新生态系统，吸引内外部资源共同参与协作。远程协作模式的推广，使得全球范围内的创新交流与合作成为可能，促进了知识与技术的快速传播与融合。同时，跨界合作的深化，将不同领域、不同行业的知识与技能进行有机融合，催生出更多具有颠覆性的创新成果。

5. 技能重塑与终身学习的挑战和机遇。面对快速变化的技术环境与市场需求，职工将面临技能重塑与终身学习的挑战。企业需要投资职工培训，提供多样化的学习机会与资源，帮助职工掌握新技术、新知识，以适应创新的需求。同时，跨领域能力的培养将成为关键，职工需要不断拓宽知识视野，提升综合素养，以应对复杂多变的创新任务。这一挑战的背后也蕴含着巨大的机遇，职工通过不断学习与成长，将成为创新的主力军，为企业与社会的持续发展贡献智慧与力量。

6. 政策引导、社会包容与伦理考量并重。政府政策将继续发挥引导与支撑作用，为职工技术创新提供有力的政策保障与资金支持。特别是在关键技术和新兴领域，政府将出台更多的优惠政策，鼓励企业加大研发投入，推动技术创新与产业升级。同时，创新将更加关注社会包容性，确保技术惠及更广泛的人群，减少技术带来的社会不平等与数字鸿沟。此外，数据隐私与伦理考量将成为创新过程中不可忽视的重要方面，职工在创新的同时，必须严格遵守法律法规与伦理规范，保护用户隐私与数据安全，确保技术的健康发展与社会的和谐稳定。

综上所述，未来的职工技术创新将呈现出技术深度融合与智能辅助、个性化与定制化创新、绿色可持续创新、开放创新与跨界合作、技能重塑与终身学习以及政策引导、社会包容与伦理考量并重的六大趋势。这些趋势的交织与融合，将共同推动职工技术创新不断迈向新的高度，为企业与社会的持续进步注入强大的动力与活力。

三、职工技术创新案例分析

（一）法国电力公司职工技术创新

1. 法国电力公司简介。法国电力公司（Electricité De France，EDF）是一家成立于1946年的全球领先电力企业，总部设在巴黎，由法国政府控股，是法国最大的电力生产商和供应商。EDF业务遍布全球，涵盖欧洲、美洲、亚洲和非洲，拥有庞大的国际客户群体。公司不仅在法国国内电力市场占据主导地位，而且是全球大型核电运营商之一，核能在其发电组合中占有重要比重。同时，EDF积极顺应全球能源转型趋势，加大对风能、太阳能等可再生能源的投资，致力于减少碳排放，推动低碳与清洁能源技术的应用。此外，公司注重开发智能电网技术，提供能源管理与配送服务，以满足客户对高效、清洁能源的需求。作为一家国有企业，EDF在保持相对独立运营的同时，持续追求技术创新和国际化战略，通过并购、合资和项目合作等方式，在全球能源市场中巩固自己的地位，成为推动全球能源行业发展的关键力量。

2. 法国电力公司职工技术创新实践。（1）举办创新竞赛，激发员工创新热情。EDF通过举办内部创新竞赛，不仅鼓励员工提出创新理念，而且覆盖了从技术革新到商业模式优化、客户体验升级等维度，优胜者更有机会获得资金支持、专业指导，甚至项目孵化的宝贵机会，充分调动了员工的创新积极性。自2015年起，EDF通过年度“EDF脉动奖”（EDF Pulse Awards）竞赛，鼓励员工提交创新项目提案，涉及技术革新、商业模式优化和客户体验升级等维度。例如，2019 年的竞赛吸引了破纪录的 500 份申请，这些申请覆盖了可再生能源、智能电网和能源效率等领域，充分展现了员工的创新活力。

（2）建立创新实验室和研发中心，加速科技成果转换。为了将创新理念转化为实际成果，EDF 在全球范围内设立了多个创新实验室和研发中心，配备了尖端的技术设备，为员工提供了理想的实验与研发平台。在这里，员工可以深入探索智能电网、可再生能源、能源存储等前沿技术，推动科技成果的转化与应用。同时，EDF 倡导跨部门协作与知识共享，鼓励不同专业背景的员工组建跨职能团队，通过思想的碰撞与融合，加速创新进程，打破传统界限，促进企业创新生态的繁荣。例如，位于法国格勒诺布尔的“EDF 实验室”，自 2017 年成立以来，已孵化超过 100 项创新项目，涉及智能电网技术、电池储能系统和碳捕捉技术。其中，一项名为“社区智能电网”（Smart Grids for Communities）的项目，旨在通过智能电网技术改善社区能源管理，为公司创造了显著的经济效益。

（3）实施跨部门协作与知识共享计划，促进创新进程。公司积极与外部伙伴建立合作关系，包括学术界、初创企业、研究机构等，通过开放式创新模式，引入外部视角和资源，拓宽创新视野，加速技术进步。2018 年启动的“跨界创新项目”（Cross-Innovation Program）旨在打破部门壁垒，促进不同专业背景的员工协作。该项目的一个成功案例是“柔性网络”（FlexiGrid）项目，该项目通过整合电力、燃气和热力网络的数据，实现了能源系统的灵活调度，显著地提高了能源利用效率。

（4）推出培训与发展计划，提升员工的创新意识和技能。EDF

深知人才是创新的基石，因此实施了丰富的培训与发展计划，包括技术培训、领导力培养、设计思维课程等，全面提升员工的综合技能，培养创新能力和跨领域能力。自 2016 年起，EDF 的“EDF 学院”（EDF Academy）提供了超过 500 门课程，涵盖技术创新、可持续发展和数字化转型等领域。截至本书写作之时，已有超过 5 万名员工完成了至少一门课程的学习。这些培训显著地提升了员工的专业技能和创新意识，为创新项目的成功奠定了基础。

（5）加强与外部伙伴合作，拓宽创新视野。2019 年，EDF 与多家初创企业合作，启动了“EDF 创新伙伴关系”（EDF Innovation Partnerships）项目。其中，与太阳伙伴技术公司（Sunpartner Technologies）的合作尤为成功，双方共同开发了透明太阳能板，可安装在窗户和建筑立面上，为建筑物供电。这项创新预计在未来五年内为 EDF 带来超过 1 亿欧元的收入，体现了开放创新模式的巨大潜力。

（二）中国南方电网有限责任公司职工技术创新

1. 中国南方电网有限责任公司简介。中国南方电网有限责任公司是中央直接管理的国有重要骨干企业，由国务院国资委履行出资人职责。公司负责投资、建设和经营管理南方区域电网，参与投资、建设和经营相关的跨区域输变电和联网工程，为广东、广西、云南、贵州、海南五省区和港澳地区提供电力供应服务保障；从事电力购销业务，负责电力交易与调度；从事国内外投融资业务；自主开展外贸流通经营、国际合作、对外工程承包和对外劳务合作等业务。南方电网东西跨度近 2000 千米，网内拥有水、煤、核、气、风力、太阳能、生物质能、抽水蓄能和新型储能等电源，同时也是国内率先“走出去”的电网企业。公司积极落实“一带一路”倡议，作为国务院授权的大湄公河次区域电力合作中方执行单位，不断加强与周边国家电网互联互通，持续深化国际电力交流合作。截至 2023 年底，累计完成国际贸易电量 707.12 亿千瓦时。

2. 中国南方电网有限责任公司职工技术创新实践。公司高度重视职工创新工作，视其为推动产业工人队伍革新与加速创新驱动发展的核心引擎，构建了独具特色的“24433”职工技术创新体系框架。该体系涵盖双平台搭建、四功能定位、四管理机制、三成果转化路径及三激励策略，成功动员了超过 4 万名职工投身岗位创新实践，孕育了一批兼具理想信念、技术实力与创新精神的高素质技术人才，为打造世界级竞争力企业的宏伟目标奠定了坚实的人才基石。

在平台搭建层面，公司实施多线并进、上下联动的策略，构建起纵跨网、省、市三级，横跨发电、输电、配电、售电全业务领域的创新工作室网络，包括 1169 个工作室及 7 个跨领域创新工作室联盟，为职工技术创新活动提供了稳固的阵地与广阔的舞台。

在功能定位层面，公司坚持以实际、实用、实效为导向，明确了工作室在解决实际问题、催生技术创新、培育技能人才、培育创新文化等方面的核心职能，确保工作室工作扎实有效，引领职工创新向纵深发展。

在管理机制层面，公司持续优化管理体系，形成了协同施策、齐抓共管的工作格局，出台了一系列配套制度文件，建立了完善的工作室运作机制、交流机制，形成“比学赶超”的良好态势和互学互鉴、共同提升的良好氛围。

在成果转化层面，公司实施全链条策略，加速创新成果从技术熟化到商业应用的全过程转化，三年来，累计获得国家专利1.1万项，转化创新项目386项，实现合同金额1.5亿元，系统内推广量达3.8万套，系统外推广亦超过1900套，显著地提升了创新成果的经济效益与社会价值。

在创新激励策略层面，公司坚持以人为本，通过树立“南网劳模”“南网工匠”“南网创客”三大品牌及典型人物，增强职工的荣誉感；优化收益分配机制，最高单项分红奖励达60万元，激发创新动力；同时，打通技术、管理、技能晋升通道，构建人才成长的“快速路”。截至本书写作之时，公司共有13名工作室负责人荣获“全国劳动模范”，10名工作室负责人荣获“全国技术能手”，6名工作室负责人或骨干荣获全国能源化学地质系统“大国工匠”，工作室负责人中的技术、技能专家比例达到59.4%。

（三）中国大唐集团有限公司

1. 中国大唐集团有限公司简介。中国大唐集团有限公司成立于2002年12月29日，是中央直接管理的国有特大型能源企业，注册资本金370亿元，主要业务覆盖电力、煤炭煤化工、金融、环保、商贸物流和新兴产业。所属二级单位包括45家分、子公司和3家直属机构。其中，5家上市公司分别是首家在伦敦上市的中国企业、首家在香港上市的电力企业——大唐国际发电股份有限公司，较早在内地上市的大唐华银电力股份有限公司、广西桂冠电力股份有限公司，在香港上市的中国大唐集团新能源股份有限公司、大唐环境产业集团股份有限公司。中国大唐积极践行“四个革命、一个合作”的能源安全新战略，认真履行能源央企的经济责任、政治责任、社会责任。企业的使命是“提供绿色能源、点亮美好生活”；

企业的愿景是打造“绿色低碳、多能互补、高效协同、数字智慧”的世界一流能源供应商，成为美丽中国建设的领军企业；企业的价值观是“惟实惟新、共创共享”；企业精神是“同心聚力、追求卓越”。截至2024年底，中国大唐发电装机容量突破2亿千瓦时，其中清洁能源发电装机比例达到46.24%。在役及在建资产分布在全国31个省、自治区、直辖市和香港特别行政区，以及缅甸、柬埔寨、老挝、印尼等国家和地区。连续15次入选世界500强。

2. 中国大唐集团有限公司职工技术创新实践。中国大唐公司积极构建“全员参与创新、劳模高技能人才团队创新、职工创新工作室引领创新”的“三位一体”职工创新体系。截至目前，中国大唐系统共建立覆盖各分、子公司的各级职工创新工作室940多家，64人次在全国总工会组织的技能竞赛中获奖，91项创新成果获得国家级、省级表彰，90余项成果在中国职工技术协会QC成果发布会上获奖。中国大唐新能源创新工作室联盟的9个项目成果实现转化应用，获得专利授权20余件。中国大唐在创新成果发布、行业奖项申报上也取得良好成绩，3项科技创新成果入选国资委发布的《中央企业科技创新成果推荐目录（2022年版）》，4项科技创新成果入围中国电力企业联合会“首届电力行业科技创新大会”发布成果清单并发布。2023年获得中国电机工程学会科学技术奖2项，中国电力企业联合会电力创新奖7项、职工创新奖56项，中国能源研究会能源创新奖6项。

依托多方协同促联合创新。公司与知名装备制造企业、高校、研发机构开展高水平合作，广泛参与相关创新联合体、技术创新联盟和研发平台。目前，在国资委批准成立的7个创新联合体中，中国大唐已依托项目加入其中的4个，其与中国电子信息产业集团在风电工控系统国产化方面的联合创新取得显著成效，取得了行业首张风电自主主控系统的型式认证证书，并完成国产 CPU 的风电主控系统自主研发和样机并网测试，这标志着中国大唐已完全掌握了国产 CPU 的风机控制系统技术开发能力，突破了“卡脖子”难题。“大型冲击式水轮发电机组”获评工业和信息化部和国资委 2023 年重点产品“一条龙”应用示范方向。“新型储能创新中心揭阳实证基地”入围国家能源局储能试点示范。

组建人才队伍谱写新章。中国大唐公司出台集团公司党组和各级企业党委联系服务专家办法，评选首届首席专家、青年科技拔尖人才，人才选拔步入“快车道”；强化校企合作，推进卓越工程师队伍建设，深入推进中共中央组织部工程硕博士培养改革专项试点工作，做好首批 105 名招生工作，加强与科研院所、头部企业合作培育国家级专家人才，人才培养按下“启动键”；首次实施“优才计划”，新入职高校毕业研究生、本科生占比同比分别提高了 7.2 个和 13.9 个百分点，加快储备优秀毕业生；积极引进急需紧缺人才和前沿领域领军人才，人才聚集形成新局面；完善人才评价体系，健全奖励制度，突出贡献奖励，科技人员竞相迸发积极性、创造性。

（四）案例研究的借鉴与启示

通过对国内外各具特色的相关电力企业的职工技术创新相关活动的学习，我们在职工技术创新体系建设方面获得以下经验借鉴：

1. 支持开展竞赛比武，激发职工创新活力与争先意识互推融合。通过设立“争先创优竞赛比武”机制，为职工提供了一个展示自我、提升技能、激发创新活力的平台。这种竞赛形式不仅促进了职工之间的交流与合作，而且进一步激发了他们的创新潜力和竞争意识。首先，竞赛比武为职工提供了一个相互学习、相互借鉴的机会。在竞赛过程中，职工可以观察到同事的优秀表现和创新思路，从而拓宽自己的视野，丰富自己的知识和经验。这种交流与学习不仅有助于提升职工的个人技能水平，而且能够促进整个团队的创新能力和综合素质的提升。其次，竞赛比武激发了职工的创新活力。在竞赛的压力下，职工需要不断思考、探索和实践，寻找解决问题的新思路和新方法。这种挑战和刺激能够激发职工的创造力和创新潜能，推动他们不断突破自我，实现个人和团队的共同成长。此外，竞赛比武还培养了职工的竞争意识。在竞赛中，职工需要与同事进行比拼，争夺优胜。这种竞争氛围能够激发职工的斗志和进取心，促使他们不断追求卓越，提高自己的工作质量和效率。同时，竞争也能够让职工更加清晰地认识到自己的优势和不足，从而进行有针对性的改进和提升。最后，通过竞赛比武，公司还能够发现和选拔优秀的创新人才。在竞赛中脱颖而出的职工往往具备较强的创新能力和较大的创新潜力，是公司未来发展的重要力量。因此，公司可以通过竞赛比武机制，建立起完善的人才选拔和培养体系，为企业的长期发展提供有力的人才保障。

2. 深化创新平台交流，促进职工技术创新与资源整合协同融合。法国电力公司为支持公司职工创新，在全球范围内建设了多个创新实验室、科研中心，鼓励公司人员与外部专家、科研学者、初创企业等进行合作学习，倡导跨部门协作以集合不同专业知识背景的人员，大搞开放式创新，开展多个创新项目，拓宽公司内部职工的创新视野，从而最大化地利用创新资源。国家电网在职工技术创新建设过程中有必要搭建更为开放、包容的创新交流平台，平台不仅能够链接成果、孵化资源，成为推进公司创新成果产生的有效途径，而且可以搭建企业内部各工作室之间的交流合作舞台，甚至可以延伸至各地市级公司，使广大职工能够在更大范围内展示创新活动的经验与心得。这样的平台不仅有助于职工之间传递知识与提升技能，而且能推动创新成果的快速转化与市场推广，成为连接企业内部职工与外部专业技术人才和投资者的重要纽带。此外，职工技术创新联盟能够为产业创新升级和企业资源共享注入新的活力。该联盟可以汇聚各地市级及以上的全员创新企业，共同搭建资源共享、成果共推的创新生态圈，通过打破行政壁垒，立足创新，联盟实现了研发前端与生产后端的快速对接，有效地整合了各方资源，提升了协同创新水平，从而推动整个集团的创新力度和水平迈上新的高度。

3. 力荐高端人才领航，深化职工技术创新与人才培育有机融合。职工（劳模、工匠）创新工作室是企业发展的“智囊团”、技术难题的“攻坚室”、创新成果的“转化站”，也是人才培养的“孵化器”。技能人才队伍是企业发展的核心资源，是推动经济发展的重要力量。在职工技术创新体系建设中，劳模、工匠的引领作用不可小觑。以劳模、工匠为领军人物的创新工作室是传授创新技术、传播创新知识、传承创新意识的“根据地”，是培养人才的“沃土”。在新形势下，劳模创新工作室已经成为产业工人队伍建设改革的重要阵地。而创新不可局限于模范人物，而是要在团队中不断积累传承。一方面，创新工作室骨干发挥引领作用，通过讲坛、经验交流等形式开展专业技能培训，帮助成员优化生产流程、突破技术瓶颈和激发创新灵感；另一方面，创新工作室可以吸收青年职工加入创新团队，签订师徒协议，开展交流考评，培养企业新生代力量。

4. 构建体系全链条式运作，实现企业提效与职工赋能深度融合。职工技术创新体系建设应当是全面、连贯且协同的全链条过程。这个过程涵盖了从创新理念的孕育、创新活动的组织动员，到创新平台的搭建、创新成果的推广与应用等多个关键环节。在这个过程中，每一个环节之间都紧密相连、互为支撑，共同构成了一个完整的创新生态链。首先，创新理念的孕育是技术创新体系建设的起点。企业需要通过广泛宣传、教育培训等方式，激发职工的创新意识和创新精神，让职工认识到创新对于企业发展的重要性。其次，创新活动的组织动员是技术创新体系建设的核心。企业需要围绕安全生产、设备健康、经济运行、节能降耗等关键领域，组织广大职工立足岗位，开展各种形式的技术创新活动。同时，也要注重管理创新，通过精简管理环节、优化操作流程等方式，提高企业的管理效率和创新能力。再次，创新平台的搭建是技术创新体系建设的重要支撑。企业需要建立职工创新工作室等实体平台，为职工提供创新的场所和设施。同时，企业也要利用互联网新技术、App 等手段，创建手机创新互动共享新平台；企业需要打破内部壁垒，加强与外部创新资源的链接与共享，形成全链条式创新运作机制。通过平台生态的培育，企业可以吸引更多创新要素聚集，促进创新资源的优化配置与高效利用，从而提升企业整体的创新能力与效率。最后，创新成果的推广与应用是技术创新体系建设的落脚点。企业需要通过举办创新成果展示会、技术交流会等活动，推广新技术、新成果，推动技术成果的应用转化。同时，建立激励机制，对在创新活动中表现突出的职工进行表彰和奖励，增强全员创新意识，提升创新创造价值。

5. 强化要素支撑与成果转化，实现职工赋能与企业提效的双赢融合。政策、资本、人才是创新的三大基本要素，而开放共享则是推进创新成果转化的有效途径。这就要求企业在构建创新体系时，必须注重这三大基本要素的持续供应与优化配置。政策方面，企业应出台保障性、奖励性的创新鼓励政策，为职工创新提供有力的制度保障；资本方面，企业应提供资金支持，并确定科学的项目注资标准，确保创新项目的顺利实施；人才方面，企业应注重人才团队的培养与激励，为职工提供广阔的成长空间与创新舞台。

同时，企业还应加强创新成果的转化与应用，通过开放共享的方式，将创新成果快速转化为实际生产力。这就要求企业建立完善的成果转化机制，加强与外部市场的连接与沟通，实现创新成果的快速商业化。对于国家电网而言，更应注重“成果培育”与“产业延伸”的同步发展，通过引入外部资源、整合内部力量，形成产业集群效应，提升企业的核心竞争力。

第四章　电网企业职工技术创新的调查分析

为深入了解电网企业基层职工技术创新体系建设与创新工作室的运行情况，总结提炼其工作亮点，深刻剖析痛点、难点，研究提出措施建议，充分发挥劳模工匠示范引领和工作室创新创效主阵地作用，把创新工作室打造成提升企业技术创新能力的“孵化器”，解决生产技术难题的“攻关站”，传承劳模精神、劳动精神、工匠精神的“新平台”，培养高技能人才的“练兵场”，本章以国网湖北电力为调研对象，对电网企业基层职工技术创新体系现状进行分析。

本章研究通过听汇报、查资料、看现场、交流座谈和问卷统计等方式，深入基层，通过内部调研与外部调研相结合的方式，从公司基层职工技术创新体系、创新工作室建设现状、存在的问题及原因等方面进行定性、定量分析，并对调研材料进行深化挖掘，较全面客观地反映电网基层职工技术创新体系建设的现状，在总结与梳理的基础上形成问题与原因分析，为新形势下电网企业职工技术创新体系的搭建提供参考依据。

一、样本基本情况

为进一步了解和掌握国网湖北电力职工技术创新的基本状况，对国网湖北电力职工进行了2个月的数据采样，共回收有效问卷1712份，数据整体质量较高。采样对象涉及不同年龄、不同性别、不同文化程度、不同工作岗位的职工。调研对象分为集体企业、省公司本部、省公司直属单位、市供电公司、县供电公司五大类。

（一）职工性别与年龄

本次调研的男女职工人数及其比例如图4-1所示，其中女性职工500人，占29.21%，男性职工1212人，占70.79%。从单位分布来看，集体企业男性75人，女性32人，分别占本次调研职工总数的4.38%和1.87%；省公司本部男性3人，女性2人，分别占本次调研职工总数的0.18%和0.12%；省公司直属单位男性189人，女性48人，分别占本次调研职工总数的11.04%和2.80%；市供电公司男性414人，女性172人，分别占本次调研职工总数的24.18%和10.05%；县供电公司男性531人，女性246人，分别占本次调研职工总数的31.01%和14.37%（见表4-1）。

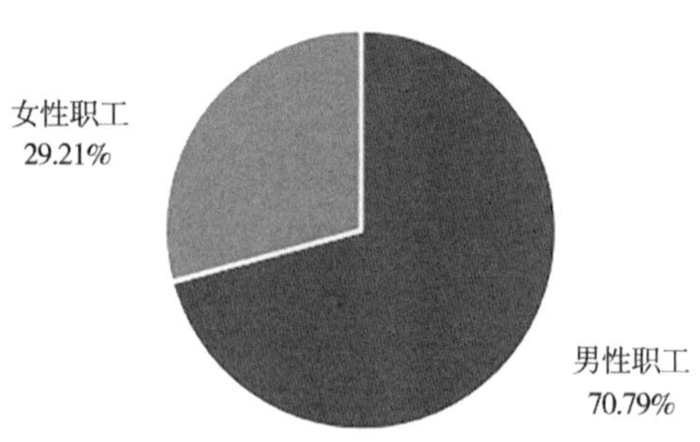

图 4-1 职工性别分布比例图

表 4-1 各单位职工性别情况表

所属单位	性别		总计
	男	女	
集体企业	75 人	32 人	107 人
	4.38%	1.87%	6.25%
省公司本部	3 人	2 人	5 人
	0.18%	0.12%	0.3%
省公司直属单位	189 人	48 人	237 人
	11.04%	2.80%	13.84%
市供电公司	414 人	172 人	586 人
	24.18%	10.05%	34.23%
县供电公司	531 人	246 人	777 人
	31.01%	14.37%	45.38%
合计	1212 人	500 人	1712 人
	70.79%	29.21%	100.00%

（二）职工文化程度

整体来看，本次调研职工中大学本科职工为 957 人，占比最高，达到 55.90%，研究生及以上学历职工为 344 人，占比 20.09%，大专、高职学历职工为 236 人，占比 13.79%（见图 4-2）。从所属单位来看，集体企业大学本科、研究生及以上学历的职工分别为 55 人、14 人，分别占受访集体企业职工人数的 51.40%、13.08%；省公司本部大学本科职工为 3 人，占受访省公司本部职工人数的 60.00%；省公司直属单位大学本科、研究生及以上学历职工分别为 129 人、94 人，分别占受访省公司直属单位职工人数的 54.43%、39.66%；市供电公司大学本科、研究生及以上学历的职工分别为 317 人、167 人，分别占受访市供电公司职工人数的 54.10%、28.50%；县供电公司大学本科、研究生及以上学历职工分别为 453 人、69 人，分别占受访县供电公司职工人数的 58.30%、8.88%（见表 4-2）。

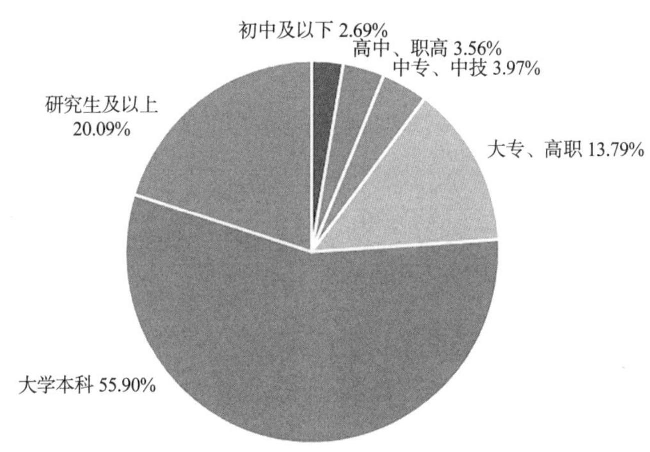

图 4-2　职工学历分布图

表 4-2 各单位职工学历情况表

单位类别	最高学历	年龄					总计
		25岁及以下	26岁至35岁	36岁至45岁	46岁至55岁	56岁及以上	
集体企业	初中及以下	0	0	3	1	0	4
		0.00%	0.00%	2.80%	0.93%	0.00%	3.74%
	高中、职高	0	1	1	6	2	10
		0.00%	0.93%	0.93%	5.61%	1.87%	9.35%
	中专、中技	0	0	5	0	0	5
		0.00%	0.00%	4.67%	0.00%	0.00%	4.67%
	大专、高职	2	5	7	5	0	19
		1.87%	4.67%	6.54%	4.67%	0.00%	17.76%
	大学本科	5	13	23	14	0	55
		4.67%	12.15%	21.50%	13.08%	0.00%	51.40%
	研究生及以上	0	6	7	1	0	14
		0.00%	5.61%	6.54%	0.93%	0.00%	13.08%
	合计	7	25	46	27	2	107
		6.54%	23.36%	42.99%	25.23%	1.87%	100.00%
省公司本部	初中及以下	1	0	0	0	0	1
		20.00%	0.00%	0.00%	0.00%	0.00%	20.00%
	大专、高职	0	0	1	0	0	1
		0.00%	0.00%	20.00%	0.00%	0.00%	20.00%
	大学本科	2	0	1	0	0	3
		40.00%	0.00%	20.00%	0.00%	0.00%	60.00%
	合计	3	0	2	0	0	5
		60.00%	0.00%	10.00%	0.00%	0.00%	100.00%

续表一

单位类别	最高学历	年龄					总计
		25岁及以下	26岁至35岁	36岁至45岁	46岁至55岁	56岁及以上	
省公司直属单位	高中、职高	0	0	1	0	0	1
		0.00%	0.00%	0.42%	0.00%	0.00%	0.42%
	中专、中技	0	0	0	0	2	2
		0.00%	0.00%	0.00%	0.00%	0.84%	0.84%
	大专、高职	0	2	3	4	2	11
		0.00%	0.84%	1.27%	1.69%	0.84%	4.64%
	大学本科	13	43	58	15	0	129
		5.49%	18.14%	24.47%	6.33%	0.00%	54.43%
	研究生及以上	3	55	35	1	0	94
		1.27%	23.21%	14.77%	0.42%	0.00%	39.66%
	合计	16	100	97	20	4	237
		6.75%	42.19%	40.93%	8.44%	1.69%	100.00%
市供电公司	初中及以下	0	0	0	0	2	2
		0.00%	0.00%	0.00%	0.00%	0.34%	0.34%
	高中、职高	0	0	2	4	6	12
		0.00%	0.00%	0.34%	0.68%	1.02%	2.05%
	中专、中技	0	0	3	17	7	27
		0.00%	0.00%	0.51%	2.90%	1.19%	4.61%
	大专、高职	0	5	11	40	5	61
		0.00%	0.85%	1.88%	6.83%	0.85%	10.41%
	大学本科	31	95	123	67	1	317
		5.29%	16.21%	20.99%	11.43%	0.17%	54.10%
	研究生及以上	8	131	26	2	0	167
		1.37%	22.35%	4.44%	0.34%	0.00%	28.50%
	合计	39	231	165	130	21	586
		6.66%	39.42%	28.16%	22.18%	3.58%	100.00%

续表二

单位类别	最高学历	年龄					总计
		25岁及以下	26岁至35岁	36岁至45岁	46岁至55岁	56岁及以上	
县供电公司	初中及以下	0	1	0	19	19	39
		0.00%	0.13%	0.00%	2.45%	2.45%	5.02%
	高中、职高	0	2	11	13	12	38
		0.00%	0.26%	1.42%	1.67%	1.54%	4.89%
	中专、中技	0	3	12	14	5	34
		0.00%	0.39%	1.54%	1.80%	0.64%	4.38%
	大专、高职	14	18	42	63	7	144
		1.80%	2.32%	5.41%	8.11%	0.90%	18.53%
	大学本科	54	159	153	86	1	453
		6.95%	20.46%	19.69%	11.07%	0.13%	58.30%
	研究生及以上	1	51	14	3	0	69
		0.13%	6.56%	1.80%	0.39%	0.00%	8.88%
	合计	69	234	232	198	44	777
		8.88%	30.12%	29.86%	25.48%	5.66%	100.00%
合计	初中及以下	1	1	3	20	21	46
		0.06%	0.06%	0.18%	1.17%	1.23%	2.69%
	高中、职高	0	3	15	23	20	61
		0.00%	0.18%	0.88%	1.34%	1.17%	3.56%
	中专、中技	0	3	20	31	14	68
		0.00%	0.18%	1.17%	1.81%	0.82%	3.97%
	大专、高职	16	30	64	112	14	236
		0.93%	1.75%	3.74%	6.54%	0.82%	13.79%
	大学本科	105	310	358	182	2	957
		6.13%	18.11%	20.91%	10.63%	0.12%	55.90%

续表三

单位类别	最高学历	年龄					总计
		25 岁及以下	26 岁至 35 岁	36 岁至 45 岁	46 岁至 55 岁	56 岁及以上	
合计	研究生及以上	12	243	82	7	0	344
		0.70%	14.19%	4.79%	0.41%	0.00%	20.09%
	合计	134	590	542	375	71	1712
		7.83%	34.46%	31.66%	21.90%	4.15%	100.00%

（三）职工工作岗位

在参与调研的职工中，一线生产维修工人人数最多，达 539 人，占总人数的 31.48%，人数次多的是专业技术人员和基层人员，分别达 409 人和 375 人，分别占比 23.89% 和 21.90%（见表 4–3）。

表 4–3　各单位各类工作岗位职工情况表

单位类别	工作岗位	工作年限					总计
		3 年以下	3 年至 5 年	6 年至 10 年	11 年至 20 年	20 年以上	–
集体企业	工会人员	1	2		1	6	10
		0.93%	1.87%	0.00%	0.93%	5.61%	9.35%
	基层人员	3	1	3	10	20	37
		2.79%	0.93%	2.80%	9.35%	18.69%	34.57%
	一线生产维修工人	2			6	6	14
		1.87%	0.00%	0.00%	5.61%	5.61%	13.08%
	营销或服务人员	5		1	2	1	9
		4.67%	0.00%	0.93%	1.87%	0.93%	8.41%
	专业技术人员	1		6	22	6	35
		0.93%	0.00%	5.61%	20.56%	5.61%	32.71%
	其他			1		1	2
		0.00%	0.00%	0.93%	0.00%	0.93%	1.86%
	合计	12	3	11	41	40	107
		11.21%	2.80%	10.28%	38.32%	37.38%	100.00%

续表一

单位类别	工作岗位	工作年限					总计
		3年以下	3年至5年	6年至10年	11年至20年	20年以上	-
省公司本部	一线生产维修工人	1	0	0	0	0	1
		20.00%	0.00%	0.00%	0.00%	0.00%	20.00%
	营销或服务人员	1	0	0	0	0	1
		20.00%	0.00%	0.00%	0.00%	0.00%	20.00%
	专业技术人员	1	0	0	0	2	3
		20.00%	0.00%	0.00%	0.00%	40.00%	60.00%
	合计	3	0	0	0	2	5
		60.00%	0.00%	0.00%	0.00%	40.00%	100.00%
省公司直属单位	工会人员		3	2	1	2	8
		0.00%	1.27%	0.84%	0.42%	0.84%	3.38%
	基层人员		4	9	25	15	53
		0.00%	1.69%	3.80%	10.55%	6.33%	22.36%
	一线生产维修工人	15	13	15	15	18	76
		6.33%	5.49%	6.33%	6.33%	7.59%	32.07%
	营销或服务人员				2		2
		0.00%	0.00%	0.00%	0.84%	0.00%	0.84%
	专业技术人员	18	4	20	29	16	87
		7.59%	1.69%	8.44%	12.24%	6.75%	36.71%
	综合管理人员			1	4	4	9
		0.00%	0.00%	0.42%	1.69%	1.69%	3.80%
	其他人员	1				1	2
		0.42%	0.00%	0.00%	0.00%	0.42%	0.84%
	合计	34	24	47	76	56	237
		14.35%	10.13%	19.83%	32.07%	23.63%	100.00%
市供电公司	工会人员			5	4	16	25
		0.00%	0.00%	0.85%	0.68%	2.73%	4.27%
	基层人员	3	9	25	28	43	108
		0.51%	1.54%	4.27%	4.78%	7.34%	18.43%
	一线生产维修工人	57	24	22	41	86	230
		9.73%	4.10%	3.75%	7.00%	14.68%	39.25%
	营销或服务人员	8	9	7	15	17	56
		1.37%	1.54%	1.19%	2.56%	2.90%	9.56%
	专业技术人员	22	14	39	37	42	154
		3.75%	2.39%	6.66%	6.31%	7.17%	26.28%

续表二

单位类别	工作岗位	工作年限					总计
		3年以下	3年至5年	6年至10年	11年至20年	20年以上	-
市供电公司	综合管理人员	0	0	2	2	3	7
		0.00%	0.00%	0.34%	0.34%	0.51%	1.19%
	其他人员	1	0	0	3	2	6
		0.17%	0.00%	0.00%	0.51%	0.34%	1.02%
	合计	91	56	100	130	209	586
		15.53%	9.56%	17.06%	22.18%	35.67%	100.00%
县供电公司	工会人员	0	2	3	14	33	52
		0.00%	0.26%	0.39%	1.80%	4.25%	6.69%
	基层人员	7	12	37	48	73	177
		0.90%	1.54%	4.76%	6.18%	9.40%	22.78%
	一线生产维修工人	39	24	19	45	91	218
		5.02%	3.09%	2.45%	5.79%	11.71%	28.06%
	营销或服务人员	27	13	14	37	85	176
		3.47%	1.67%	1.80%	4.76%	10.94%	22.65%
	专业技术人员	12	22	32	32	32	130
		1.54%	2.83%	4.12%	4.12%	4.12%	16.73%
	综合管理人员		1	2	3	9	15
		0.00%	0.13%	0.26%	0.39%	1.16%	1.93%
	其他人员	3	2	1	1	2	9
		0.39%	0.26%	0.13%	0.13%	0.26%	1.17%
	合计	88	76	108	180	325	777
		11.33%	9.78%	13.90%	23.17%	41.83%	100.00%
合计	工会人员	1	7	10	20	57	95
		1.05%	7.37%	10.53%	21.05%	60.00%	100.00%
	基层人员	13	26	74	111	151	375
		3.47%	6.93%	19.73%	29.60%	40.27%	100.00%
	一线生产维修工人	114	61	56	107	201	539
		21.15%	11.32%	10.39%	19.85%	37.29%	100.00%
	营销或服务人员	41	22	22	56	103	244
		16.80%	9.02%	9.02%	22.95%	42.21%	100.00%
	专业技术人员	54	40	97	120	98	409
		13.20%	9.78%	23.72%	29.34%	23.96%	100.00%
	综合管理人员	0	1	5	9	16	31
		0.00%	3.23%	16.13%	29.03%	51.61%	100.00%

续表三

单位类别	工作岗位	工作年限					总计
		3年以下	3年至5年	6年至10年	11年至20年	20年以上	-
合计	其他	5	2	2	4	6	19
		26.32%	10.53%	10.53%	21.05%	31.58%	100.00%
	合计	228	159	266	427	632	1712
		13.32%	9.29%	15.54%	24.94%	36.92%	100.00%

（四）职工工作年限

在参与本次调研的职工中，拥有20年以上工作年限的职工人数最多，达到632人，占比36.92%；工作年限为11年至20年的职工人数为427人，占比24.94%；工作年限为6年至10年的职工人数为266人，占比15.54%；工作年限为3年至5年的职工人数为159人，占比9.29%；工作年限在3年以下的职工人数为228人，占比13.32%（见图4-3）。

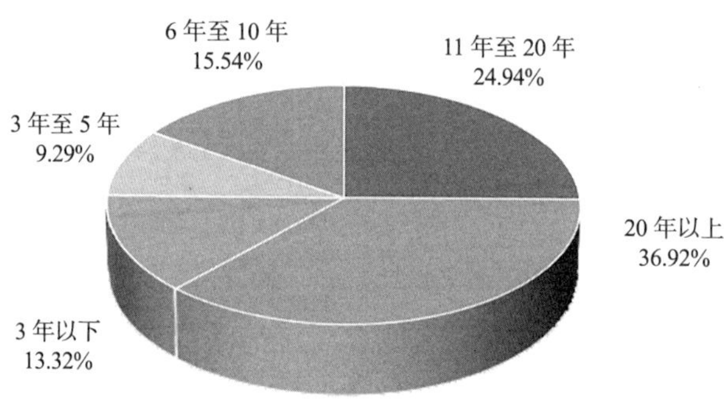

图4-3 职工工作年限比例图

二、职工技术创新认知与态度分析

（一）职工对职工技术创新关键领域的认知

职工对职工技术创新关键领域的认知关系到公司职工技术创新能力的构建与提升。当职工深入了解并准确把握职工技术创新的重点领域时，他们能够更加精准地定位自己的创新方向，这不仅有助于激发职工的创新潜能，而且能促进团队间的知识共享与协作，并引导公司创新资源向职工关注的方向倾斜。74.24% 的职工认为，创新工作室建设是职工技术创新应包括的重要内容，这表明大部分职工认为创新工作室为职工提供了一个实际操作的平台，是职工技术创新过程中的关键平台。73.60% 的职工认为，职工技术创新体系建设是职工技术创新应包括的重要内容，这表明公司当前缺乏完善的职工技术创新整体框架，需完善对不同单位职工技术创新工作的统一管理。66.30% 的职工认为，创新成果转化机制是职工技术创新应包括的重要内容，这说明公司在职工技术创新成果转化方面已取得明显进步，但多数职工依然关注创新成果转化平台的大发展。59.35% 的职工认为，“五小”创新活动是职工技术创新应包括的重要内容，这说明“五小”创新活动可能因为更加灵活和接地气，所以被职工喜爱，但因为缺乏全局性，所以是职工技术创新的基础活动。具体情况见图 4-4。

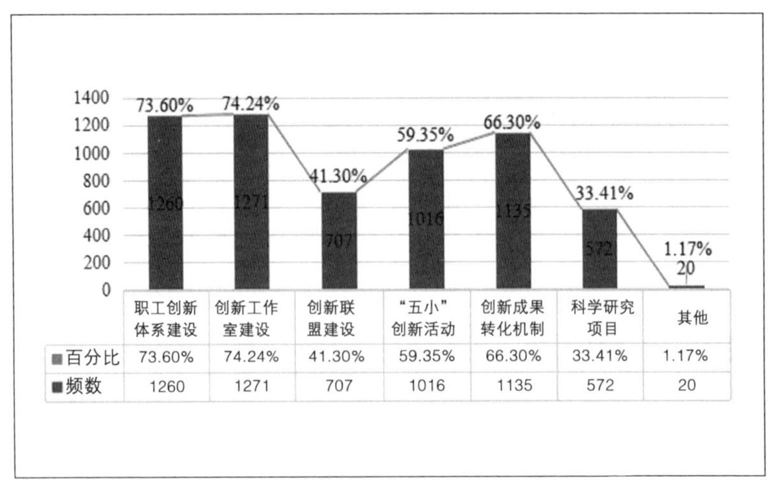

	职工创新体系建设	创新工作室建设	创新联盟建设	“五小”创新活动	创新成果转化机制	科学研究项目	其他
百分比	73.60%	74.24%	41.30%	59.35%	66.30%	33.41%	1.17%
频数	1260	1271	707	1016	1135	572	20

图 4-4　职工认为职工技术创新关键领域的百分比图

（二）职工对所在单位职工技术创新项目的认知

通过深入了解各单位正在开展的职工技术创新项目，公司能够清晰地掌握内部的创新动态与潜力，进而优化公司创新资源配置，促进不同部门、不同团队之间的创新交流与合作。由图 4-5 可知，对本单位实施的职工技术创新项目的认知主要集中在“技能大比武”“岗位练兵”“建立劳模创新工作室”“技术革新”“合理化建议”等 5 个方面。这一结果展示了各个单位职工技术创新工作的落实到位，具有广泛性。71.14% 的受访对象认为，本单位设置了“技能大比武”项目，这充分展现了技能大比武的适用性，以及对激发职工学习热情的重要作用，职工对技能大比武的响应度很高，并愿意投入时间、精力提升自己。64.31% 的受访对象认为，本单位设置了“岗位练兵”项目，这表明很多职工认可当前公司“岗位练兵”项目取得的效果，职工技术创新与本岗位工作相辅相成。61.33% 的受访对象认为，本单位“建立劳模创新工作室”，这表明大部分职

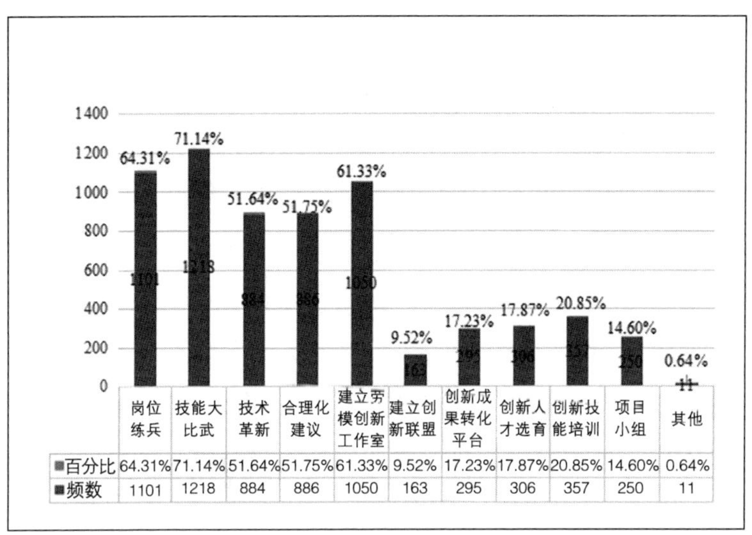

	岗位练兵	技能大比武	技术革新	合理化建议	建立劳模创新工作室	建立创新联盟	创新成果转化平台	创新人才选育	创新技能培训	项目小组	其他
百分比	64.31%	71.14%	51.64%	51.75%	61.33%	9.52%	17.23%	17.87%	20.85%	14.60%	0.64%
频数	1101	1218	884	886	1050	163	295	306	357	250	11

图 4–5　职工对所在单位开设的职工技术项目理解情况的百分比图

工认可了创新工作室的质量与数量，多数职工认为创新工作室在推动职工技术创新工作方面已经显现了示范效应，得到了广大职工的认可。51.75% 的受访对象认为，本单位组织开展了提出“合理化建议”活动，这说明公司一半以上的单位积极倾听职工对创新工作的建议。51.64% 的受访对象认为，本单位进行了“技术革新”，这说明公司一半以上的单位都在加快创新步伐，在做好本职工作的同时，愿意投入精力思考如何让本单位的职工技术创新工作越办越好。

（三）职工对职工技术创新资金来源的认知

职工对职工技术创新资金来源的认知会影响职工技术创新项目的持续性和创新成果的产出效率。当职工清楚地了解职工技术创新资金的来源渠道及其分配机制时，他们能够更加明确地规划自己的项目。由图 4–6 可知，62.32% 的受访对象认为，“公司每年会根据申请计划零星拨付职工技术创新资金”，这表明，大多数职工认为，公司的职工技术创新资金分配是基于项目申请和计划明确进行的，但可能是分散与不定期的。53.04% 的受访对象认为，“公司有专门的职工技术创新补助资金”，这表明一半以上的职工认为资金来源非常明确，公司设有专门的基金用于支持职工技术创新，同时职工知晓资金是专项设置的，只要符合申请条件，职工就有可能获得资助。34.99% 的受访对象认为，“职工团队比赛等荣誉可获得职工技术创新资金”，这表明公司设置的职工技术创新比赛奖励有一定效果，但从这个角度思考，资金来源方式的可持续性取决于比赛的举办频率和奖励机制的稳定性，缺乏长久动力。30.61% 的受访对象认为，“职工技术创新资金来源于职工技术创新成果转化收益”，这表

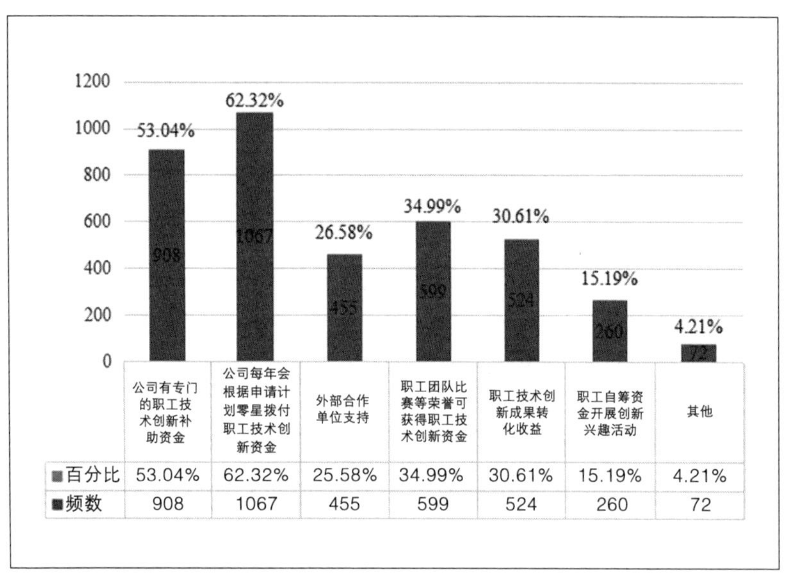

	公司有专门的职工技术创新补助资金	公司每年会根据申请计划零星拨付职工技术创新资金	外部合作单位支持	职工团队比赛等荣誉可获得职工技术创新资金	职工技术创新成果转化收益	职工自筹资金开展创新兴趣活动	其他
■百分比	53.04%	62.32%	25.58%	34.99%	30.61%	15.19%	4.21%
■频数	908	1067	455	599	524	260	72

图 4-6　职工对公司职工技术创新工作资金来源看法百分比图

明一些职工认为资金来源方式的可持续性取决于成果转化市场的表现和创新成果的持续产出能力。由此可见，公司依然需要根据职工需求来完善资金来源机制，进而更好地支持职工技术创新工作。

（四）职工对职工技术创新激励措施的认知

当职工充分了解并认同公司采取的职工技术创新激励措施时，他们能够更加清晰地认识到职工技术创新与个人发展的紧密联系，从而激发出更强的创造力，在一线生产工作中积极寻找创新点，更好地规划自己的职业发展路径。由图 4-7 可知，66.53% 的受访职工认为，公司主要采取了“技能创新成果奖励”措施，这说明公司

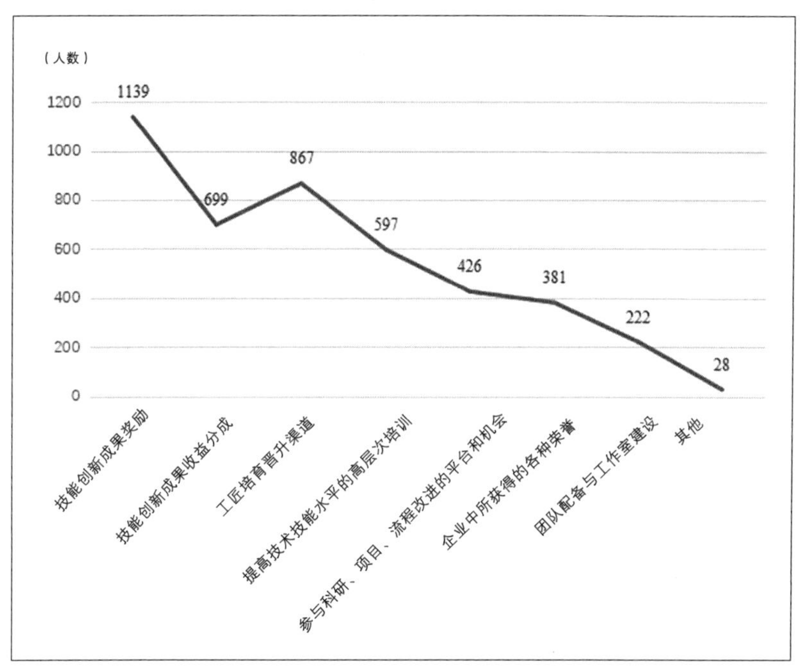

图 4-7 职工认为公司在职工技术创新工作中采取的激励措施示意图

重视通过奖励机制激发职工的技术创新积极性，以及多数职工对这种直接奖励方式的高度认可。42.11% 的受访对象认为，公司主要采取了“工匠培育晋升渠道”措施，这说明“工匠培育晋升渠道”也对职工技术创新的积极性有很大的调动作用，但可能因机会有限且门槛较高，所以有些职工可能对此缺乏信心。34.75% 的受访对象认为，公司主要采取了“技能创新成果收益分成”措施，这表明了公司的激励措施灵活多样。虽然收益分成能够更直接地体现职工创新成果的价值，但可能存在实施难度较大等因素，导致职工对其认可度相对较低。由此可见，公司采取了多种激励措施，但更多的是物质激励和晋升等外部激励方式，内部激励较少。

（五）职工对职工技术创新开展动因的认知

当职工深刻理解职工技术创新的动因时，他们能够更加主动地识别创新机会，将个人努力与公司目标相结合，与公司共同推动职工技术创新项目的实施，增强自身的使命感与责任感，确保职工技术创新符合公司长远发展的需要。82.65% 的受访职工认为，职工技术创新的原因是“人才培养，为企业培养具有创新精神、创业能力的技术技能人才”，这表明大部分职工认为人才是公司职工技术创新工作发展的核心竞争力。75.23% 的受访职工认为，职工技术创新的原因是“工作改进，解决生产一线重点、难点问题”，这表明大部分职工十分重视创新与实际生产的结合，能够反哺实践的创新才是好创新。65.95% 的受访职工认为，职工技术创新的原因是“科研创新，形成知识创新与技术创新相融合的新机制”，这表明很多职工意识到科研对创新的重要支持作用，这也表明创新需要产学研多个平台的集思广益（见图 4–8）。

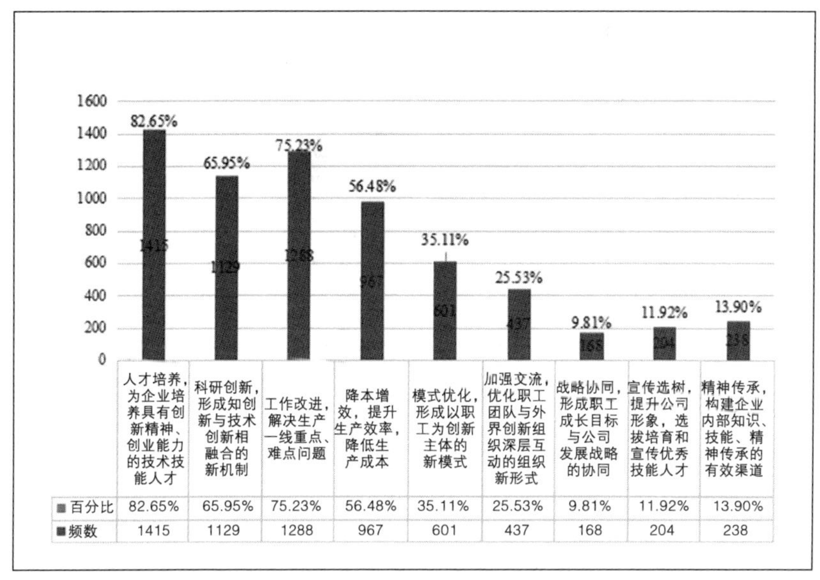

	人才培养，为企业培养具有创新精神、创业能力的技术技能人才	科研创新，形成知创新与技术创新相融合的新机制	工作改进，解决生产一线重点、难点问题	降本增效，提升生产效率，降低生产成本	模式优化，形成以职工为创新主体的新模式	加强文流，优化职工团队与外界创新组织深层互动的组织新形式	战略协同，形成职工成长目标与公司发展战略的协同	宣传选树，提升公司形象，选拔培育和宣传优秀技能人才	精神传承，构建企业内部知识、技能、精神传承的有效渠道
■百分比	82.65%	65.95%	75.23%	56.48%	35.11%	25.53%	9.81%	11.92%	13.90%
■频数	1415	1129	1288	967	601	437	168	204	238

图 4–8　职工对职工技术创新原因理解情况比例图

（六）职工对公司当前职工技术创新工作的满意度

职工对公司当前职工技术创新工作的满意度是衡量公司创新氛围的重要指标。了解和提升职工对公司职工技术创新工作的满意度，是识别创新管理短板、优化创新环境、激发全员创新潜能的重要途径。由图 4–9 可知，47% 的受访对象认为，公司职工技术创新工作“成果显著，能够促进企业发展与职工个人成长，成果转化情况良好”，这表明大部分职工认为职工技术创新可以实现公司和员工的双赢。46% 的受访对象认为，公司职工技术创新工作“有一定的创新成果，但是成果转化等后续环节有所欠缺”，这表明很多职工认为职工技术创新的转化通道没有完全疏通。7% 的受访对象认为，公司职工技术创新工作“流于形式，没有实质性的成果或意义”，这表明职工对公司职工技术创新工作存在不同的看法，绝大

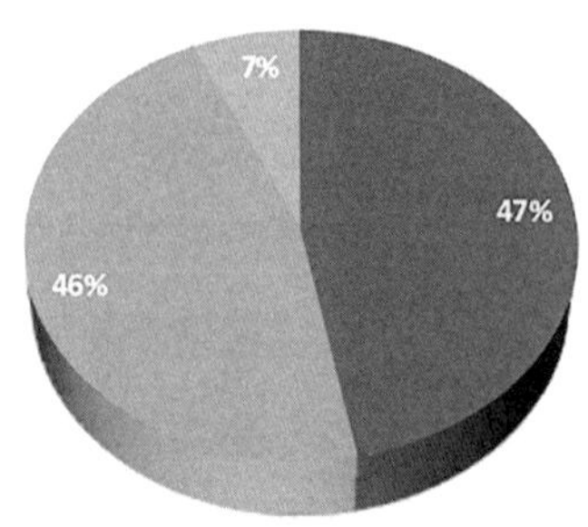

47%：成果显著，能够促进企业发展与职工个人成长，成果转化情况良好
46%：有一定的创新成果，但是成果转化等后续环节有所欠缺
7%：流于形式，没有实质性的成果或意义

图 4-9　职工对公司当前职工技术创新工作满意度比例图

多数意见为正面肯定或中性评价，但也存在一些批评声音，这反映了公司职工技术创新工作总体受到职工的认可和支持，但仍有很多细节需要进一步完善。

三、职工技术创新的困境与原因分析

（一）职工感知的职工技术创新工作困境

1. 困境。了解并重视职工感知的职工技术创新工作困境，可以帮助公司迅速定位问题根源并采取针对性措施加以解决，激发更广泛的职工技术创新参与和更高质量的职工技术创新产出。由图 4-10 可知，52.63% 的受访对象认为，公司职工技术创新的“资源及成果共享渠道较封闭”，这表明一半以上的职工认为，资源共享渠道直接造成了创新资源浪费和成果孤立。这个因素会对公司职工技术创

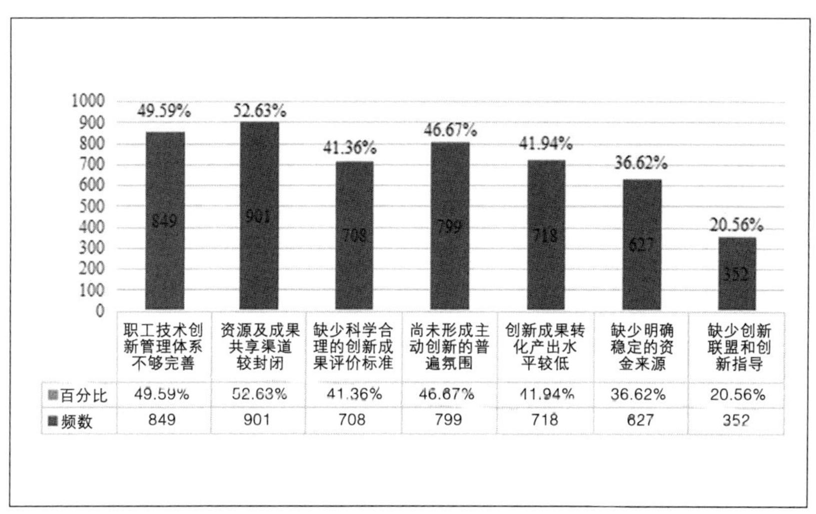

图 4-10　职工认为公司目前职工技术创新存在的困境比例图

新的长期发展产生不利影响。49.59% 的受访对象认为，公司“职工技术创新管理体系不够完善”，这表明近一半的职工认为，职工技术创新管理体系的不完善会直接影响到创新项目的顺利实施和成果的有效评估，是阻碍公司职工技术创新发展的难点之一。

2. 原因。实地调研结果显示，除了职工专业能力不足、创新积极性不高等个体因素，还有可能因为缺乏更加高效的创新资源及成果共享平台，使得创新资源难以在各部门、各单位之间实现有效的流通和共享，并缺乏更高效的共享机制。同时，公司仍需继续建立更多高质量的职工技术创新联盟，进而解决一线职工有想法没办法、科研单位有办法缺想法的难题。此外，公司目前的职工技术创新体系还未真正搭建起来，各公司的职工技术创新体系建设方兴未艾，正处于主动探索的阶段，虽取得了初步成果，但各个公司的建设水平参差不齐，欠缺统一的工作规章制度的指导。职工技术创新体系所需的资金、设备、场地、技术、人才等支持性资源从何而来，如何进行项目化管理以保证流程统一规范，工会与其他部门如何协同，创新资源如何协调并持续供应，职工创新成果如何界定、转化、收益，如何激励职工保持创新热情与创新质量，等等。这些职工技术创新体系建设不可忽视的问题有待系统性地解决和设计。

（二）职工感知的职工技术创新资金困境

1. 困境。在创新项目的研发过程中，经费是开展创新活动的重要保障。无论是创新活动的前期投入、中期研发还是后期推广转化，都需要经费予以支持。由图 4-11 可知，69.74% 的受访对象认为，公司职工技术创新“存在资金不足的问题”，这表明多数职工更关注职工技术创新资金投入不足这一难题，资金不足直接影响职工技术创新项目的启动和推进，对公司职工技术创新的未来发展产生重要影响。42.11% 的受访对象认为，公司职工技术创新的“资金

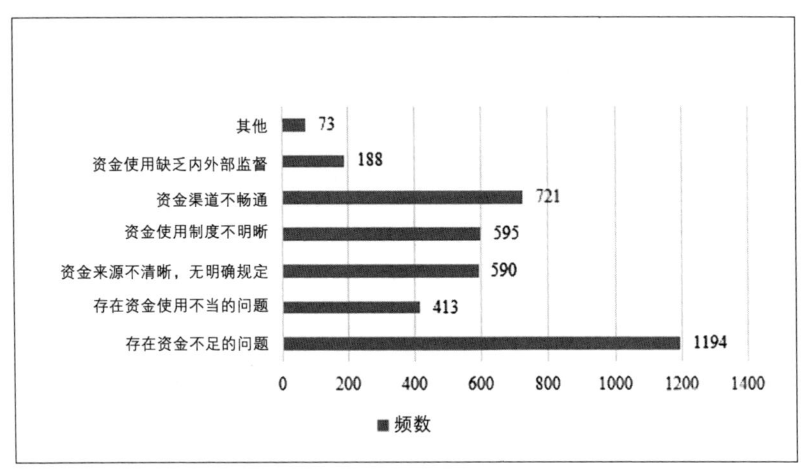

图 4-11　职工认为公司职工技术创新资金方面存在困境的比例图

渠道不畅通”，这表明近一半的职工认为，资金渠道的不畅会影响职工技术创新工作的持续性和稳定性，公司缺乏与金融机构等外部机构的合作。34.75% 的受访对象认为，公司职工技术创新“资金使用制度不明晰”，这表明近四成的职工认为，资金使用制度不明晰会降低资金的使用效益，影响技术创新项目的实施效果，公司应考虑健全内部控制机制，明确职工技术创新项目资金使用规划和监督措施，确保资金使用的合规性和效益性。34.46% 的受访对象认为，公司职工技术创新“资金来源不清晰，无明确规定”，这可能是因为当前每一个职工技术创新项目的资金来源缺乏透明度和公开性，未来要制定更加明确的资金来源规划和筹集策略。

2. 原因。实地调研结果显示：第一，公司对职工技术创新资金来源没有明确的政策规定，各地市单位开展职工技术创新工作的资金主要是在本单位范围内进行协调和探索，缺少政策依据性和长期计划性，各地市单位间存在差异性；第二，公司资金总额相对固定，并且对每项资金运用至哪些方面有明确的规定，因此，难以为职工技术创新体系建设提供较多的资金支持；第三，缺乏外部资源支持，职工技术创新体系建设是一项系统工程，仅仅依靠企业自身的力量是不够的。例如，山东公司采取政企联合模式打造全省“四个一”职工创新创效服务体系，不仅获得了山东省总工会和政府相关部门的支持，而且将创新创效的规模效益最大化。而湖北公司在职工技术创新体系建设过程中，主要依托的是工会力量，缺乏外部资源支持，毕竟工会力量有限，在资金支持、政策扶持等方面难以给更多的支持。

（三）职工感知的职工技术创新激励困境

1. 困境。当职工感知到的职工技术创新激励措施不够完善或执行不到位时，参与职工技术创新的动力和积极性将会减弱，甚至可能导致创新人才的流失。由图 4-12 可知，67.35% 的受访对象认为，“公司职工技术创新的激励动力不足”，这是一个相对较高的比例，一半以上的职工认为公司在激励职工技术创新方面存在不足，这种动力不足可能导致职工缺乏创新的积极性和动力。58.24% 的受访对象认为，“公司职工技术创新的激励制度不完善”，这表明公司有必要重新审视并完善激励制度，确保激励制度设计合理、执行有力、监督有效。42.87% 的受访对象认为，“职工技术创新产生的收

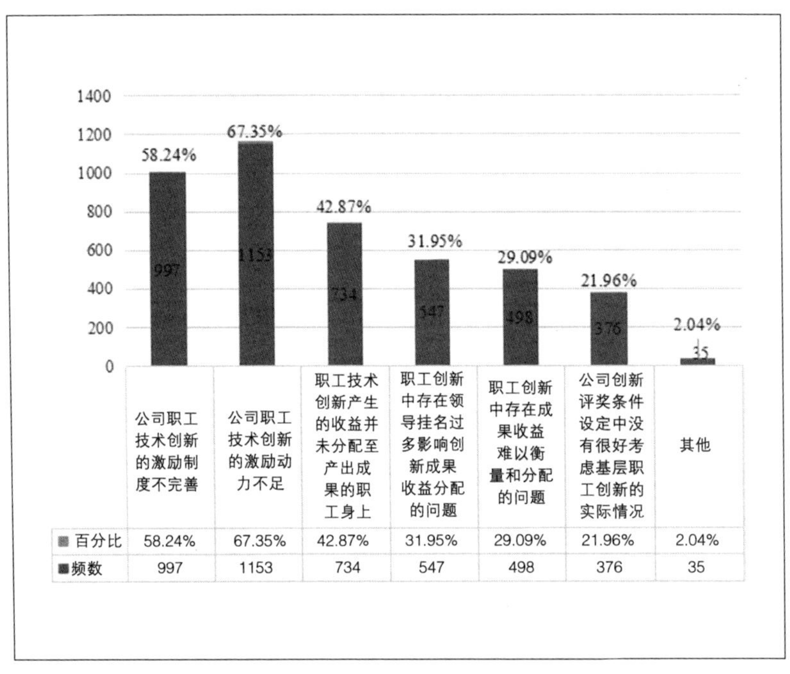

	公司职工技术创新的激励制度不完善	公司职工技术创新的激励动力不足	职工技术创新产生的收益并未分配至产出成果的职工身上	职工创新中存在领导挂名过多影响创新成果收益分配的问题	职工创新中存在成果收益难以衡量和分配的问题	公司创新评奖条件设定中没有很好考虑基层职工创新的实际情况	其他
百分比	58.24%	67.35%	42.87%	31.95%	29.09%	21.96%	2.04%
频数	997	1153	734	547	498	376	35

图 4-12　职工认为公司职工技术创新激励存在困境的比例图

益并未分配至产生成果的职工身上”，这是一个需要公司重视的问题，因为收益分配是职工技术创新的重要动力，公司应该建立合理的收益分配机制，确保职工的创新活动能够得到应有的回报。

2. 原因。根据实地调研结果显示，创新工作需要持续性，班组疲于应付各类日常工作，部分班组负责人“不肯干”；激励手段吸引力不够，部分年长职工“不愿干”；人才培养需要一定的周期，成熟的青年职工大量流动到市公司，班组补员集中在近三年，部分青年职工短期内还“不能干”。从班组到职工，从年长职工到青年职工，都对创新存在顾虑，创新氛围的创建存在困难，虽然公司已采取多种激励措施鼓励职工进行创新，但是激励效果并不显著。职工技术创新体系建设离不开职工的认可、支持与参与，虽然公司实施了较多的激励政策，但是政策的公平性、激励性受到职工质疑，激励效果不显著。此外，当前针对职工创新成果的激励政策多停留在物质层面，缺乏对职工内生创新动力的激励，并且创新成果归属政策与激励政策并不公开透明，出现领导挂名享收益、职工出力无好处的现象，从而更加削弱了制度的公平性与认可度。在成果转化收益分配激励政策方面，公司并不是从知识产权归属的源头上进行收益分割，这也导致了激励政策并不能在知识成果转化的全过程中持续发挥作用，因此激励效果不显著，职工创新创效内生动力不足。

（四）职工感知的职工技术创新成果转化困境

1. 困境。职工感知的职工技术创新成果转化困境直接指向了创新价值实现的关键环节，即职工技术创新成果从概念到市场应用的转化过程，这是评估公司职工技术创新生态系统成熟度、优化创新成果转化机制的重要依据。由图 4-13 可知，50.82% 的受访对象认为，公司“职工技术创新成果的转化度与保护度不足”，这表明公司对知识产权的保护有待提升，这可能直接影响职工进行职工技术创新的积极性和长期竞争力。46.55% 的受访对象认为，“职工技术创新成果实用性不强”，这表明职工技术创新方向需要进一步与市场需求相匹配，要控制“为了创新而创新的”的情况发生。42.58% 的受访对象认为，“职工技术创新成果与实际工作融合度不够”，这表明职工技术创新需要与实际工作更紧密地结合，充分考虑实际工作流程。37.68% 的受访对象认为，“劳模创新工作室存在重复创新、资源浪费的现象”，虽然只有一小部分人提出了此问题，但同样不容忽视，因为它可能导致公司创新资源的无效配置和浪费。

2. 原因。实地调研结果显示，出现以上情况的原因包括公司欠缺完善的创新成果转化渠道，对创新成果转化缺乏规章制度的限定，并且创新成果转化后对外如何输送、扩大影响力也存在不足。

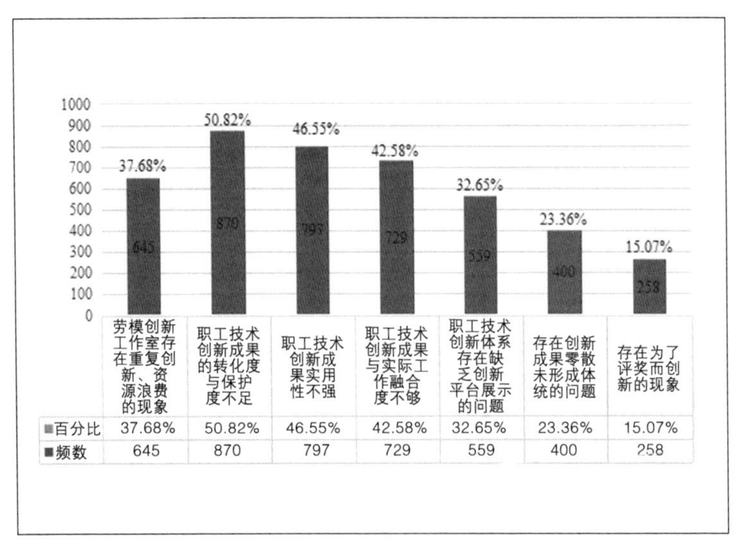

	劳模创新工作室存在重复创新、资源浪费的现象	职工技术创新成果的转化度与保护度不足	职工技术创新成果实用性不强	职工技术创新成果与实际工作融合度不够	职工技术创新体系存在缺乏创新平台展示的问题	存在创新成果零散未形成体统的问题	存在为了评奖而创新的现象
■百分比	37.68%	50.82%	46.55%	42.58%	32.65%	23.36%	15.07%
■频数	645	870	797	729	559	400	258

图 4-13 职工认为公司职工技术创新成果转化存在困境的比例图

首先，创新成果立项批复较慢，由于项目批复需要经过烦琐的审批程序和多个层级的审批，创新成果项目的启动与实施时间被拖延，后续工作受阻。其次，在知识产权保护方面，科技项目的主要生产、制造工作依赖于合作厂家，由于存在技术的复制和侵权行为，创新成果的知识产权可能受到侵犯，工作室无法充分享受其创造的价值，这种情况就会阻碍工作室的长期可持续发展，并对创新成果的社会价值产生不利影响。最后，大部分创新工作主要由劳模凭借兴趣利用业余时间开展，创新成果形成周期长，成功率不高，转化方面更是存在难题。

（五）职工感知的职工技术创新精神传承困境

1. 困境。职工感知的职工技术创新精神传承困境关系到公司职工技术创新文化的深度与广度，当职工感受到职工技术创新精神难以有效传承时，会导致公司创新活力的减弱和创新动力的断层。由图 4-14 可知，52.63% 的受访对象认为，公司职工技术创新“尚没有形成传承的精神内核”，这表明不少职工已经察觉到创新热情缺失对职工技术创新产生了阻碍，这可能间接表明职工对创新理念的理解和认同度有待提高。47.43% 的受访对象认为，“目前职工技术创新和创新工作室建设主要是劳模工匠的事”，这表明责任感的缺失可能抑制职工的创新积极性和参与度，导致创新资源分配不均，这可能需要完善激励机制和人才选拔机制，使其更加公平有效，为其他职工创造展示和提升自己的机会。44.04% 的受访对象认为，公司职工技术创新工作“缺乏劳模工匠跨区域培训和交流活动”，这可能会限制劳模工匠的视野和经验交流。42.58% 的受访对象认为，公司职工技术创新工作“缺乏情感认同和文化认同”，这可能影响

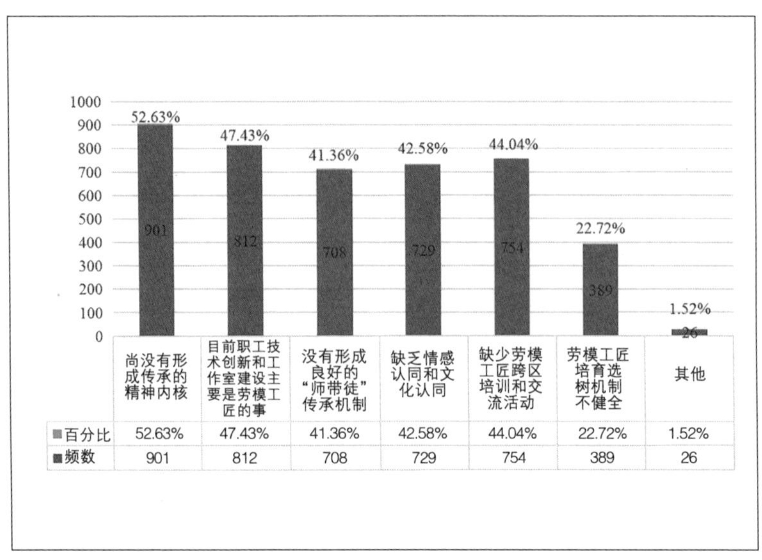

	尚没有形成传承的精神内核	目前职工技术创新和工作室建设主要是劳模工匠的事	没有形成良好的“师带徒”传承机制	缺乏情感认同和文化认同	缺少劳模工匠跨区培训和交流活动	劳模工匠培育选树机制不健全	其他
百分比	52.63%	47.43%	41.36%	42.58%	44.04%	22.72%	1.52%
频数	901	812	708	729	754	389	26

图 4-14　职工认为公司职工技术创新工作精神传承存在困境的比例图

职工对公司的归属感和忠诚度，进而影响职工参与技术创新工作的热情与信心。41.36% 的受访对象认为，公司职工技术创新工作“没有形成良好的‘师带徒’传承机制”，这表明在职工技术创新领域，“师带徒”的传承方式并未得到有效的推广和应用，这可能导致职工技术创新知识和技能传承受阻，影响创新成果的积累和传承。

2. 原因。实地调研结果显示，出现以上情况的原因包括：一是尚未形成全面系统的工作体系，各单位的工匠培养是在省公司的指导下自行开展的，没有形成工匠长期培育的总体目标体系，追求短期和中期效果，后续发展受限；二是劳模工匠考核压力大，工匠创新保障不足，公司对工匠有论文、专著等考核要求，虽然这些措施在一定程度上能够强化员工对技能知识的应用，高效地将经验技能以书面形式传授给他人，但从工匠角度考虑，他们除了将分内之事做好，还要承担这些硬性指标要求，导致不能专注于自身的工作和技术革新研究，抑制了员工的自主性和创新性，从长远来说并不利于工匠成长；三是选树效果不明显，影响力发挥不足，工匠的培育选树是一个以人才培养为导向的闭环循环模式，选育工匠的最终目的是更好地选树工匠，发挥他们的标杆示范作用，从而达到以一个带动一片、以一片带动整体的效果。当前，公司的工匠选树工作有所欠缺，宣传效应有所减弱，难以对职工发展产生长远影响。

四、职工技术创新的完善对策分析

（一）职工视角下的职工技术创新体系建设重心

职工视角下的职工技术创新体系建设重心关系到职工技术创新体系能否真正贴近职工的需求，能否有效地支撑公司发展目标，从职工视角出发确定职工创新体系建设重心，能够帮助公司更准确地识别职工在职工技术创新过程中的痛点与实际需求，从而设计出更加贴合实际的创新体系。由图 4-15 可知，48.83% 的受访对象认为，公司职工技术创新应重点关注“强化阵地建设，保障实训实践实体运行”，这表明很多职工高度重视阵地建设，他们认为良好的实践环境是提升职工技术创新能力的重要因素。48.77% 的受访对象认为，公司职工技术创新应重点关注“强化机制建设，推进建管评规范运作”，这表明很多职工认为，规范的管理和评估机制是保障职工技术创新活动有序、高效进行的基础。48.01% 的受访对象认为，公司职工技术创新应重点关注“强化集智创新，推进创新成果质效数量双提升”，这表明很多职工关注创新成果的质量和数量，反映了公司职工对职工技术创新成果产出的期望，他们认为集智创

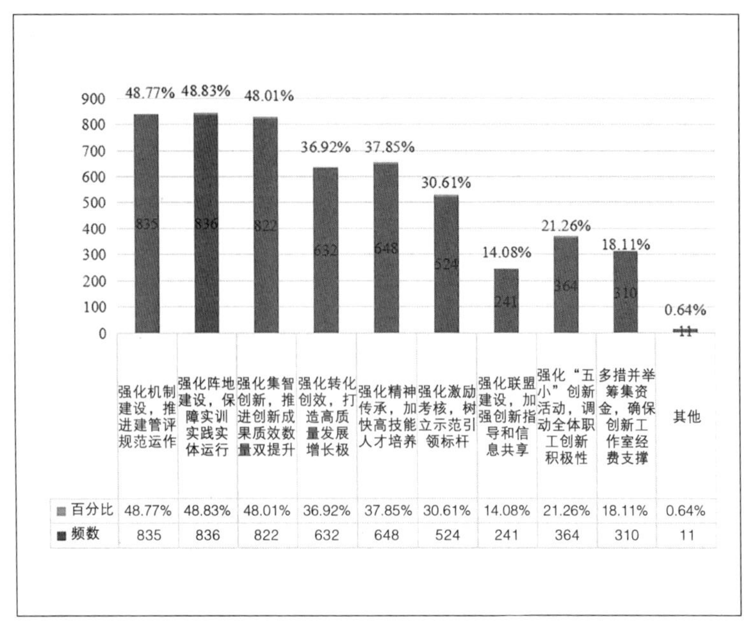

图 4-15　职工认为职工技术创新体系建设重心比例图

新是提升创新成果质量和数量的有效途径。

（二）职工视角下的职工技术创新机制构建要点

职工视角下的职工技术创新机制构建要点决定了创新机制能否有效地激发职工的创新潜能，进而保障职工技术创新成果的高质量产出，帮助公司设计出更加人性化、高效能的职工技术创新机制。由图 4-16 可知，58.94% 的受访对象认为，公司职工技术创新机制应重点关注“提供专项资金，建立保障机制”，这表明大部分受访者认为，资金支持是职工技术创新机制中最为关键的一环，资金保障能够确保职工技术创新项目按流程顺利进行，并保障创新成果落地。58.53% 的受访对象认为，公司职工技术创新机制应重点关注

“完善组织机构，建立领导机制”，这表明一半以上的职工认为，完善的组织机构能够确保职工技术创新立项、实施、转化、评估等环节有序进行。55.14% 的受访对象认为，公司职工技术创新机制应重点关注“激发创新热情，建立激励机制”，这说明公司仍然需要深入了解职工关于职工技术创新激励的需求和期望，制定合理的激励措施。54.32% 的受访对象认为，公司职工技术创新机制应重点关注“遵循合规程序，建立评选机制”，这表明合规性和公正性在职工心中同样重要。合理的评选机制能够确保创新成果的质量和价值得到认可，要确保评选过程的公正和透明。

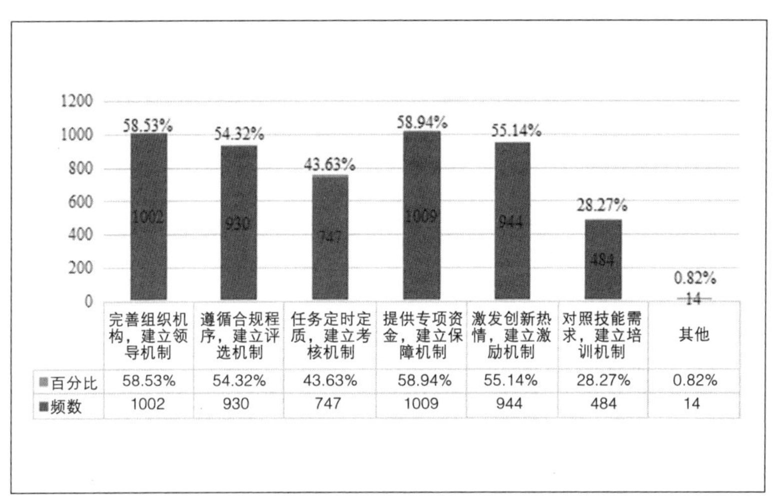

	完善组织机构，建立领导机制	遵循合规程序，建立评选机制	任务定时定质，建立考核机制	提供专项资金，建立保障机制	激发创新热情，建立激励机制	对照技能需求，建立培训机制	其他
■百分比	58.53%	54.32%	43.63%	58.94%	55.14%	28.27%	0.82%
■频数	1002	930	747	1009	944	484	14

图 4-16　职工认为建立职工技术创新机制的构建要点比例图

（三）职工视角下的职工技术创新平台创设核心

职工视角下的职工技术创新平台创设核心关系到平台能否真正促成创新成果的涌现与转化，确保创新平台聚焦于职工在实际工作中遇到的瓶颈，提供必要的资源、培训和协作机会，从而帮助公司构建一个支持创新、鼓励尝试、促进交流的职工技术创新高效平台。由图 4-17 可知，70.15% 的受访对象认为，公司搭建职工技术创新平台应关注“资源共享平台：对创新人、财、物等资源进行统一的协调与统筹”，这表明资源共享平台在创新平台搭建过程中得到了高度关注，公司需要对创新人、财、物等资源进行统一的协调与统筹，进一步提升场地与人才的共享效率。59.00% 的受访对象认为，公司搭建职工技术创新平台应关注“技术创新平台：围绕‘云大物移智’等构建技术创新项目化管理办法”，这表明一半以上的职工认为，需要进一步完善职工技术创新平台建设，并为职工提供项目管理方法。57.59% 的受访对象认为，公司搭建职工技术创新平台应关注“成果转化平台：形成‘成果培育、评审、展示、推介’的全流程成果转化”，这表明近六成的职工认为，加速创新成果的商业化进程、实现创新价值的最大化同样重要。49.65% 的受访对象

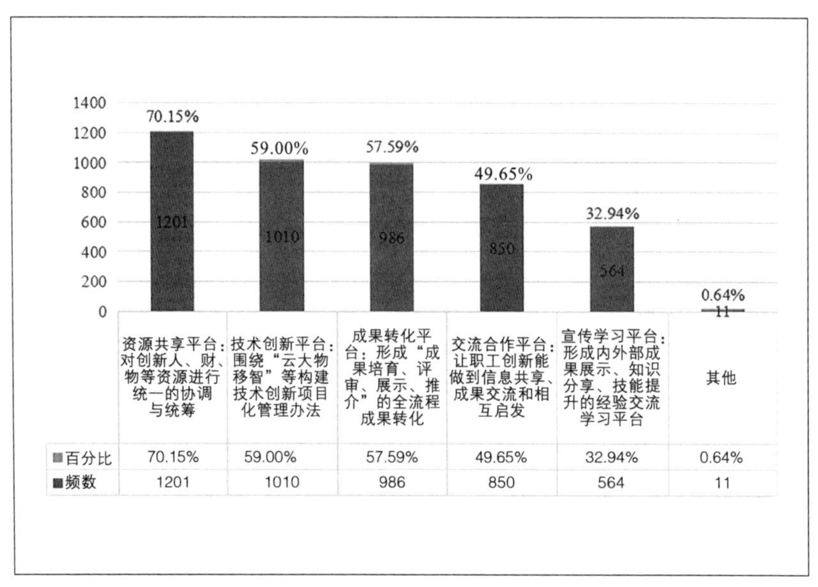

图 4-17　职工认为职工技术创新平台创设核心的比例图

认为，公司搭建职工技术创新平台应关注“交流合作平台：让职工创新能做到信息共享、成果交流和相互启发”，这表明交流合作平台在创新平台搭建中也具有一定的关注度，交流平台能够促进职工之间的信息共享和成果交流，拓宽职工技术创新的视野和思路。

（四）职工视角下的职工技术创新工作提升方向

职工视角下的职工技术创新工作提升方向，能够帮助公司确保职工技术创新工作的改进更加符合职工的期望与诉求，构建更加开放、包容、高效的创新文化氛围，为公司带来持续的创新动力与竞争优势。由图 4-18 可知，62.03% 的受访对象认为，公司职工技术创新可以采取“建立并完善职工创新成果按贡献度参与分配的长效激励机制”改进对策，这表明多数职工认为这一对策直接关系到职工的切身利益，需要公司进一步完善绩效考核和分配制度。58.82% 的受访对象认为，公司职工技术创新可以采取“应当明确劳模工匠、带头人的树立标准与待遇标准”改进对策，这表明一半以上的职工认为，通过发挥榜样和标杆的力量，可以带动更多职工参与到技术创新中。48.07% 的受访对象认为，公司职工技术创新可以采取“组建创新工作室联盟，扩大创新成果，形成规模效应”的措施，这表明创新工作室联盟的形成有助于资源共享和优势互补，提升整体创新能力，得到很多职工的认可。34.75% 的受访对象认为，公司职工技术创新可以采取“技能创新成果收益分成”改进对策，这表明一些职工期待公司具备完善的收益分配机制和透明的职工技术创新财务核算体系。31.43% 的受访对象认为，公司职工技术创新可以采取“扩大对内对外交流的范围与频率”改进对策，这表明交流在职工技术创新中的重要性，但这并非所有职工的首选。28.74% 的受

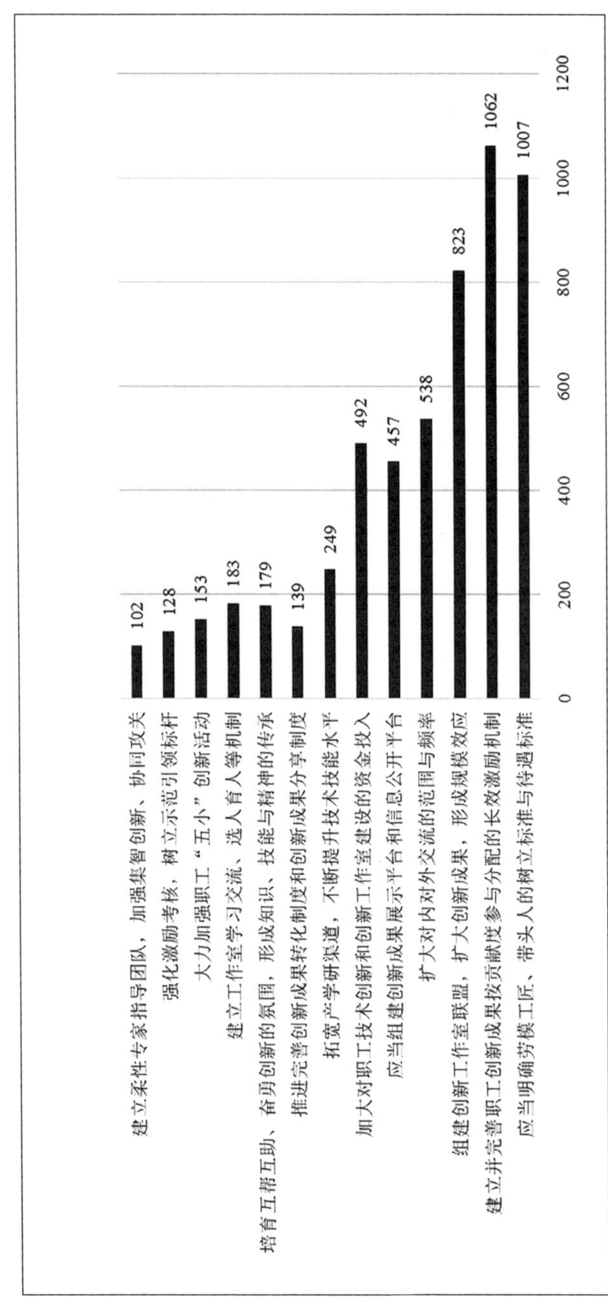

图 4-18　职工认为职工技术创新具体工作的提升方向比例图

访对象认为，公司职工技术创新可以采取“加大对职工技术创新和创新工作室建设的资金投入”改进对策，这表明一些职工认为，资金投入在一定程度上被视为提升创新能力的关键措施，充足的资金投入能够为职工技术创新提供坚实的物质基础。26.69% 的受访对象认为，公司职工技术创新可以采取“应当组建创新成果展示平台和信息公开平台”改进对策，这表明近三成的职工希望公司进一步完善创新成果展示平台和信息公开平台，但这一对策并非所有职工的首要考虑对象。

五、国网湖北电力职工技术创新的优秀做法

（一）问卷调研透视：职工技术创新之路备受青睐

问卷调研结果显示，职工认为公司职工技术创新在多个方面表现突出，特别是创新工作室建设、多样化的创新项目、对职工技术创新的动因具有深刻认知、技能创新成果奖励机制、创新成果与成果转化尝试等方面得到了职工的广泛认可。

1. 创新工作室建设与认可度高。问卷调研分析结果显示，74.24% 的职工认为，创新工作室建设是职工技术创新应包括的重要内容。61.33% 的受访对象认为，本单位“建立了劳模创新工作室”，这表明创新工作室在推动职工技术创新工作方面已经发挥了示范效应，受到了广大职工的认可。由此可见，公司的创新工作室建设已发挥出“实践平台”“榜样效应”“资源汇聚”三大功能。创新工作室为职工提供了一个将理论知识转化为实践技能的平台，有助于提升职工的创新能力和实践技能；创新工作室不仅展示了职工技术创新成果，而且充分发挥了榜样和引领作用，激发了更多职工

的创新热情；创新工作室成为职工公认的汇聚人才、资金、技术等资源的重要支撑力量，能够为职工技术创新提供有力的支持。

2. 多样化的职工技术创新项目。问卷调研分析结果显示，职工对所在单位设置的职工技术创新项目的认知主要集中在“技能大比武”“岗位练兵”“建立劳模创新工作室”“技术革新”“合理化建议”这五个方面，并且各项的认可度均超过 50%。由此可见，各个单位积极开展多样化的职工技术创新项目，并充分吸引了不同背景和技能的职工参与到职工技术创新工作。这些项目是针对实际工作中的问题和需求设置的，具有很强的针对性和实用性。通过参加职工技术创新项目，职工能够不断提升自己的技能水平，这充分展现了公司职工技术创新工作的成效与影响力。

3. 职工对职工技术创新的动因具有深刻认知。问卷调研分析结果显示，82.65% 的职工认为，职工技术创新的原因是“人才培养，为企业培养具有创新精神、创业能力的技术技能人才”；75.23% 的职工认为，原因是“工作改进，解决生产一线重点、难点问题”；65.95% 的职工认为，原因是“科研创新，形成知识创新与技术创新相融合的新机制”。由此可见，职工深刻地认识到职工技术创新对于人才培养的重要性，这有助于形成重视创新、尊重人才的良好氛围。多数职工认为，职工技术创新解决实际问题，这意味着职工能够将职工技术创新与实际生产相结合，让创新真正“从实践中来，到实践中去”。职工意识到科研对职工技术创新产生重要支持作用，这会推动公司形成知识创新与职工技术创新融合发展的良好局面。

4. 相对完善的职工技术创新激励机制。问卷调研分析结果显示，66.53% 的受访对象认为，公司主要采取了“技能创新成果奖励”措施；42.11% 的受访对象认为，公司采取了“工匠培育晋升渠道”措施；34.75% 的受访对象认为，公司采取了“技能创新成果收益分成”措施。由此可见，公司采取的“技能创新成果奖励”等物质激励方式，能够直接反映职工的创新贡献，激发了职工参与技术创新的积极性。同时，公司开辟的“工匠培育晋升渠道”为职工提供了更广阔的发展空间，有助于吸引更多职工投身于高质量的职工技术创新工作。此外，“技能创新成果收益分成”措施体现了公司对职工技术创新成果的高度尊重与认可，有助于增强职工的归属感。通过建立持续的职工技术创新激励机制，公司内部能够逐渐形成职工技术创新的良性循环。

5. 良好的创新成果与成果转化尝试。问卷调研分析结果显示，47% 的受访对象认为，公司职工技术创新工作“成果显著，能够促进企业发展与职工个人成长，成果转化情况良好”。46% 的受访对象认为，公司职工技术创新工作“有一定的创新成果，但是成果转化等后续环节有所欠缺”。这表明大部分职工对公司的职工技术创新工作持正面评价，并认可公司职工技术创新工作取得的成果，反映了公司在推动职工技术创新方面持续付出的努力，良好的成果转化情况也说明公司在职工技术创新与市场需求之间建立了有效的连接，能够将职工技术创新成果转化为生产力，为公司带来实际的经济效益。多数职工相信，可以通过不断总结经验教训，进一步完善职工技术创新成果转化机制，多数职工对公司未来的职工技术创新整体水平持积极态度。

（二）实地访谈洞察：多措并举全面建设职工技术创新

通过实地访谈各创新工作室，研究人员发现，国网湖北电力正在多措并举，全面推动职工技术创新建设，具体措施包括加快建设创新工作室、加强创新培训、优化激励环境、建设职工技术俱乐部、搭建内外部创新平台、实施跨界合作机制、创设成果转化平台，全面激发职工技术创新活力。

1. 创新工作室建设取得显著成效。国网湖北电力以职工（劳模）创新工作室作为职工技术创新工作开展的载体与抓手，共成立了 149 个职工（劳模）创新工作室。各个创新工作室坚持创新驱动发展，优化资源配置，成为岗位的创新源、项目的攻关队、人才的孵化器和团队的方向标，在关键技术攻关、成果培育和队伍建设等方面取得了显著成效。目前，在国网湖北电力的 149 个创新工作室中，共有省级 46 个（黄南创新工作室、光美安全工作室、领跑创新工作室等），省（地市）公司级 121 个（黄强电网工作室、秭归劳模创新工作室、量值星空创新工作室等），市（县）公司级 22 个（李均劳模创新工作室、芯睿职工创新工作室、未来电网设备智慧运检技术研究室等）。创新工作室涵盖规划设计、调度、输电运检、变电运维、变电检修、营销、数字化、安全生产等专业方向。

2. 组织创新培训发展驶入“快车道”。公司注重培养职工的创新意识和创新能力。以工作室为单元，定期开展创新驱动培训，培训包括创新思维方法、解决问题的技巧和团队协作等内容。通过培训，让职工系统地学习和应用创新方法，提高创新的意愿、能力与效率。例如，直流公司与运维中心青年人才培训计划相结合，开展专业技术培训及业务交流，形成人才培训基地，加强知识型、技术型人才培养，形成高素质人才梯队，为换流站关键岗位及职工工匠储备力量。

3. 创新激励环境效果持续显现。鼓励职工提出新想法和新项目，尽力提供资源支持和政策保障。探索建立公正公开的评价体系，对于优秀的创新成果和贡献给予及时激励，以公正、实时、针对性的激励措施，提升职工的创新意愿与热情。例如，黄南创新工作室建立了一套激励机制，对在创新方面取得突出成绩的职工进行表彰和奖励。该奖励机制重点关注以下内容：根据所完成的科技成果在申报奖项评选时候优先申报，根据获奖级别给予相应的荣誉及奖金。借助这一机制，使得黄南创新工作室持续培养和表彰优秀的创新人才，推动工作室的良性发展。

4. 职工技术俱乐部点燃创新活力。注重创新平台建设，在文体俱乐部的基础之上，以专业为导向，搭建了多家职工技术创新俱乐部，围绕俱乐部开展各项职工活动；在职工交流创新的基础之上，成立专家小组，为俱乐部赋予专家评审的权限，为创新成果界定、推进提供专业意见，促进该专业在电力领域的创新发展。例如，网络安全职工技术俱乐部现已在电科院挂牌成立，该技术俱乐部旨在推广网络安全领域的知识和技能，引导省公司职工广泛参与网络安全技术活动，围绕技术交流、技术培训、人才选拔等开展活动，为省公司培养更多掌握先进及核心技术的网络安全专家。

5. 内外部创新平台桥梁效果稳固。突出平台载体建设，组织“技术创新提效年”等主题活动，举办创新工作室领衔人讲堂和观摩巡礼。依托合理化建议平台，组织创新创效“金点子”沙龙，开展“一线好创意”征集评比活动，动态搭建技术创新创意“火花库”。打造开放的创新平台，邀请外部专家和企业代表参与工作室的活动和讨论。通过搭建开放性平台，为职工提供与外界专业人士交流的机会，从而促进创新思维的碰撞，激发创新的创意和灵感，也为创新成果的市场化推广提供支持。

6. 跨界合作机制多效合一。注重与其他部门（单位）合作，打破了信息壁垒，走出了资源孤岛。工作室与相关部门建立紧密联系，共享技术资源和专业知识。通过跨界合作，工作室能够获取更多的技术支持和市场信息，加速创新成果的转化和应用。例如，直流公司主动与全球能源互联网研究院、中国电科院、华中科技大学、武汉大学、南瑞集团、许继电气等科研院所、高校、厂家进行深入沟通交流，寻求直流输电、柔直关键技术等相关科技创新合作，谋划未来科技创新工作新突破，通过积极合作，形成更有效的科技成果，争取取得更大的成绩。

7. 成果转化平台加速创新落地。搭建平台，开展灵活多样、内容丰富的成果交流活动。利用培训班、发布会、研讨会、成果汇编等形式，促进职工技术创新成果分享和再提升，为职工提供展示创新风采、彰显技术实力的舞台，创造深入学习的机会，同时促进知识技能的传递与升级。探索形成推广应用方案，建立健全推广机制和流程，推选优秀成果参与上级职工创新成果交易会、国家电网“创 e 空间”，让优秀的职工技术创新成果得以面向更广泛的受众进行推介，并切实地将职工技术创新优秀成果转化为生产力，实现职工技术创新优秀成果的市场价值。

第五章　电网企业职工技术创新体系建设的五大工程举措

来自基层一线的创新创造看似“小”，但最易于普通职工参与，易于解决实际问题，易于将创新创造成果转化为现实生产力。新质生产力来源于技术革命性突破、生产要素创新性配置和产业深度转型升级，只有推动劳动者、劳动资料、劳动对象优化组合和更新跃升，及时将科技创新成果应用于具体产业，才能真正地将科技创新转换为产业创新，将前沿成果转换为新质生产力。近年来，电网企业着力发挥创新主体作用，坚持问题导向，从工作实际出发，将科技创新成果转化作为产业发展的一道“必答题”，发挥职工熟悉生产工艺流程、设备操作和产品结构的优势，围绕生产工艺改进、产品设计和设备更新维保等，组织职工开展小发明、小创造、小革新、小设计、小建议的“五小”群众性创新活动，实施了创新文化凝心聚力工程、多方联动协同创新工程。

一、实施创新文化凝心聚力工程

（一）引导职工感恩奋进

心理学理论指出，感恩是一种积极的情感状态，能够激发个体的内在动力，促进其行为向积极方向转变。当职工感受到来自组织和社会，特别是国家领导人的关怀与勉励时，这种情感会转化为对工作的热爱和对组织的忠诚，进而激发创新行为。同时，社会认同理论指出，个体通过认同所在群体的价值观和目标，能够增强归属感和责任感，从而更愿意为群体贡献自己的力量。因此，将学习习近平总书记重要勉励精神与关于工会工作的重要论述紧密结合，是强化职工对企业文化和社会责任认同的有效途径。在电网公司职工技术创新体系建设中，引导职工感恩奋进，将精神激励转化为实际行动，是激发职工创新潜能、推动企业发展的关键一环。

1. 融合教育，强化认同。（1）专题培训与在线学习。定期组织专题培训，邀请专家解读习近平总书记关于“四个革命、一个合作”新能源安全战略和创新的一系列重要讲话精神，结合当前电力行业建设“清洁低碳、安全可控、灵活高效、智能友好、开放互动基本特征”的新型电力系统的实际，理解创新是实现碳达峰、碳中和，贯彻新发展理念、构建新发展格局、推动高质量发展的内在要求。同时，利用在线学习平台，提供丰富的学习资源，方便职工随时随地学习，加深对习近平总书记关怀与期望的理解。（2）微党课与互动交流。开展微党课活动，以小型、灵活的形式，让党员和职工在轻松愉快的创新工作室氛围中交流学习心得，增强学习和创新的趣味性和实效性。通过互动讨论，引导职工将学习成果转化为实际行动的指南。

2. 立功竞赛，激发活力。(1)多元化奖励机制：举办“感恩勉励精神、建功电力事业”职工技术创新立功竞赛，开展“四比四赛”活动，比核心理念落实，赛创新意识提升；比立足岗位建功，赛平台载体创建；比群创体系落地，赛工作机制建立；比创新资源整合，赛成果孵化转化。在此过程中，不仅表彰技术创新成果，而且设立团队协作奖、创新思维奖等，奖励在创新过程中表现突出的团队和个人，全面激发职工的创新热情，引导职工在岗位实践中比贡献、比业绩、出人才、出成果。(2)过程性成就认可：重视职工在创新过程中付出的努力与尝试，及时对在立项、研发、实施等阶段取得显著进展的团队或个人给予表彰，形成正向激励机制，鼓励更多职工参与创新。(3)浓郁创新氛围：鼓励职工在日常工作中寻找创新点，将创新理念融入日常工作的每一个环节。设立创新提案箱，定期收集并评选优秀提案，对采纳并实施的创新方案的提案人给予奖励，形成“人人可创新、处处能创新”的良好氛围，激发广大职工建功立业、攻坚克难、创新创造的澎湃活力。

(二)尊重职工首创精神

职工是创新活动的直接参与者和实践者，他们的首创精神是企业创新能力的源泉。尊重并激发职工的首创精神，能够促使他们不断探索新技术、新方法，从而为企业带来持续的竞争优势。根据马斯洛的需求层次理论，尊重和自我实现是人类的高级需求。当职工感受到被企业尊重，并有机会通过创新实现自我价值时，他们的工作满意度和忠诚度将显著提升，这是任何外在奖励都无法替代的。通过有效地挖掘和转化职工的创新智慧，企业可以构建起难以复制的知识壁垒，从而在激烈的市场竞争中脱颖而出。

1. 建言献策，集思广益。（1）建立常态化机制：围绕保障电力供应、打造数智化坚强电网、构建新型电力系统等中心任务，开展“我为职工技术创新献一策”活动，设立专门的合理化建议征集平台，定期发布征集主题，鼓励职工结合工作实际提出创新想法，把蕴藏在职工中间的智慧充分挖掘出来，把更多的“金点子”转化为创新的“金果子”。（2）数字化平台赋能：利用大数据、云计算等现代信息技术，提高建议征集、筛选、反馈的效率和透明度，确保每一条建议都能得到及时响应，营造“创新有价、建议有奖”的良好氛围。

2.“五小”创新，鼓励尝试。牢固树立“发现问题就是成绩、解决问题就是创新”的理念，深入开展小发明、小创造、小革新、小设计、小建议的“五小”创新活动，建立快速试错、快速迭代的创新流程，为“五小”活动提供专项经费支持，降低职工创新的风险成本，并对“五小”创新成果的经济效益进行评估，对产生显著效益的项目给予额外奖励，并分享成功经验，激发更多职工的创新热情，有效地挖掘职工的智慧宝藏，促进创新成果的转化应用，为企业的持续发展注入不竭动力。

3. 树立榜样，弘扬精神。在劳模工匠等先进评选中，增加对创新成果的考量，设立“创新型劳模”“工匠创新奖”等专项荣誉，提高创新人才的社会认可度和影响力。打造“1+N”劳模工匠宣传教育体系，举办劳模工匠研修班，促进劳模身边再出劳模、工匠身边再出工匠。通过班组微讲堂、职工大讲堂、“师带徒”等载体，传承劳模工匠的精湛技艺和创新精神；同时，鼓励年轻职工创新求变，形成新老交替的良好态势，加大创新型工匠培养力度，总结提炼、推广应用一批工匠技法。开展劳模工匠进班组、进工地、进社区、进校园的“四进”活动，结合职工学精神、学作风、学品质、学技能的“四学”要求，通过现身说法、互动体验等方式，让劳模精神、工匠精神深入人心，激发更多职工的创新热情。

（三）构建创新容错机制

创新文化是激发员工潜能、鼓励突破尝试的关键，其中的容错机制作为重要支撑，向职工传递了对失败的包容态度，消除了职工的创新恐惧。技术创新伴随着风险，而容错机制通过明确边界和标准，实现了鼓励创新与风险控制之间的平衡，既保护职工积极性，又确保企业稳健发展。同时，失败是成长的契机，通过构建失败反馈和经验分享机制，企业能将失败转化为宝贵财富，促进职工与组织共同学习与进步，实现可持续发展。

1. 营造创新氛围与明确容错标准。领导层应成为创新文化的积极推动者，通过公开倡导和内部培训，强化创新的重要性并展现对失败的宽容。同时，举办电网技术创新案例分享会，不仅展示成功案例，而且深入剖析失败案例，让职工深刻理解，在复杂的电网系统中，创新是一个不断探索、试错与优化的过程。在制定创新容错条款时，需结合电网项目的特殊性，明确哪些因技术复杂性、环境不确定性等导致的失败属于“可容错”范畴，并根据项目的风险等级、投资规模、对电网运行的影响程度等因素，分类设定容错标准。此外，建立容错审批流程，确保容错机制的公正性与透明度。

2. 优化考核激励与反馈分享机制。调整绩效考核标准，将创新过程的管理与尝试纳入考核，对未成功的项目也给予正向评价。设立创新失败激励基金，奖励提供了有价值的经验教训的团队，对虽未成功但展示出创新精神和技术突破的职工，应给予鼓励和正向评价，对虽未成功但为公司带来经验教训或启发性思路的项目团队提供精神激励与物质激励。同时，建立电网创新失败案例库，采用数字化手段对失败案例进行系统化记录、分类与检索，为后续项目提供宝贵的经验借鉴。定期组织“电网创新沙龙”，邀请失败项目的参与者分享心得，促进跨部门、跨专业的知识交流与共享，形成电网企业内部的创新知识网络。

3. 加强创新过程的风险管理。设立电网技术创新专项资金，为技术研发、试验与示范项目提供充足的资金支持，并预留一定比例的资金用于创新失败后的调整、修复与再尝试。组建由电网技术专家、项目管理专家、安全风险评估专家等组成的“电网创新顾问团队”，为创新项目提供全程技术指导、风险评估与安全管理建议，确保创新活动在可控范围内进行，减少不必要的失败。在创新项目的关键节点，如技术方案设计、试验验证、用户试点等阶段，设立严格的评估机制，通过专家评审、模拟仿真、实地测试等方式，对项目的技术可行性、安全性、经济性进行全面评估，及时发现并消除潜在风险，及时调整创新方向，确保创新项目的顺利实施。

二、实施多方联动协同创新工程

协同创新理论强调不同主体间的互动与合作，进而实现知识、技术和资源的共享与整合。在电网公司中，这种协同不仅体现在技术与研发层面，而且贯穿整个组织的运作过程。因此，构建一个由党组织领导、工会牵头、业务部门支撑、职工广泛参与的工作体系，是确保创新工作全面、深入、持久开展的基础。这一体系既体现了党的领导核心作用，又发挥了工会的桥梁纽带功能，同时充分利用了业务部门的专业优势和职工的创造力。全业务覆盖、全周期服务、平台化运作的运行机制是实现创新活动系统化、规范化管理的有效手段。它要求创新工作不仅仅局限于某一领域或阶段，而且涵盖电网公司的各项业务，从规划、设计、建设到运维、服务的各个环节，都要体现创新的精神。同时，通过平台化运作，可以实现创新资源的优化配置和高效利用，提高并优化创新活动的效率和效果。

（一）完善创新工作体系，强化协同效应

1. 明确各方职责、建立协同机制。职工技术创新的组织体系要坚持各负其责、资源共享、高效协同，坚持创新与创效相结合、促进企业发展与提升职工素质相统一，确保实现全业务覆盖、全周期服务、全流程贯通，要在“党委领导、工会牵头、专业支撑、职工参与”的工作机制下，进一步明确各方的职责和定位。党委要把握创新方向，为创新活动提供坚强的政治保障和方向引领；工会要发挥组织优势，不仅要协调各方资源，而且要积极搭建创新平台，组织创新竞赛和成果展示，激发职工的创新热情；业务部门需提供专业指导和技术支持，特别是针对电网企业的核心技术领域，如智能电网、新能源接入等，形成专业与创新的有效对接；职工广泛参与创新实践，不仅提出合理化建议，而且要参与创新项目的实施和成果转化，形成全员创新的良好氛围。同时，通过定期召开职工技术创新工作会议、设立创新项目专项小组等方式，加强各方之间的沟通与协作，建立信息共享平台，实现创新资源的实时共享和高效利用。

2. 实施分级管理，确保高效运行。按照“分级管理、层层负

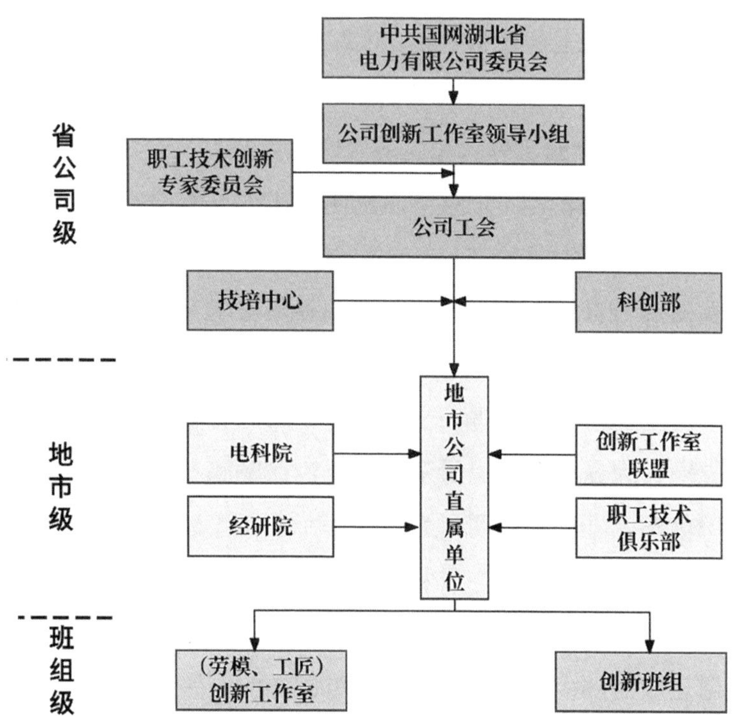

图 5-1　国网湖北电力职工技术创新组织体系图

责”的原则，明确总部、二级单位、三级单位在创新工作中的具体职责。总部负责总体部署和战略规划，二级单位负责具体策划和协调推进，三级单位则负责创新项目的具体实施和落地。注意简化审批流程，梳理和优化创新项目审批流程，去除不必要的环节和手续，缩短项目周期。同时，建立快速响应机制，对紧急和创新性强的项目给予优先审批和支持。及时对创新项目的实施效果进行定期评估和反馈，及时发现问题和不足，进行针对性的调整和优化。同时，要将评估结果与绩效考核挂钩，激励各级单位积极投身于创新活动，形成持续创新的良性循环。

3. 强化部门协同，提升创新能力。各部门要密切关注行业发展趋势和市场需求，为职工技术创新项目提供明确的需求引导。同时，要加强对创新项目的专业指导和技术支持，确保创新项目既符合行业发展趋势，又满足实际需求。要建立协同创新平台，依托现有技术中心和研发机构，建立跨部门、跨领域的协同创新平台，通过平台化运作，实现创新资源的优化配置和高效整合，做到项目联合攻关、人才联合培养，提升电网公司的整体创新能力。

（二）打造高效协同的创新生态，提供“一站式”创新服务

1. 加强双创中心建设，提升服务效能。双创中心作为创新服务的核心载体，其建设对于构建高效协同的创新生态至关重要。我们应探索更为灵活高效的运作模式，例如，采用加挂牌子或柔性组织等方式，使双创中心能够迅速整合资源，灵活响应各类创新需求。同时，强化双创中心的服务功能，从项目孵化、成果转化到推广应用，打造全方位、“一站式”的服务流程，确保创新成果能够顺利走向市场，实现其商业价值最大化。与此同时，双创中心也是连接创

新者与资源的桥梁。我们需对双创中心进行持续优化升级，完善平台功能，例如，增加查新查重、评奖申报、宣传推介、转化支撑等模块，提升平台的服务能力、改善用户体验。同时，要加强公司双创中心与各单位创新平台的资源共享与相互引流，构建上下联动、内外互动的创新网络，为创新者提供更广阔的合作空间，促进创新资源的优化配置。

2. 建立成果库与展示平台，促进成果应用。为了推进创新成果的应用，我们需要建立成果库与展示平台。线上平台应系统地展示和分享优秀创新成果，促进成果间的交流与共享，打破信息壁垒。另外，可通过行业展会、技术交流会等线下渠道，进一步扩大创新成果的影响力，推动其在更广泛的范围内应用，实现创新成果的社会价值。

（1）完善“五库”建设。建立健全职工技术创新项目库、职工技术创新成果库、职工技术创新成果储备库、职工技术创新人才库、职工技术创新信息库，推进公司双创中心与各单位创新平台资源共享、相互引流，发挥知识产权运营中心的作用。

完善公司职工技术创新项目库和成果转化库，对“有重大需求、符合新兴业态发展核心需要、关键技术研发项目、具备转化或产业化前景”的项目进行储备，并逐步完善储备库入库机制、储备库项目管理机制、储备库项目跟踪服务与支持机制、储备库滚动更新机制等；完善职工技术创新自设项目库、参与公司“揭榜挂帅”项目库；完善成果库，完善创新成果多维转化台账，以年度论文、发明专利、外观设计、软著、技术标准、工匠技法等形式提炼总结技术创新成果；完善职工技术创新人才库，储备职工技术创新人才与专家；完善信息库，为职工技术创新提供各类情报信息（会议、培训、前沿动态、新工艺、新工法、新技术等），构建数智化职工技术创新管理信息系统。

（2）搭建“双创网”线上服务平台。充分发挥互联网平台覆盖面广、沟通效率高、资源整合、系统联动的优势，创建覆盖全省各行业、专门服务职工创新创效的线上服务平台，设立、明确资源共享、转化支撑、工作推进、展示交流等平台的功能定位，构建创新资源与创新需求的精准对接模式。在“双创网”线上服务平台精心设计开发“双创排行榜”“发需求找资源”“转化中心”等功能模块和“揭榜挂帅”“转化经理人服务”“专利服务”等业务场景模块。深化数字技术应用，助力数字化创新实践。贯彻落实数字技术与电网技术融合发展的重要战略，积极推进电网数字化转型工作，结合工作实际，运用数字技术解决基层业务难题，助力一线员工减负增效，推动公司数字化转型赋能。深化业数融合进程，提升工作质效。聚焦解决异常信息预警、检修计划录入及数据核查等基层痛点问题，成立数字赋能安全生产专班，深入一线调研，精心整合主网、配网、安全管控等领域的数字化任务清单，完成不同专业类别的数字场景开发和应用，通过应用数字技术，代替人工完成流程固定、使用频率高的低价值重复劳动，让职工更加关注现场安全等重点环节，节约人工成本，提高工作效率，提高系统数据统计准确率，切实减轻基层工作负担。

（3）搭建数字共享平台。搭建电网数字技术创新孵化平台，整合现有的算力、智力、数据、应用等资源，配套相关的流程规范，为广大职工提供数字化项目研发、业务培训、安全测试、数据分析、科研验证等服务。职工可在平台模拟生产环境，开展人工智能、大数据挖掘和分析、数字技术和能源技术融合应用等研究及验证，加快创新成果孵化和转化，实现数字化成果全局共建共享，并将创新孵化平台打造成为全省数字资源服务平台，持续丰富创新孵化平台能力，充分发挥数字赋能作用，快速响应未来各工作室、基层单位对运行资源、数据资源、算力资源的需求，根据各团队的需求，快速响应与迭代，实现数字资源随取随用、数字技术高效获取。将电网数字技术创新孵化平台打造成为系统内外交流协作平台，深化科研合作及人才交流。紧紧围绕国家电网公司数字化转型工作要求，深化先进数字技术与能源技术深度融合应用研究，通过“请进来”“走出去”的方式，将数字技术与电网各环节、各领域的业务深度融合，促进新型电力系统构建和公司高质量发展，加快推进电网数字化转型。

（4）拓宽创新主体来源，用活 AI 技术创意。瞄准世界一流，打造枢纽型、平台型和共享型国家电网。进一步运营并完善智能电网和泛在电力物联网，发挥泛在电力物联网在任何时间、任何地点、任何人、任何物之间的信息连接和交互作用，实现电网数字化、网络化和智能化。用数据驱动和人工智能的方法优化电网传统运行模式，把电网打造成为产业与生态全程在线的平等互联的平台。构建电力 AI 大脑，提供创新智能建议。同时，融合机器学习、图像识别、自然语言处理等 AI 技术，充分发挥泛在互联、开放应用、协同自治、智能决策的功能，为职工技术创新决策提供智能“金点子”。

（5）搭建“一站式”职工技术创新服务中心。将“一站式”职工技术创新服务中心作为重要的创新服务平台，集聚技术、人才、资金、政策等产业发展要素，合力构建产业牵引、深度融合的产业协同服务体系。围绕产业服务、区域服务、企业服务等方面，形成多项创新服务菜单，致力于打造产业全生命周期服务体系。提供技术研发、工艺优化、产品升级、检测服务、战略咨询、概念论证、技术中试、平台建设、人才供给、培训辅导、活动联办、资源拓展、项目孵化、政策咨询、金融服务、场地租赁等创新服务，为职工技术创新高质量发展提供全方位、全链条、交互型、"一站式"诊断与服务。"一站式"职工技术创新服务中心依托研究院，聚集了一批来自海内外重点企业及高校的专家，形成了创新资源集聚、创新生态多元的区域产业服务基础，围绕打通从电力科研到技术转化的关键环节，构建由项目、人才、金融、空间等要素组成的开放式创新体系。

（6）建立创新平台会员制运营模式。会员制运营模式的核心是通过差异化服务、激励机制和资源共享，激发职工技术创新的主动性和积极性。围绕创新平台，会员制将结合内部员工和外部合作伙伴的需求，以定制化的服务和支持，调动职工与合作方参与创新的意愿。创新平台将设立不同等级的会员，提供不同权益，满足不同创新主体的需求。会员根据等级享有不同层次的创新资源，如研发设备使用权、实验室开放、数据支持、技术专家咨询等。

基础会员即免费注册用户，拥有基础的创新资源使用权，如公开数据、知识库、培训材料等；专业会员由内部评选或外部申请确定，创新平台可授予积极参与创新项目的员工或合作伙伴专业会员资格，专业会员可享受更多的技术支持和项目协作机会；创新成果突出或对创新平台发展作出重大贡献的职工或机构可成为高级会员，高级会员享受实验室优先使用权、资金支持、项目领导机会等。创新平台针对不同层级的会员，提供个性化、定制化服务。高级会员可以直接参与核心技术项目，基础会员则可以参与公开创新竞赛和交流活动。通过差异化服务，最大化地利用创新人才的潜力，推动全员积极创新。

创新平台可引入积分机制，根据会员参与创新活动的深度和获得的成果给予相应积分。积分可以分为日常活跃积分、创新浏览积分、内容贡献积分、协作积分、项目落地积分等。日常活跃积分通过日常登录、浏览、点赞、评论等互动方式获得；创新浏览积分通过每次浏览创新内容、对创新内容点赞或评论获得；内容贡献积分通过发布创新想法、项目方案或技术文章获得，并根据项目规模或可行性评分，给予不同的积分；协作积分通过参与其他用户的创新项目协作或讨论获得，用户需积极参与讨论或对其他人的项目提出建设性建议，参与并成功完成平台上的协作任务或项目；项目落地积分通过创新项目最终实现落地或产生明显效益获得，并按各参与人的实际贡献程度分配积分。

根据用户的积分总额设立不同的等级，如“初级创新者”“资深创新者”“专家创新者”等，等级越高可享受的平台特权或奖励就越丰富。不同等级享有的权利包括参与高层次项目的优先权、免费培训、创新项目评审资格等。创新积分可用于兑换资源、资金、项目申请资格等。例如，创新积分可以用于兑换创新平台上的各种奖励，如荣誉证书、学习资料、培训机会、实物奖励（电子设备、书籍、日常物资等）。此外，高积分用户可获得优先推荐晋升或参与公司高层次创新项目的机会等。

（三）畅通资金投入渠道，赋能职工创新

1. 完善资金投入机制。（1）设立职工技术创新专项资金，每年投入职工技术创新的资金不低于公司研究开发专项投入的10%。创新专项资金可用于开展创新活动、项目研发、专利申请、宣传推介

等。每年设立充足的专项资金，在创新工作室建设、职工创新项目补助与奖励、省级劳模、工匠人才创新工作室、工作室联盟创建、“五小”创新成果奖励、职工专利专项补贴、名师带徒、优秀创新成果、先进操作法选树等工作中，加大专项资金投入力度，充分激发广大职工技术创新的内生动力。

（2）设立多层次创新资金池。针对规模较小的创新项目，设立“基础创新资金池”，允许职工或小团队快速申请，用于试验性创新、研发设备购买或作为早期研发。“基础创新资金池”的应用项目周期较短，申请流程简化。针对具有长远效益的战略性重大创新项目，公司设立“重点创新资金池”。这类项目资金需求大，周期较长，审批标准相对严格，需经过公司高层审批。为应对突发技术问题或快速响应外部环境变化，设立“应急创新资金池”。这一部分资金可以快速批复，用于短期紧急创新需求。这样的资金池体系能够确保资金分配的合理性和精准性，满足不同规模和阶段的创新项目的资金需求。

（3）建立便捷的在线项目申请平台。为提升项目管理的效率和透明度，企业应建设数智化平台系统，该平台应实现项目申请、审核、资金发放和进展跟踪的全过程透明化、数字化管理。特别是对于小额项目，应简化申请流程，设立快速通道机制，确保项目能够快速获得资金支持并顺利推进。这样的平台不仅能够提高管理效率，而且能增强职工对创新活动的参与感和信任度，进一步激发企业的创新活力。

2. 加强资金管理与考核，构建绩效评价地图。从经济效益和非经济效益两个维度出发，将资金投入与项目绩效挂钩，制定多维度的项目考核指标，包括技术创新度、经济效益、社会效益等，确保资金流向能够产生技术突破和经济效益的项目，科学管理创新投入和产出效益，为公司决策提供数据支持。根据项目进展和中期评估结果，灵活调整资金分配，避免一次性拨款过多，确保资金随项目进展逐步到位。

在投入产出方面，构建职工技术创新绩效评价地图，科学管理职工技术创新的投入和产出效益。基于技术创新价值链中各个价值环节的投入和产出的转化逻辑，提炼各环节的投入要素与产出成果，制定多维度的项目考核指标，将项目的考核指标细化为技术创新、经济效益、社会效益等维度，确保考核不局限于短期成果，而是全面评估项目的长期价值。具体指标可包括技术创新度（是否提出全新技术或对现有技术有显著改进）、经济效益（预期的成本节约或利润增加）、社会效益（环保、节能等方面的贡献）、项目实施进度和质量等（项目是否按时完成符合预期质量要求）。分层评审标准，针对不同规模的项目，设置不同的评审标准。对于小额创新项目，重点考察项目的创新性和可行性；而对于重点项目，则需经过专家评审，关注项目的战略价值和预期收益（见图 5-2）。

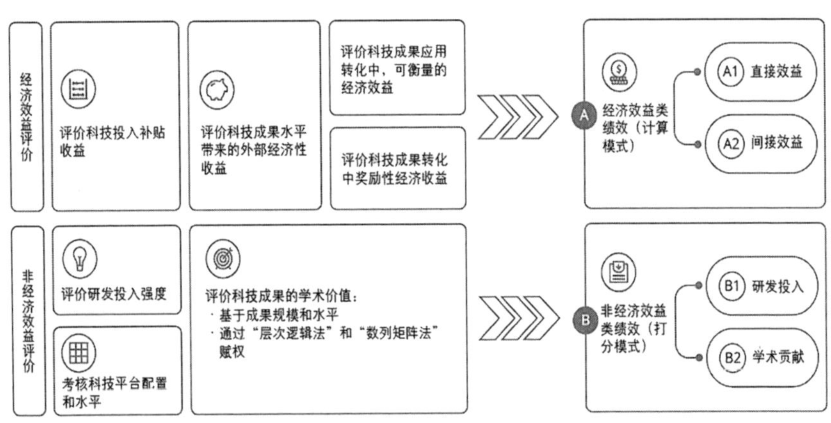

图 5-2 职工技术创新绩效评价示意图

3. 发挥工会作用与政策支持，建立职工创新经费常态化投入机制。各级工会应加大对职工技术创新的组织发动、推广推介和经费支持力度，建立职工创新经费常态化投入机制。积极争取相关政策支持，整合各类资源，建立职工创新专项补助资金，特别是在重点领域加大资金投入。用职工技术创新项目的历年投资回报率数据，展示职工技术创新对公司盈利、成本节约、生产效率提升等方面作出的贡献；同时，通过与国际领先电网公司在职工技术创新方面的资金投入情况进行横向对比，论证国家电网现有的职工技术创新资金有待进一步增加；列出当前各地市公司储备的职工技术创新项目，并明确这些项目的技术难度、资金需求及预期收益。通过数据展示现有职工技术创新资金与实际需求之间的差距；汇总职工技术创新专利申请情况与成果转化情况等，阐明职工技术创新成果的市场化前景，向国家电网公司展示长期经济效益，进一步论证加大创新资金投入的必要性，争取更多的政策支持。

（四）构建创新智库平台，提供专业支持

目前，公司内部职工技术创新项目较为零散，项目之间缺乏系统化的知识共享机制，导致不同项目团队在相似领域进行重复性研发，浪费了时间和资源；许多项目团队在遇到技术瓶颈时，难以及时获得专家的技术支持，导致项目进展受阻；项目结束后，职工技术创新成果未能有效地存储和传播，知识沉淀有限，其他团队难以借鉴已有的经验。因此，在电网企业推动职工技术创新的过程中，构建完善的创新智库平台和专家引进机制至关重要。这不仅有助于提升技术创新的效率和质量，而且能为企业发展提供坚实的技术支撑和人才保障。

1. 完善技术专家智库。当前，电网企业内部职工技术创新项目众多，但知识共享机制尚不完善，导致技术突破零散、资源浪费和低水平重复创新。为解决这一问题，搭建职工技术创新智能化知识管理平台成为当务之急。

（1）构建统一的技术管理平台。首先建立覆盖全公司各部门的统一知识管理平台，实现信息互联互通。该平台应包括中央知识库，用于存储不同领域的技术文档、专利信息、项目经验等，并建立多维度的知识分类体系和标准化标签，方便职工快速检索。通过引入人工智能技术，增强知识库的检索功能，为职工提供个性化知识推荐，提升技术获取效率。

（2）实时更新与动态管理。为确保知识库的时效性和完整性，应设置专门的知识管理团队，负责平台内容的实时更新和动态管理。所有项目的成果、进展、技术文献等均及时上传至知识库，并实行版本控制，便于职工追溯历史版本。同时，实现专家问答与技术支持功能，职工可在平台上向专家提问，专家实时解答并将解答内容更新至知识库，供其他职工参考。

（3）创新智库建设。依托国家电网职工技术创新平台，完善技术智库建设，促进科学技术、成果、信息的汇集和分享。智库应注重资源全面性、专业多元性和主题前瞻性，减少重复创新，关注多学科交叉发展趋势，引导职工技术创新方向。同时，完善智库功能，通过生产创意、汇集资源、科学普及等方式，提升技术智库的实用性和影响力。

2. 完善专家引进机制。在技术人才方面，电网企业应建立技术咨询专家库和技术评估专家库，发挥专业部门和专业人员在技术咨询支持和项目评估方面的独立指导和评价作用。

（1）挖掘技术咨询专家。配套国家电网技术智库建设，挖掘公司各领域的优秀科研人才，组建技术咨询团队。该团队应涵盖多学科、多领域、多年龄层次的人才，通过线上咨询、线下活动等形式为职工技术创新提供技术支持。同时，加强与外部研究机构、高校、产业相关企业的合作，引入外部技术专家，丰富公司技术专家资源。

（2）重视技术评估专家。进一步完善公司技术评估专家委员会，与相关专业部门成立职工技术创新评价组，负责立项评估和成果价值评估。技术咨询专家与技术评估专家可重叠，但在同一项目中需遵循回避原则，确保评估的独立性和公正性。

（3）完善专家引进机制。采取内部专家举荐与外部招聘相结合的方式，引入高水平技术专家。通过职工技术创新平台，将研究类专家匹配至基础技术咨询，产业相关技术专家匹配至成果转化及商品化阶段项目咨询。同时，建立专家激励机制，对表现优秀的专家给予物质奖励和精神奖励，激发其参与技术创新和咨询评估的积极性。

三、实施成果转化应用促进工程

（一）优化职工技术创新流程

在电网企业的持续发展中，职工技术创新作为推动技术进步、提升运营效率的关键力量，需要实施重点项目全周期管理，其中的流程优化显得尤为重要。

1. 创新创意收集及创新课题发布阶段。（1）强化双渠道融合：建立统一的创意征集平台，同时开放线上线下提交渠道，确保“自下而上”提交的创意能够顺畅上传,“自上而下”布置的课题也能有效下达。工会应定期组织创意研讨会，邀请基层职工与行业专家共同参与，促进创意的碰撞与升华。（2）细化反馈机制：对于“自下而上”提交的创意，工会应组织专家团队快速评估，不仅给出通过或不通过的结果，而且提供具体的改进建议和发展方向，鼓励职工持续完善。同时，对于通过的创意，应明确将其纳入项目储备库的标准和流程，确保创意的及时转化。（3）明确立项需求发布：在发布立项需求时，应详细列出项目的预期目标、技术要求、资源需求等关键信息，为各单位撰写项目申报书提供明确的指导，减少申报过程中的盲目性和不确定性。

2. 项目立项、研发与实施阶段。（1）加强跨部门协作：建立由工会牵头，各专业部门、二级单位、产业单位共同参与的立项评审委员会，坚持“谁立项、谁把关”的原则，由设备、营销、基建等专业部门进行项目立项审核，确保项目立项的新颖性和科学性、实用性和合理性。在研发过程中，应强化跨部门的技术支持与资源共享，形成合力。（2）实施敏捷管理：引入敏捷项目管理方法，鼓励快速迭代、持续反馈，提高研发效率。对于“自上而下”布置的重点攻关项目，更应注重进度的监控和调整，确保项目高质量地按时完成。项目负责人需定期向管理部门汇报项目进展，管理部门则根据项目需求提供技术支持和资源保障，确保项目按计划推进。

3. 成果汇集、评估及验收阶段。（1）标准化评估体系：建立统一的成果评估标准，涵盖技术创新性、实用性、经济效益、社会效益等维度，确保评估的客观性与公正性。同时，引入第三方评估机构，对重大成果进行独立评估，提升评估的专业性与权威性。（2）简化验收流程：优化成果验收流程，减少不必要的环节和重复工作。对于通过验收的成果，应及时颁发结项证书，并纳入成果库，为后续推广转化奠定基础。在验收过程中，验收专家应作出明确的验收结论，包括项目的完成度、技术创新性、经济效益等，同时提出成果应用意见。

4. 创新成果孵化、转化及收益分配阶段。（1）加速成果转化：建立成果孵化平台，提供包括场地、资金、市场对接在内的全方位支持，加速成果从实验室向市场的转化过程。同时，加强与产业单位合作，通过技术转移、合资合作等方式，推动成果产业化。（2）公平收益分配：制定明确的收益分配政策，确保创新者能够合理分享其创新成果带来的经济收益。收益分配应综合考虑个人贡献、团队努力、项目投入、市场效益等因素，采用股权激励、奖金奖励、利润分成等形式，激发持续创新动力。（3）强化成果推广：建立成果推广机制，通过行业展会、技术交流会、媒体宣传等渠道，广泛推广创新成果，提升企业的品牌影响力和市场竞争力。同时，建立成果应用反馈机制，收集用户意见，不断优化产品服务，形成良性循环。

（二）打造创新成果管理体系

1. 对创新成果实行三级管理。建立涵盖总部、二级单位、三级单位的三级职工技术创新成果管理体系，实现对创新成果的系统化管理和高效应用。根据创新成果的实用性和推广价值，将其划分为基层应用、本单位推广、全面推广等 3 类。鼓励创新成果首先在三级单位班组进行转化应用，通过实际应用检验成果的有效性和实用性。对已在班组应用且具有较强实用性的成果，由二级单位进行推广应用。通过召开成果推广会、制定应用指南等方式，推动成果在

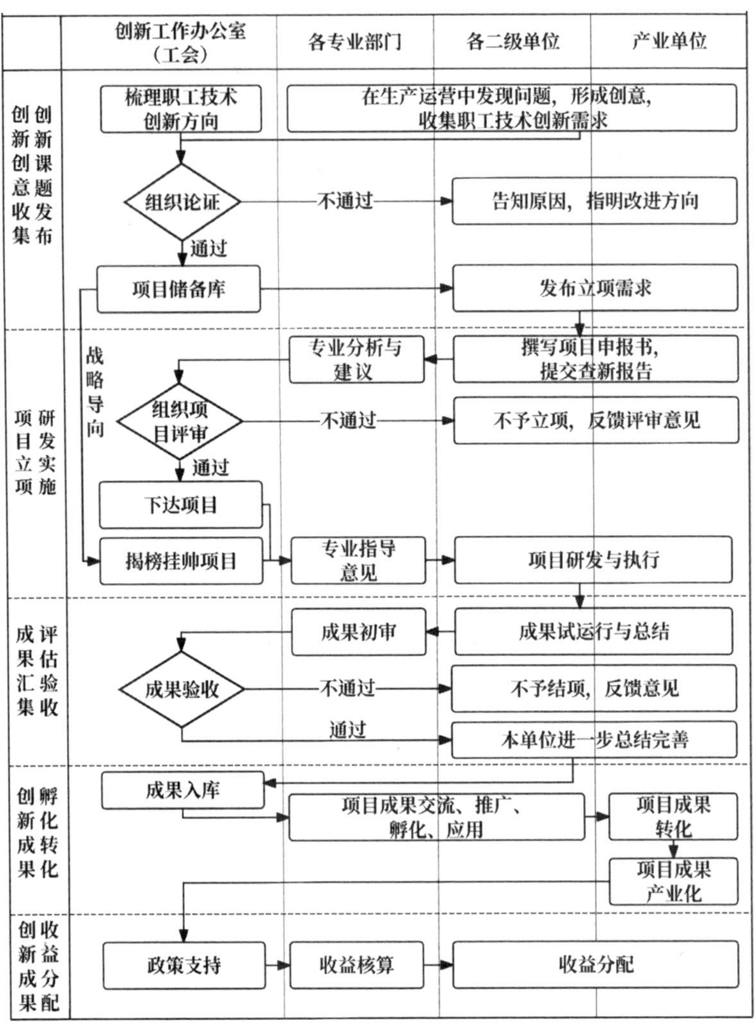

图 5-3　国网湖北电力职工技术创新链流程图

本单位内部的广泛应用。对已实现二级单位规模化推广且效果突出的成果，由二级单位向公司业务部门提出申请，在公司系统内全面推广应用。同时，鼓励各单位积极申报公司双创孵化培育项目，通过专业化孵化和资金支持，助力优秀创新成果转化应用。

2. 开展成果评选和交流活动。为激发职工的创新热情，提升创新成果质量，需定期开展创新成果评选和优秀 QC 小组活动成果评审，举办青年创新创意大赛。职工技术创新成果在公司科技进步奖评选中占比不低于 10%，确保优秀创新成果得到应有的认可和奖励。同时，通过举办创新成果展示会、成果拍卖、推介会及项目路演等活动，搭建成果交流平台；利用公司内外的媒体资源，大力宣传职工技术创新工作成效，总结推广一批成果孵化、成果拍卖、成果应用等方面的典型经验做法，形成示范效应。

（三）加强创新成果电商化交易服务

1. 建立创新技术交易大厅。创新技术交易大厅应定位为集创新成果展示、产业需求发布、技术交易和交流合作于一体的综合性平台，其核心是促进技术供需双方的高效对接。（1）成果发布与分类检索：设立职工技术创新成果展示区，允许职工上传详细的技术信息，并按技术领域分类展示，提供多维度搜索和筛选功能，以便需求方快速定位所需技术。（2）可视化展示与需求征集：利用视频、图文等多媒体形式进行立体化展示，提高技术吸引力。同时，开放需求发布与征集通道，鼓励外部企业和内部单位明确表达技术需求，促进供需精准匹配。（3）智能匹配与交易保障：运用大数据分析和人工智能算法，实现技术供需的智能匹配，提高对接效率。引入第三方技术估值、合同管理、法律保障等服务，确保交易合法合规，降低交易风险。

2. 搭建成果转化交流平台。为了进一步提升科技创新的组织效率和成果转化效率，探索建立科技创新交流平台，并研发职工科创成果转化平台。这一平台应集成果收集、发布、对接企业、交易转化等功能于一体，通过整合资源，形成“创新 + 项目 + 资金 + 资源”的“一站式”服务生态。（1）政策咨询与知识产权保护：提供科技创新政策解读和知识产权保护咨询服务，提高职工的创新信心和成果保护意识。（2）资金与资源支持：加大工会贴息资金投入，设立职工创业小额贴息贷款专项资金池，与银行等金融机构合作，为职工创新创业提供资金支持。同时，整合技术、市场和产业资源，为创新项目提供全方位支持。

3. 打造职工技术创新成果线上拍卖平台。线上拍卖平台是电商化交易的重要组成部分，通过智能化系统实现全流程线上操作，如拍品展示、买家注册、竞价、在线支付等，简化参与程序，提高效率。（1）实时互动与细节了解：为企业和投资者提供实时互动功能，便于其在拍卖过程中与技术持有者深入交流，了解技术细节和合作方式。（2）品牌活动与明星项目：将职工技术创新成果拍卖会打造成为年度品牌活动，定期举办并扩大影响力。挑选市场前景广、技术领先的项目作为明星拍品，通过平台重点展示和推广，提高拍卖的吸引力和市场关注度。

4. 推动公司共享应用。为了促进职工技术创新成果在公司内部的广泛应用，应构建跨专业的创新成果应用网络，实现技术资源的优化配置和协同创新。（1）内部共享机制：建立公司内部创新成果共享机制，鼓励各专业之间互相学习和借鉴创新成果，促进技术融合与升级。（2）跨部门合作：加强跨部门之间的沟通与合作，打破专业壁垒，推动创新成果在更广泛的领域内得到应用和推广。

四、实施创新激励机制突围工程

（一）完善考核评价机制

在电网企业职工技术创新体系建设中，考核评价机制作为激励与导向的核心工具，其科学性与有效性直接关系到创新活动的蓬勃开展与企业的持续进步。

1. 加大考核力度。将职工技术创新工作全面纳入公司党建工作绩效考核体系，这是提升创新工作地位、确保创新战略落地的关键举措。通过设立一套科学、全面的量化考核指标，如创新项目数量、项目完成质量、成果转化率、创新效益评估、创新体系建设情况等，客观反映各单位技术创新工作的实际成效，并且有效地激发各级组织和广大职工的创新积极性。这些指标应既注重数量，又强调质量，既考察短期成果，又关注长期影响，确保评价体系的全面性与公正性。同时，将考核结果与单位绩效、个人晋升、奖励分配等紧密挂钩，形成“创新者得实惠、懈怠者受鞭策”的鲜明导向。

2. 开展创新立功竞赛。组织开展“感恩勉励精神、建功电力事业”职工技术创新立功竞赛，这是激发职工创新热情、促进创新成果涌现的有效途径。以“四比四赛”为核心，即比核心理念落实与创新意识提升，比立足岗位建功与平台载体创建，比群创体系落地与工作机制建立，比创新资源整合与成果孵化转化，通过竞赛的形式，将创新工作具体化、生动化，让每一位职工都能在参与中感受到创新的魅力，形成你追我赶、竞相创新的良好氛围。竞赛应注重实效，避免形式主义，确保每项创新都能转化为实际生产力，为企业和电网的高质量发展贡献力量。

3. 创新工作纳入党政考核。各级工会应主动作为，积极争取党政对技术创新工作的重视和支持，将职工技术创新工作提上本单位的重要议事日程，融入创新体系、发展规划和人才培养计划。这不仅是提升创新工作地位的必要举措，而且是确保创新资源得到有效配置的关键。每年定期向本级党委汇报技术创新工作的开展情况，包括创新项目的进展、存在的问题、取得的成效以及未来的规划，确保创新工作得到持续关注和有力支持。通过党政考核的杠杆作用，推动创新工作成为企业发展的重要组成部分，为创新活动的顺利开展提供坚强的政治保障和组织保障。

4. 职工创新作为产改组成部分。在产业工人队伍建设改革的背景下，职工技术创新不仅是提升企业竞争力的关键，而且是培养高素质产业工人队伍的重要途径。应将职工技术创新工作纳入产业工人队伍建设改革总体规划，通过开展创新活动提升职工的技能水平、创新能力和职业素养，促进职工个人成长与企业发展的双赢。具体包括建立健全创新培训体系，为职工提供多样化的学习机会和成长平台；完善创新激励机制，让创新成为职工职业发展的重要路径；加强创新文化建设，营造尊重创新、鼓励探索的良好氛围。

（二）探索职工创新收益分享机制

建立稳定支持与有序竞争相结合的经费投入机制，不断强化创新激励，在直属科研单位全面实施股权和分红激励；推行“揭榜挂帅”、项目总师、容错纠错等科技攻关机制，形成“人人崇尚创新、人人希望创新、人人皆可创新”的良好局面。

1. 建立技术与创新成果导向的薪酬体系。构建技术与创新成果导向的薪酬体系，是贯彻“技高者多得、多劳者多得、创新者多得”理念的制度保障。（1）技能与成果挂钩：明确将职工的技术水平、创新成果直接与其薪酬等级相关联，确保技术精湛、创新成果丰硕的职工能够获得更高的经济回报。这不仅是对个人能力的认可，而且是对创新价值的肯定。（2）荣誉津贴与奖励：设立劳模（工匠）等荣誉津贴，对在技术创新领域作出杰出贡献的职工给予物质奖励与精神表彰，增强其职业荣誉感和社会影响力，激励更多职工投身于技术创新。（3）薪酬晋升与股权激励：优化职工工资晋升体系，确保创新成果成为晋升的重要考量因素。同时，探索实施股权激励计划，让创新者不仅享受当前的成果奖励，而且能分享企业的成长收益，形成长期稳定的激励效应。

2. 建立、完善创新人才中长期激励机制。技术创新是一项长期且复杂的任务，需要持续的努力和投入，建立完善的中长期激励机制对于保持创新人才的积极性和创造力至关重要。（1）政策对接与实践：企业应深入研究国家和地方政策库中的激励措施，如国企科技人才股权激励、项目跟投、科技成果转化奖励等，结合企业自身的战略目标和实际情况，灵活选择并优化激励方案，确保政策红利最大化。（2）个性化激励方案：考虑到技术创新项目的多样性和创新人才的个性化需求，设计差异化的中长期激励方案。例如，对于关键核心技术突破者，可采用更灵活的股权激励或项目收益分红；对于持续贡献的小改小革者，则可通过累积积分兑换奖励或晋升机会，确保激励措施精准有效。（3）持续跟踪与调整：中长期激励机制的建立不是一劳永逸的，需要定期评估激励效果，根据市场变化、企业发展和个人成长情况，适时地调整激励策略，确保激励机制始终保持活力和吸引力。

3. 完善职工创新成果转化项目分红机制。要深入推进产业工人队伍建设改革，完善职工技术创新成果转化的分红激励机制。积极开展职工创新成果转化推广、收益反哺政策研究，推动出台职工创新成果转化推广收益分配激励政策，明确职工创新成果转化激励政策要点，探索从知识产权归属的源头上进行收益分割的可行性，让激励作用全过程持续发挥，充分激发职工创新创效内生动力。精准衡量每位创新职工的工作业绩、价值贡献，推进知识、技术、人才等生产要素按贡献参与分配。改变对职工发明只发奖金、奖状等传统做法，让每位发明创造人员都能按照成果价值，按比例取得利润分成，让创新创造者有更多获得感。坚持激励导向，按照增量激励的原则，结合经济效益、科技创新、成果转化、行业贡献、人才当量等核心关键指标，考核确定单位（班组）分红激励额度。同时，结合职工个人考核，确定个人分红激励额度。将科技创新、成果转化、业绩增长与激励对象的收益联系在一起。根据项目中不同参与人的贡献度，计算出每位参与人的分红金额，确保激励兑现公平公正。项目分红激励主要是根据职工技术创新成果的转化效益确定的，首先需要把控项目分红激励总额。在确定激励总额的基础上，需要根据激励对象在该项职工技术创新成果形成及转化过程中的个人贡献度来确定其分红激励额度。应根据分红项目转化方式、转化对象的不同，灵活确定激励总额计提原则，进而合理地把控分红项目激励总额。根据激励对象在分红项目中承担的角色与职责，在该项职工技术创新成果研发和转化中承担的实际工作量及价值贡献等因素，综合确定个人贡献度，对单个激励对象的项目分红激励额度进行合理控制。

五、实施创新人才培养铸匠工程

（一）遵循人才规律，坚持培养原则

首先，坚持党的领导与服务大局的原则。党管人才是核心，我们要在公司党委的引领下，构建全面的创新人才培育体系，强化工匠技能，确保工匠队伍紧密地围绕国家与公司发展大局，贡献智慧与力量。其次，坚持平台搭建与人尽其用的原则。工匠培育需立足实践，打造多元化实践平台，让工匠在实践中磨砺成长。同时，依据个人特长，实现人才与岗位的精准匹配，确保每位工匠都能发挥最大的价值。最后，坚持实践导向与创新引领的原则。面对新时代挑战，我们需紧跟互联网步伐，鼓励工匠创新创造，聚焦重点领域，培养紧缺的技能人才，以实践为导向，破解企业难题，推动企业持续进步。坚持分层分类与梯级开发的原则。技能人才培育应广泛覆盖、形式多样，避免采取僵化的模式。根据公司人才结构，实施分类管理、分级培养，确保各领域、各层级均有创新人才涌现，激发员工的积极性，稳步构建人才梯队，为电网企业的长远发展奠定坚实基础。

（二）完善培训体系，建设人才梯队

在新时代背景下，企业经营环境与职工需求已经发生了深刻的变化，传统的工作方式已经不能适应现代化的要求，而且，随着具有中国特色国际领先的能源互联网企业建设工作的深入推进，公司对技能人才的需求越发强烈。因此，在这种现实情境下，如何搭建完善的培训体系，进而激发职工的激情，促进职工成长，是亟须考虑的问题。就培训内容而言，为适应当前国家电网“具有中国特色

国际领先的能源互联网企业”的战略目标，电网企业应组织更多有关互联网、特高压、输变电、人工智能、大数据等方面的培训，带动职工积极学习互联网知识，并将互联网与电网有效融合，为降本增效奠定技术基础和人才基础。就培训方式而言，要充分利用线上线下两个渠道。当前，互联网的广泛应用使得知识学习与交流变得更加便捷高效，公司应尽可能地拓宽线上资源，为职工提供更加丰富、更加便利的学习路径，例如，设立“云学堂”，吸引职工参与线上学习，结合职工技术创新需要和数字时代特征，提供在线课程、在线考试、在线直播和在线讨论等模块，提高培训效率和质量，降低培训成本；同时，着重推出技术创新课程模块，构建厚基础、强交叉、重创新的电网创新课程体系；在“云学堂”评论交流区提供开放、交流、学习、合作的平台，推动技术创新人才无障碍地开展技术创新自由交流、自由组队。与此同时，充分利用线下平台，如职工大讲堂、班组微讲堂等载体，使更多的职工能够直接进行交流。就效果评估而言，根据柯氏评估模型并结合公司自身业务的特点，分别从反应层、学习层、行为层、结果层对每次培训效果进行评估，保留其优点，规避其缺点，从而不断优化培训体系。

（三）搭建成长平台，激发职工活力

工匠技能人才的成长不能仅仅依靠单一的经验传授，更需要在实操性的工作中进行锻炼，通过内部和外部的实践平台，吸引职工积极参与，助力职工在实践中练就技能。

1. 拓展技术工人成长发展的载体与平台，打造职业技能提升完整闭环。搭建立功竞赛、职工创新、创新工作室、班组长培训和工程师家园五大平台，形成包括“技能培养、技能鉴定、岗位使用、

竞赛选拔、技术交流、表彰奖励”在内的高技能人才培养闭环体系；构建长效的技能形成与提升机制，大力开展“职工技能登高计划”、“名师带高徒”、“首席技师”工作室、“百佳技师传艺授技”等活动；探索设立技能专家、首席技师、特级技师等岗位，加大技能大师工作室、劳模和工匠人才创新工作室、职工创新工作室、青创先锋工作室等建设力度。建立以企业岗位练兵和技术比武为基础、以国家和行业职业技能竞赛为主体、国内竞赛与国际竞赛赛项衔接的劳动和技能竞赛体系，围绕重大战略、重大工程、重大项目、重点产业，组织开展劳动和技能竞赛。

2. 通过压担子、干中学等实战方式促进职工成长。要以实践为导向，将他们置于真实的工作环境，通过在实际工作中给职工压担子，锻炼职工技能。另外，在实际工作中也可以更快地发现苗子并对其进行重点培养。除此以外，每年可开展运行检修、安全防护等集中竞赛，坚持每年承办“工匠杯”劳动技能竞赛、“青春杯”安全生产知识竞赛、经营模拟大赛等，立足实际工作，积极搭建平台载体，适时开展岗位练兵，鼓励技能人才积极参与，使其在竞赛中学习、进步，对在竞赛中取得优异成绩的技能人才给予相应表彰，并要求各级公司将其纳入相应的工匠荣誉库，出具相应的积分证明。在技能竞赛的基础上，建立荣誉树梯级积分培养管理模式，构建“省公司—各下属单位—班组”的三级荣誉规划，形成班组有荣誉树、各下属单位有储备库、公司有种子库的分级培育体系，通过实行荣誉积分制度，实现积分增长、荣誉累进，保证“重大先进统筹、重要先进备案、一般先进登记”，从而实现技能人才的有计划培养。荣誉树梯级积分培养管理模式明晰了各级组织和员工创先争优的目标，变“一次性选树”为“持续性培育”。

3. 积极实施“三大工程”。高端人才引领工程：选拔一批在技术创新方面取得突出成绩的高端人才，为他们提供更大的发展空间和更好的支持条件，发挥他们的引领作用。电力工匠塑造工程：通过技能竞赛、技能培训、项目实践等方式，培养一批具有高超技艺和创新能力的电力工匠。青年人才托举工程：为青年职工提供更多的学习机会和发展平台，帮助他们快速成长成才，成为企业技术创新的中坚力量。

（四）大力培育青年创新人才

青年职工是电网企业技术创新的生力军。为激发青年职工的创新活力，必须注重青年创新人才的培育。

1. 建立青年创新联合团队。根据创新意愿、创新能力、专业领域和兴趣爱好，组建青年创新联合团队，为青年职工提供交流学习、合作创新的平台。并以实际项目为驱动，鼓励青年团队开展技术创新和研发活动，提高他们的实践能力和创新能力。

2. 健全柔性团队培养机制。根据项目需求和创新方向，灵活组建青年柔性团队，打破部门壁垒和职位限制，实现跨领域、跨层级的合作创新。对青年柔性团队实施动态管理，根据项目进展和人员变化，及时调整团队结构和成员分工，确保团队的高效运行。

3. 提升青年的精神素养。加强对青年职工的思想教育，引导他们树立正确的世界观、人生观和价值观，增强他们的责任感和使命感。通过企业文化、创新文化等文化熏陶，培养青年职工的创新意识和创新精神。

4. 开展“担使命、建新功”青年创新创效行动。围绕企业发展战略和中心工作，明确青年创新创效行动的主题和目标。为青年职工搭建展示才华、实现价值的平台，如创新大赛、创业孵化器等。通过设立创新奖项、提供创业资金等方式，激励引导青年职工积极参与创新创效行动，助力他们更好地成长成才。

5. 打通职业发展通道。为了促进青年创新人才的成长和发展，需要打通纵向职业发展通道及横向流通机制。通过建立创新人才岗位序列，规划清晰的晋升路径，为创新人才提供广阔的发展空间。同时，完善多岗位序列通道，建立创新人才与其他岗位人员之间的流动机制，促进人才的多元化发展。此外，还应加强与高校、科研机构的合作，建立创新人才双向交流机制，吸收外部高层次人才参与企业技术创新活动，提升创新队伍的整体素质。

第六章　电网企业职工技术创新平台建设

一、职工技术创新工作室建设

（一）技术创新工作室的定义与特点

1. 创新工作室的定义。创新工作室是一种鼓励跨专业协作的创造性方式，它是开展群众性创新活动的主要载体，主要是指由掌握较高技能、善于创新创造、发挥领军作用的劳动模范和工匠人才为领衔人，吸纳若干从事生产经营管理服务的一线职工参加，积极开展发明创造、协作攻关和革新创新活动，以解决工作现场难题、推动公司创新发展为目标的职工创新团队。在我国，创新工作室是以创新人才、劳模工匠、技能人才等优秀人才为核心，在企业内部确立的群众性创新团队，致力于解决与应对所在企业（单位）在生产、技术、管理、安全、经营等核心工作实践中遇到的各种难题与挑战，主要开展产品优化升级、科技研发创新、前沿技术攻关、“五小”创新活动服务流程创新等工作。创新工作室有多种类型，其中为人们所熟知的有职工创新工作室、劳模创新工作室、工匠创新工作室、专家工作室。

2. 职工技术创新工作室的特点。职工技术创新工作室作为电网企业中推动技术创新、激发职工创造力的重要平台，具有以下几个显著特点：

（1）跨领域融合性。职工技术创新工作室往往会聚了来自不同专业领域的专家和技术能手，如电气工程、信息技术、材料科学等领域。这种跨领域的组合促进了知识与技能的融合，为解决问题提供了多元化的视角和方案。例如，在智能电网建设中，电气工程师与数据科学家合作，不仅能够优化电网的物理结构，而且能通过大数据技术分析预测用电需求，实现资源的精准配置。

（2）问题导向性。职工技术创新工作室的活动紧密围绕企业生产运营中的实际问题开展，强调“从问题中来，到问题中去”的创新理念。职工在日常工作中遇到的技术难题，成为工作室研究的直接动力。例如，针对输电线路覆冰导致的故障频发问题，工作室成员可能会研发一种新型防冰材料或智能除冰装置，有效地减少因天气原因造成的停电事故。

（3）开放协作性。职工技术创新工作室鼓励开放共享，不仅限于企业内部，而且积极与外部科研机构、高校及同行企业建立合作关系，形成“产学研用”紧密结合的创新生态。通过举办技术交流会、联合研发项目等方式，促进引入外部的先进技术和理念，加速技术成果的转化应用。例如，与高校合作开发智能电网管理系统，既提升了企业的技术水平，又为学术研究提供了实践基地。

（4）持续迭代性。技术创新是一个不断试错、持续改进的过程。技术创新工作室鼓励职工持续跟踪技术发展趋势，对已有成果进行迭代升级，确保技术创新始终保持领先地位。例如，在电动汽车充电站的建设过程中，初期可能只关注充电速度和安全性，但随着技术进步和市场需求变化，工作室会进一步探索如何实现充电效率与能源利用的最大化。例如，通过 V2G（Vehicle-to-Grid）技术，使电动汽车在非行驶时段参与电网调节，提高整个能源系统的灵活性。

（二）建设职工技术创新工作室的意义

创新解决的是系统性的复杂问题，涉及多个未知的利益相关者，面对系统性挑战，公司越来越多地促进跨学科、跨组织边界的协作。在这种情境下，创新工作室越来越多地被用作组织管理举措，目的是推动创新和支持组织创新能力的发展。由于传统研发中心（R&D）通常与公司的其他部分隔离开来，即使配备了高科技基础与技术人员，也无法始终维持和提高企业的创新能力。因此，组织需要让更多的人参与创新，从这个角度看，创新工作室已成为一项有力的举措，能够促进职工创新，为发展创新能力创造条件，从而支持组织的动态发展和竞争力提升。

1. 促进跨专业学习与知识整合：技术创新工作室作为一个多学科交融的平台，能够会聚不同专业背景的职工，如电气工程、计算机科学、材料科学等。这种跨专业的合作模式不仅促进了知识技能的交叉学习，而且加速了新技术、新工艺的融合与创新。例如，在智能电网建设中，电气工程师与数据科学家在工作室中紧密合作，共同研发既能优化电网运行又能高效处理数据的智能系统，这种跨领域的整合是单一专业团队难以实现的。

2. 提升工作满意度与职工创新动力：技术创新工作室为职工提供了一个展示自我、实现价值的舞台。职工在参与创新项目的过程中，不仅能够解决实际问题，而且能够感受到个人成长的乐趣和成就感，从而极大地提升了工作满意度。同时，工作室的协作氛围和激励机制也激发了职工的创新热情，使他们更愿意投身于技术创新活动。例如，某电网企业通过设立创新工作室，鼓励职工参与小改小革，不仅解决了生产中的实际问题，而且让职工在创新中获得了成就感和奖励，进一步增强了他们的创新动力。

3. 构建持续创新的企业文化：技术创新工作室作为企业文化的载体，通过定期开展技术交流、项目研讨和成果展示，将创新理念根植于企业职工的心中。这种文化氛围促使企业从上到下都重视创新，鼓励尝试，容忍失败，为企业的持续发展提供了源源不断的创新动力。例如，某电网企业在创新工作室的推动下，形成了“人人皆可创新，处处皆可创新”的企业文化，职工在日常工作中主动寻找创新点，不断提出改进方案，有效地提升了企业的整体创新能力。

4. 支撑企业转型升级与竞争力提升：面对日益激烈的市场竞争和不断变化的市场需求，电网企业需要不断创新以保持竞争优势。技术创新工作室通过聚焦企业核心业务和技术难题，开展前瞻性的技术研发和产品创新，为企业转型升级提供了有力的支撑。例如，某电网企业设立的技术创新工作室，攻克了电动汽车充电站的高效充电与能源管理难题，不仅提升了充电站的运营效率，而且为企业开辟了新的业务领域，提高了市场竞争力。

（三）职工技术创新工作室的命名与要求

1. 职工技术创新工作室的命名。职工技术创新工作室的命名既要体现创新特性，又要准确地反映工作室的主要研究方向、特色或文化。应确保名称简洁易记、富有创意，并且能够准确地传达工作室的定位和核心价值。同时，也要考虑名称的独特性和文化敏感性，避免与已有品牌或机构的名称重复。以下是一些建议的命名方式及示例：

（1）使用核心技能或技术领域的名称命名，如“智电创新工作室”（聚焦智能电网技术）、“能效优化创新工坊”（专注于能源效率提升技术）。

（2）使用工作室创始人或领军人物的名字命名，如“胡洪炜劳模创新工作室”“皮志勇劳模创新工作室”。

（3）结合企业文化或愿景命名，如“明路创新工作室”（寓意为指明企业技术创新之路）、“创想未来电网工作室”（表达对未来电网技术创新的憧憬）。

（4）使用项目或产品的名称命名，如“绿动未来创新工作室”（围绕绿色能源项目开展研究）、“智巡先锋创新团队”（专注于智能巡检技术的研发）。

（5）使用带有寓意或象征性的词汇命名，如“火花创新工作室”（寓意创意的碰撞和灵感的闪现）、“智慧之光创新实验室”（象征智慧和技术创新的光芒）。

（6）使用强调团队或协作精神的词汇命名，如“协同创新工作室”（强调团队合作和协同创新的重要性）、“合力创想空间”（体现团队成员共同努力、共创未来的愿景）。

（7）结合地域或行业特色命名，如“江淮电网创新研究院”（反映地域特色）、“电力先锋创新工作室”（体现电力行业的前沿性和创新性）。

2. 职工技术创新工作室的要求。职工技术创新工作室必须达到

“六有”标准，即有领衔人、有创新团队、有固定场所、有制度保障、有创新成果、有示范效应。

（1）有领衔人。创新工作室的领衔人应为地市公司级及以上具有较强创新能力和突出业绩的劳动模范、工匠人才或具有副高及以上专业技术资格的技术创新带头人。

（2）有创新团队。要求在领衔人的带领下，以相对固定的团队协作模式开展工作，团队专业技术结构、学历结构、年龄结构合理，团结协作氛围浓厚。

（3）有固定场所。要求所在单位应提供明确的创新、实训固定场所，且场所具备研讨教学、成果（人才成长）展示、研发实验、实训操作等四项基本功能，确保职工创新工作正常开展。

（4）有制度保障。要求建立完善的创新工作室和创新管理等制度，配备必需的设备设施，工作经费满足实际工作需要且使用合规，工作台账完备，各类资料完整。

（5）有创新成果。要求近三年内实施或完成一项以上公司级创新成果，或两项及以上市公司级创新成果，或团队获得国家发明专利、软件著作权授权等。

（6）有示范效应。要求创新工作室作用突出，有一定的示范性和社会影响力，创新成果转化效益明显，每年开展对内培训、对外技术交流协作，近三年内至少有两名团队成员完成技能提升、职称晋升或者荣获地市公司级荣誉称号。

（四）职工技术创新工作室建设中面临的问题

1. 资金投入不足——资源与设施的瓶颈。公司在建设创新工作室时，往往因资金预算有限，导致资源分配捉襟见肘。这不仅体现在硬件设备上，如陈旧的实验仪器、不足的研发工具，而且反映在软件资源上，如缺乏最新的科研数据库、专业软件等。资源匮乏直接限制了创新活动的广度与深度，使得工作室难以开展前沿技术研究或大规模实验验证。例如，某电网企业的创新工作室因资金限制，无法购置先进的智能电网模拟系统，导致在智能调度、故障预警等领域的研究进展缓慢。更严峻的是，经费管理的不灵活也加剧了这一问题。创新工作室往往缺乏独立的经费管理权，导致在购买设备、材料等方面受到层层审批和限制，严重地影响了创新活动的效率和节奏。

2. 人才短缺——招聘与培养的难题。人才是创新的核心要素，但电网企业在吸引和留住创新人才方面面临严峻挑战。一方面，由于行业特性，电网企业对专业人才的需求具有高度的专业性和技术性，而市场上这类人才相对稀缺。另一方面，企业内部人才培养机制不健全，新员工缺乏系统的培训和成长路径，难以快速成长为创新骨干。工作室的创新成果集中在一小部分创新骨干手中，创新团队还未及时延伸至新加入工作室的青年员工，创新工作室普遍面临人员青黄不接的问题，而年轻人停留在学习和认识阶段较多，真正动手研究的较少。

3. 管理体制不健全——规范与效率的缺失。创新工作室的高效运行需要健全的管理体制作为支撑。然而，在实际工作中，许多创新工作室存在管理制度不完善、职责划分不明确的问题。这导致创新工作室在项目管理、资源配置、成果评价等方面缺乏统一的标准和流程，影响了创新活动的有序开展。例如，有的创新工作室缺乏明确的项目进度监控和风险评估机制，导致项目延期或失败；在资源配置上，则可能出现资源闲置或浪费的现象。

4. 技术转化难度大——从创新到应用的鸿沟。技术创新的最终目的是转化为实际生产力，推动产业升级。然而，电网企业在技术转化方面往往面临重重困难。一方面，技术成果与市场需求之间的匹配度不高，导致转化效率低下；另一方面，技术转化的路径不畅，缺乏有效的转化机制和平台。此外，技术转化过程中的利益分配机制也不完善，发明人的经济收益难以得到保障，这在一定程度上挫伤了创新者的积极性。

5. 时间冲突——创新与生产的矛盾。对于电网企业来说，安全生产始终是第一要务。然而，这往往与创新活动在时间安排上产生矛盾。基层班组员工在日常工作中需要承担繁重的生产任务和安全责任，很难抽出时间参与创新活动。即便是在业余时间进行科研创新，也往往因为精力有限而难以持续。这种时间上的矛盾导致创新活动难以持续深入地开展，影响了创新成果的质量和数量。

6. 创新水平有限——“小改小革”的局限。当前，许多电网企业的创新工作室仍然停留在“小改小革”的层面，缺乏对核心技术或前沿技术的深入研究。这主要是因为创新团队的科研水平和开放程度有限，难以引进外部的高端人才、资源。同时，企业与高校、科研院所的合作不够紧密，导致创新成果的技术含量和影响力有限。这种局面不仅限制了创新成果的产业化应用，而且影响了企业在行业内的技术领先地位。

7. 考核机制的偏离——创新成果与实际价值的背离。现有的考核机制是创新工作室面临的另一大挑战。这一机制往往过于强调学术论文的发表数量、获得的各类奖项等表面成果，而忽视了创新成果的实际应用价值和对企业生产的实际贡献。这种考核导向不仅偏离了创新活动的本质目的，而且导致了创新活动的功利化和浮躁化。为了追求论文和奖项，创新者可能更愿意选择周期短、易出成果的研究项目，而忽视了那些具有长远价值但研究周期长、难度大的项目。考核机制的问题还体现在对创新过程的忽视上。当前的考核机制往往只关注最终成果，而忽视了创新过程中的探索、试错和迭代。然而，创新是一个充满不确定性和风险的过程，需要不断尝试和调整。如果考核机制不能容忍失败和错误，就会抑制创新者的冒险精神和探索欲望，从而阻碍创新活动的持续开展。此外，考核机制还缺乏对创新团队长期发展的考虑，一个优秀的创新团队需要长期的积累和沉淀，包括团队成员的招募、培训、激励和保留等。如果考核机制不能体现对创新团队长期发展的重视，就会导致团队的不稳定和人才流失，从而影响创新活动的持续性和稳定性。

（五）职工技术创新工作室建设的对策建议

把创新工作室打造成为提升企业技术创新能力的“孵化器”，解决生产技术难题的“攻关站”，传承劳模精神、劳动精神、工匠精神的“新平台”，培养高技能人才的“练兵场”，更好地发挥创新工作室“创新创效、实训实践、传播传承和成长成才”的功能，需要采取以下几种措施。

1. 精准引才与系统化培育：打造高素质创新团队。人才是创新的根本，精准引才与系统化培育是构建高素质创新团队的重要途径。企业应通过与高校、科研机构建立紧密的合作关系，开展校园招聘、实习实训、联合培养等活动，精准定位并吸引具有潜力的优秀人才。同时，实施“导师制＋项目制”的人才培养模式，为新员工配备经验丰富的导师，提供个性化的职业发展规划与技能培训；通过参与实际项目，让员工在实践中学习、成长。此外，建立多层次、多维度的职业晋升体系，明确评价标准，为优秀人才提供广阔的发展空间和晋升机会。例如，某电网企业通过与知名高校合作，共同设立研究生培养基地，不仅吸引了大量优秀学生前来实习、就业，而且通过校企合作项目，让员工在实践中得到了锻炼和提升。在创新工作室工作体系建设上，要打破以往各创新工作室单打独斗的方式，将公司系统范围内的创新力量“拧成一股绳，合为一股力”，以某一个典型的劳模创新工作室为中心，上下联动省公司、市公司、县公司、班组等四级力量，组建变电、输电、配电、调控、营销、基建、信通、管理等专家团队和多个班组创新攻关团队，织线成网，形成聚合力，实现全员、全专业、多领域覆盖。

2. 制度完善与流程优化：构建高效的创新管理体系。明确创新工作室在科技创新、人才培养、社会服务等领域的发展方向，发挥劳动模范和工匠人才的示范引领作用。重新定位创新工作室期望成长值，按年度、季度、月度制定工作计划，明确时间节点、责任人，并分步实施计划。与此同时，制定全面的创新管理制度，明确岗位职责、项目管理流程、知识产权保护等关键要素，确保创新活动有章可循、有据可查。同时，引入数字化管理工具，如创新管理信息系统，实现项目管理、经费管理、成果管理等的自动化、智能化，提高管理效率。在流程优化方面，应推行精益管理，减少不必要的环节和浪费，提高资源利用效率。例如，某电网企业通过引入敏捷开发方法，优化了创新项目的研发流程，缩短了研发周期，提高了创新效率。

3. 平台搭建与激励强化：促进技术成果转化。技术成果转化是创新价值实现的关键环节。企业应搭建产学研用协同创新平台，促进技术供需对接，降低转化门槛。可以建立技术转移办公室，提供专业的成果转化服务，包括市场分析、商务谈判、法律咨询等，帮助创新团队将技术成果转化为产品或服务。同时，设立成果转化专项基金，对成功转化的项目给予资金奖励和税收优惠，激发转化积极性。例如，某电网企业通过与技术转移机构合作，成功地将一项智能电网技术转化为产品，不仅获得了市场的认可，而且为企业带来了显著的经济效益。

4. 时间优化与融合创新：平衡生产与创新需求。时间冲突是创新活动中常见的问题。企业应优化时间管理，为员工创造灵活的工作时间与环境。可以实施弹性工作制、远程办公等灵活工作方式，让员工根据个人情况和工作需要合理安排时间。同时，设立“创新日”或“创新周”，集中时间开展创新活动，如头脑风暴、技术研讨等，提高创新效率。此外，应鼓励跨部门协作，将创新项目与生产实践紧密结合，解决生产中的实际问题，实现生产与创新的相互促进。例如，某电网企业通过设立“创新周”，组织跨部门、跨领域的创新团队进行集中攻关，不仅解决了生产中的技术难题，而且促进了部门间的交流与合作。

5. 技术强化与开放合作：提升创新能力与视野。创新投入与开放合作是提升创新能力的重要途径。企业应加大科研投入，设立重点创新项目，引进和培养顶尖创新人才，形成具有竞争力的创新团队。同时，建立国际科技合作网络，参与国际研发项目，引进国外先进技术和管理经验，拓宽创新视野。此外，推动跨界融合，与不同行业、领域的企业、机构开展合作，探索新的创新模式和技术应用。例如，某电网企业与新能源汽车企业合作，共同研发智能电网与电动汽车充电站的融合技术，不仅提升了自身的创新能力，而且拓展了业务领域。

6. 科学考核与过程激励：确保创新成果价值。科学的考核体系与过程激励机制是确保创新成果价值的重要保障。企业应构建多元化的考核指标，既关注论文发表、专利申请等短期成果，也重视市场占有率、客户满意度等长期影响因素；既考量数量也注重质量，如技术创新的原创性、实用性等。同时，实施全过程考核，关注创新项目的立项、研发、转化等环节，给予相应的激励。可以设立创新成果评估机制，对成果的经济价值、社会价值进行客观评价，确保创新成果的实际价值。此外，强化团队与个人发展考核，将创新成果与职业发展挂钩，如设立创新奖项、晋升通道等，激发持续创新动力。例如，某电网企业通过建立完善的创新考核机制，将创新成果与员工的绩效、晋升、奖励等紧密挂钩，有效地激发了员工的创新积极性和创造力。

7. 多元化融资与灵活的经费管理：构建创新资金保障体系。面对创新资金短缺的困境，构建多元化融资与灵活的经费管理体系是破解难题的关键。首先，应拓宽融资渠道，形成政府引导、企业主体、社会参与的多元化投资格局。例如，可以积极申请国家及地方政府的科技创新专项基金，利用政策红利；同时，引入风险投资、私募股权等社会资本，通过股权融资、债权融资等方式筹集资金。在经费管理上，需打破僵化的传统管理模式，建立灵活高效的经费使用机制。可以设立创新项目专项账户，实行项目经理负责制，赋予项目经理一定的经费使用自主权，简化报销流程，提高资金使用效率。此外，建立经费使用透明化平台，定期公开经费使用情况，接受内外部监督，确保资金使用的合规性与有效性。例如，某电网企业通过建立创新资金池，整合政府资助、企业自筹和社会捐赠等资金渠道，有效地保障了创新项目的顺利实施。

（六）创新工作室创新案例

国网荆门供电公司皮志勇劳模创新工作室

“皮志勇劳模创新工作室”成立于2012年12月，以中央企业劳动模范、国家电网公司劳动模范、国家电网公司生产技能专家皮志勇命名。工作室成立以来，大力弘扬劳模精神、劳动精神、工匠精神，时刻牢记“人民电业为人民”的企业宗旨，坚守“问题是创新的起点和动力源”“创新推动高质量发展”的创新观，坚持“技术创新、建功立业、人才培养、为民服务”的工作思路，加速形成全员创新的良好生态，努力打造一批拿得出、叫得响、有实效的创新成果。该工作室成功申报专利50多项，在国家级刊物上发表论文20余篇，获得国家级优秀QC成果3项。工作室先后被授予“湖北省电力公司示范性劳模创新工作室”“湖北省示范性职工（劳模、工匠）创新工作室”等称号。

1. 高效协同的管理体系与组织框架。构建层级清晰、分工明确、优势互补、高效协同的创新管理体系，打造高质量发展的强大创新引擎。上下联动，完善“党委领导、行政支持、工会牵头、部门配合、劳模领衔、职工参与”的协同工作机制，联合推动创新型企业建设；左右协同，构建“1+6+N”工作机制，在电力红马甲共产党员服务队“1+13+N”体系中当先锋、做表率，调动多领域、多层次、多岗位创新创效积极性，提升众创空间质量和整体创新水平；内外统筹，结合公司发展战略，采取请进、走出、链接的方式，统筹资源，激发全员创新的自觉性、主动性，形成员工个个参与创新的集群效应。

在组织框架方面，由皮志勇作为领衔人，引领荆门公司职工（劳模、工匠）领军人物，围绕输、变、配等六大专业构建

"1+6+N"创新工作体系，充分发扬"坚韧、实干、创新、争先"的电力红马甲精神，在打造电力红马甲共产党员服务队"1+13+N"体系中，彰显关键时刻拉得出、顶得上、打得赢的责任担当。

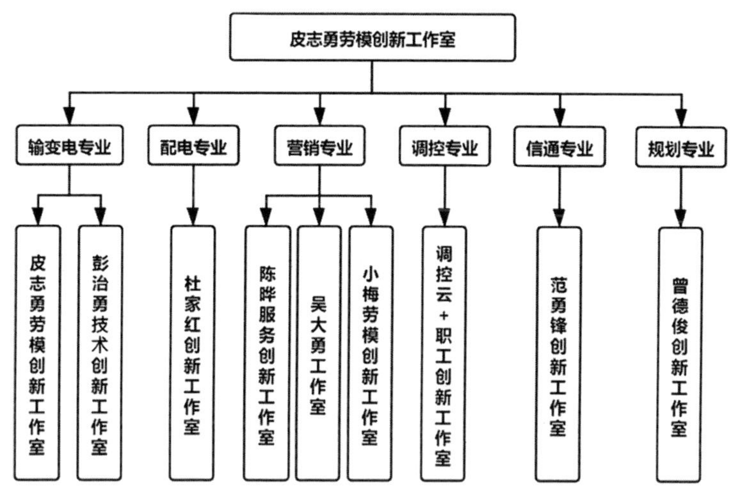

图 6-1　皮志勇劳模创新工作室架构图

2. 五大定位。（1）皮志勇创新工作室是技术创新的基地。研：精心研究破解瓶颈。联合高等院校、科研机构、合作单位等，发动各级各类人才，集约系统内外专家，围绕重点课题和难点问题进行专题研究，为实现理论创新与技术创新的融合找准破题方向。攻：合力攻坚解决难题。组建项目团队，以问题和需求为导向，加大智能运检、数字化转型等技术攻关力度，着力破解技术难点。孵：创新孵化转换成果。用小发明、小创造、小革新解决生产经营中的实际问题，形成技术向产品转换的良性互动。推：应用推广催生效益。聚焦电网安全和新技术应用，打通创新工作链条，加快成果向应用推广的速度，实现从创新到创效的转换。

（2）皮志勇创新工作室是建功立业的战场。竞：在竞技提能中创佳绩。组织员工参加劳动竞赛、技能比武、青创赛等竞技活动，以赛代训、以赛促学、以赛提能，让广大员工在企业改革发展中争创一流。拼：在拼搏实干中强作为。由劳动模范带领技术骨干，在推进重点项目建设、优化电网运行结构、打造坚强智能电网进程中克难攻坚，为地方经济发展提供可靠的电力保障。冲：在逆行冲锋中勇担当。将重担勇扛在肩，在抗疫保电、抢险救灾、应急救援等急难险重关头，闻令而动、逆行而上、冲锋在前，用实际行动彰显使命担当。比：在业绩比拼中争上游。深化差异化、精准化考核，坚持与历史比、与标杆比、与目标比，强化过程监控，实行挂图作战，发扬钉钉子精神，促进全员实现由“要我干”到“我要干”的转变。

（3）皮志勇创新工作室是人才培养的摇篮。引：在创新氛围中引导人才。充分发挥公司劳模和工匠人才在创新实践中的示范引领和骨干带头作用，组建创新团队，组织专题研讨，拟订课题计划，开展培训指导和头脑风暴，激发创新活力，启发创新思维。炼：在创新实践中锻炼人才。搭建各专业实训基地，开展实操训练和创新实践。有组织、有计划地把青年员工安排到重要工程、重大保电等任务中，担任关键角色，承担重要工作，提高发现问题、解决问题的能力。培：在创新变潮中培养人才。倡导首创精神，开设创新讲堂，引导小改小革，建立保障制度，构建成长通道，让创新人才付出有回报、成长有空间，为公司高质量发展储备“高精尖”创新领军人才。聚：在创新事业中凝聚人才。以劳模创新工作室为主阵地，从发挥个人作用到聚合集体效应，会聚越来越多的技术骨干主动参与创新创造，释放引领、带动、辐射效应。

（4）皮志勇创新工作室是为民服务的桥梁。应：以“应召唤”

打动人心。认真践行“人民电业为人民”的企业宗旨，坚持善小而为、有呼必应、有难必帮，做好24小时供电服务。送：以“送服务”温暖人心。发挥劳模专业优势和技能优势，走进企业、农村、社区、校园、家庭，开展用电咨询、设备义诊、抢修保电等活动，满足客户多样化、差异化需求，进一步提升服务质效及价值创造能力。传：用“传理念”影响人心。充分履行社会责任，普及安全用电、节约用电、电力设施保护知识，传播能源生产清洁化、能源消费电气化、能源利用高效化的理念，助力“双碳”目标落地。优：用“优环境”赢得人心。解决群众“急难愁盼”，实打实做好涉及民生的重点工作，持续优化营商环境，真正让客户体验电力带来的获得感、幸福感、安全感。

二、创新班组建设

在电网企业的广阔舞台上，创新班组是技术创新与管理革新的前沿阵地，是职工智慧与创造力的汇聚点。它不仅是一个工作团队的简单集合，更是一个充满活力、勇于探索、持续进步的学习型组织。创新班组以其独特的组织形态和运作机制，成为推动电网企业技术进步、管理升级和文化塑造的重要力量。

（一）创新班组的定义

创新班组是指电网企业内部最基本的生产工作（管理）单位，由一群具有创新意识、创新能力和创新实践精神的职工组成，按照专业特点及岗位特点，围绕企业特定工作组建的工作团队。班组既是企业中最基本的生产工作（管理）单位，又是职工学习技术、提升素质、发挥作用的基本场所，还是职工技术创新的主阵地。企业的执行力要在班组中体现，企业的效益要通过班组实现，企业的安全要由班组来保证，企业的文化要靠班组来建设，企业的创新也由班组来支撑。加强班组建设已成为提高企业核心竞争力的重要途径。创新班组的核心特征是“创新性”，这既体现在对新技术、新工艺、新方法的探索和应用上，也体现在对传统工作模式的改进和优化上，它以提升企业核心竞争力为目标，围绕电网运行、设备维护、技术研发、服务优化等关键环节，主动开展技术创新、管理创新、服务创新等活动，通过团队协作和集体智慧，不断寻求突破，解决实际问题，推动企业持续健康发展。

（二）创新班组的特点

1. 自主性与主动性：创新班组拥有较高的自主权和决策权，能够根据自身特点和实际需求，自主选择创新项目，制定实施计划，这极大地激发了班组成员的积极性和创造力。他们不再只是被动地执行上级指令，而是主动寻找创新点，提出改进方案，成为企业创新的生力军。

2. 实践性与应用性：创新班组紧密围绕电网企业的生产运营实际，将创新活动与解决实际问题紧密结合，确保创新成果能够直接应用于生产实践，转化为实际的生产力。这种实践性的创新模式，不仅提高了工作效率，而且促进了技术的不断进步和升级。

3. 开放性与包容性：创新班组倡导开放、包容的文化氛围，鼓励班组成员之间进行经验分享和成果交流；同时，积极与外部机构、专家学者等建立合作关系，引入外部智慧，拓宽创新视野。这种开放性的创新生态，为班组提供了源源不断的创新灵感和资源。

4. 持续学习与成长性：创新班组注重成员的个人成长和团队整体素质的提升，通过建立学习型组织，鼓励班组成员持续学习新知识、新技术，不断提升自身的创新能力和专业素养。同时，班组也通过不断地创新实践，积累经验，提升团队的整体实力。

5. 激励与导向性：创新班组建立了有效的激励机制，对创新成果给予充分的认可和奖励，包括物质奖励和精神激励，以此激发班组成员的创新热情和积极性。同时，班组也通过明确的目标导向和成果导向，引导成员聚焦创新目标，确保创新活动的有效性和针对性。

（三）创新班组与创新工作室之间的联系与区别

在电网企业职工技术创新体系建设中，基层班组与创新工作室作为两大主阵地，各自发挥着不可替代的作用，同时又相互补充、相互促进，共同推动着企业的技术进步和创新发展，两者之间存在着区别与联系。

1. 两者之间的联系。（1）目标一致性：无论是基层班组还是创新工作室，其核心目标都是推动企业的技术创新和管理升级，提升企业的核心竞争力和市场适应能力。基层班组通过日常的技术实践和管理优化，为企业的技术创新提供坚实的基础；而创新工作室则通过集中力量攻克技术难题、探索新技术应用，为企业的技术创新提供强大的动力。

（2）人才共享：基层班组与创新工作室在人才资源上存在一定程度的共享性。一方面，基层班组中的优秀技术人才和管理骨干可以成为创新工作室的重要成员，为创新工作室提供丰富的实践经验和专业知识；另一方面，创新工作室的研究成果和技术创新也可以反哺基层班组，提升班组的技术水平和创新能力。

（3）协同合作：基层班组与创新工作室在技术创新过程中往往需要协同合作。基层班组负责将创新工作室的研究成果转化为实际生产力，通过技术实践验证和优化创新方案；而创新工作室则根据基层班组的需求和反馈，不断调整研究方向和策略，为基层班组提供更加精准有效的技术支持。

2. 两者之间的区别。（1）组织结构：基层班组是企业的基层工作组织，具有固定的成员和明确的职责分工，通常按照生产流程或职能划分进行设置。创新工作室则是一种柔性团队，其成员可能来自不同的部门、不同的岗位，甚至不同的企业，他们因共同的创新目标而聚集在一起，形成跨领域、跨专业的创新团队。

（2）工作重点：基层班组的工作重点主要集中在日常的生产运营和技术维护上，通过优化工艺流程、提升设备性能、提高生产效率等方式，为企业的稳定发展提供坚实保障。创新工作室则侧重于前沿技术的研发、新技术的引进与应用、管理模式的创新等方面，通过突破性的技术创新和管理升级，为企业的长远发展提供强大动力。

（3）运作机制：基层班组通常按照既定流程和规范运作，具有较高的稳定性和可控性。创新工作室则更加注重灵活性和创新性，其运作机制更加灵活多样，可以根据创新项目的实际需求进行动态调整和优化。

（4）文化氛围：基层班组通常形成了注重实践、强调执行的文化氛围，鼓励员工脚踏实地、精益求精地完成工作任务。创新工作室则更加注重开放、包容、创新的文化氛围，鼓励员工勇于尝试、敢于突破、不断创新。

显然，基层班组与创新工作室在电网企业职工技术创新体系中各有侧重、相互补充。基层班组通过日常的技术实践和管理优化，为企业的技术创新提供坚实的基础；创新工作室则通过集中力量攻克技术难题、探索新技术应用，为企业的技术创新提供强大的动力。两者在目标一致性、人才共享、协同合作等方面存在紧密的联系；同时，在组织结构、工作重点、运作机制和文化氛围等方面又各有特色。因此，在推动电网企业职工技术创新体系建设过程中，应充分发挥基层班组与创新工作室各自的优势，加强两者之间的协同合作，共同推动企业的技术进步和创新发展。

（四）激发班组创新创效活力

激发班组创新创效活力是电网企业职工技术创新体系建设的核心任务，也是推动企业持续健康发展、增强整体竞争力的关键所在。班组作为企业技术创新的前沿阵地和最小单元，其创新能力直接关乎企业的技术创新水平和市场竞争力。因此，深入实施一流班组再提升行动、充分发挥班组岗位创新阵地作用，对于全面激发班组创新创效活力具有重要意义。以下将结合材料，从四个方面系统阐述如何有效激发班组创新创效活力。

1. 实施一流班组再提升行动，夯实岗位创新基础。一流班组建设是激发创新活力的前提。必须明确创新目标，细化实施路径。企业应根据自身发展战略和电网行业特点，为班组设定具体、可量化的创新目标，如年度技术创新成果数量、生产效率提升幅度、节能减排指标等。同时，制定详细的实施计划，明确技术创新方向、项目申报流程、资源分配方案等，确保创新工作有章可循、有序开展。在此过程中，搭建问题反馈与解决机制至关重要。班组职工在日常工作中难免会遇到各种问题，这些问题往往蕴含着创新的机会。因此，企业应鼓励职工积极发现并上报问题，建立班组问题库，对问题进行分类管理。定期召开问题研讨会议，集中讨论并提出解决方案，明确责任人和完成时限。通过跟踪反馈效果，不断优化问题解决机制，形成问题导向的创新文化。

2. 编制应知应会口袋书，提升职工创新素质。职工是班组创新的主体，提升职工创新素质是激发创新活力的关键。编制应知应会口袋书是提升职工创新素质的有效途径。要精准定位内容，确保实用性。通过调研了解职工对新技术、新工艺的学习需求，结合电网行业最新发展动态和班组工作实际，精选相关内容编入口袋书。口袋书应涵盖新技术、新工艺、新设备的基本知识，以及故障处理、案例分析等实用内容，确保职工能够学以致用。应采取多种口袋书学习形式，增强学习效果。除了传统的线下培训活动，还可以利用线上学习平台，将口袋书内容数字化，方便职工随时随地学习。同时，将口袋书学习内容纳入职工绩效考核体系，通过定期考核和奖励机制，激发职工的学习热情。此外，还可以组织技术交流会、专家讲座等活动，为职工提供学习交流平台，促进知识共享和思维碰撞。

3. 强化班组创新文化建设，营造良好创新氛围。创新文化是激发班组创新活力的精神支柱。要树立创新理念，增强创新意识。通过企业文化宣传栏、内部刊物、网络平台等渠道，广泛宣传创新文化，让创新理念深入人心。同时，评选并表彰在技术创新方面取得突出成绩的班组和个人，树立典型榜样，激发职工的创新热情。在创新文化的建设中，必须承认并尊重职工的劳动成果。建立创新工作室劳动考核认定机制，对职工在创新工作室取得的劳动成果进行客观评价，并给予相应的考核认定和奖励。这样做不仅能够激发职工的创新积极性，而且能够让职工感受到自己的劳动被认可和尊重。此外，定期举办创新成果展示会，展示班组职工的创新成果和成功案例，增强职工的成就感和荣誉感，进一步激发创新活力。为了克服创新过程中的困难和挫折，企业还应提供必要的支持。在资源上，为班组创新项目提供必要的资金、设备、场地等支持；在技术上，组织专家为班组创新项目提供技术指导和服务；在心理上，关注职工在创新过程中的心理状态，提供必要的心理支持和辅导。通过这些措施，为职工创造一个良好的创新环境，让创新成为班组职工的自觉行动。建立“新员工成长—打卡积分—资质选拔—全员竞岗—星级评定—人才推荐”职业生涯跟踪平台，以员工绩效、岗位提升、党团联动、挂职锻炼为抓手，通过师带徒、青工竞赛、仿真夜学、实战实练、课题攻坚等培养方式，实现尖刀磨砺、技能进阶，推动队伍建设提质登高，打造一支基础牢、业务精、素养优、能力强的全业务尖刀队伍。

4. 优化组织机构，发挥班组长的引领作用。班组长是班组创新的领头羊，其引领作用不容忽视。要选拔具有创新精神、技术能力和管理经验的班组长，通过培训、交流等方式提升其创新能力和领导力。同时，赋予班组长在创新项目管理、资源分配等方面的更大权限，鼓励其积极引领班组开展创新活动。明确班组长作为创新工作室负责人的职责和权限，包括制定创新计划、组织创新团队、管理创新项目等。将创新工作室的工作成效纳入班组长绩效考核体系，激励班组长积极履行职责，推动创新工作室健康发展。此外，班组长还应成为班组与外部联系的桥梁，加强与外部科研机构、高校、企业等的合作与交流，引进外部创新资源，拓宽创新视野和思路。在优化组织机构的过程中，还应构建协同创新网络。鼓励不同班组之间的合作与交流，构建跨班组的协同创新网络，共同攻克技术难题，推动技术创新。通过跨班组合作，不仅能够实现资源共享和优势互补，而且能够促进创新思维的碰撞和融合，激发更多的创新灵感。

（五）创新班组建设案例

国网十堰供电推动数智运维转型、激发班组创新动能纪实

近年来，国网十堰供电公司以设备精益化运维、保障电网安全运行为目标，坚持抓基层、打基础、苦练基本盘，在安全监督体系、设备精益管理、运维模式转型、基层创新创效等方面取得了系列成果，助力十堰电网安全生产工作保持了不断向好趋势。

1. 夯基础，提高设备运维水平。国网十堰供电公司连续四年实现 220 千伏输电线路“零故障停运”目标，这是该公司输电运检分公司严格落实责任，坚守一线 1460 天，换来的成果。目前，十堰地区已基本形成了以 500 千伏电网为双支点、220 千伏电网为骨干、110 千伏及以下电网全市城乡覆盖、供电人口达到 330 万人的“三链两环”坚强电网。十堰电网共有 110 千伏及以上变电站 83 座，110 千伏及以上输电线路 209 条，杆塔 9093 基，线路长度达 2424.8 千米。

十堰地处秦巴山区，输电线路日常运维任务重、安全压力大。为提升电网检修运维效率，国网十堰供电公司创新构建了输电线路安全管理体系，完善电网设备防外破标准化流程，建立防外破措施应用效果的评估机制，对隐患进行“一患一档”管控，推进检修运维精益管理。该公司坚持“一切事故皆可预防，一切隐患皆可控

制”的高标站位，落实“员工包杆、班组包线、领导包班”的分级包片责任制，优化人员与设备的匹配度，明确维护范围，强化“设备主人”履责意识，切实扛牢线路设备运维责任。

该公司还全面健全了“设备主人、属地运维、群众护线”的联防联控网络，不断完善与十堰市林业、自规、应急等部门的政企联动机制，就输电通道内的建筑、树障等矛盾处置达成共识，实现“多级互动、不留死角”的防控效果。

2. 谋转型，打造立体化巡检模式。输电线路点多、面广、线长，人工巡线耗时费力、进度慢。该公司抢抓数字转型新浪潮，以提升设备可靠性为导向，创新应用智能巡检新举措，利用通道扫描建立三维模型，从而高效、精准地识别通道障碍物，利用精细化巡检替代人工登杆巡视，充分发挥无人机 360 度拍摄优势，让设备本体隐患无处遁形。全年累计完成 110 千伏以上线路杆塔航线 8356 基，无人机精细化巡检共 1957 基，220 千伏及以上线路通道扫描 1198 千米，出具报告 47 份，通道隐患发现率较人工巡检提升 57%。明确无人机巡检所覆盖的通道、附件及声光检测项目等各类任务，推进设备运维数智化转型落地生根。

为打造全天候、立体化的巡检体系，该公司还为 500 千伏输电线路安装了 282 套智能巡检装置，实现无人机网格化全覆盖，图像数据可实时回传监控中心，巡检周期从每周一次缩短为每小时一次，增强了线路运行的状态感知力，形成了“全面布局、重点盯防”的线路监控模式。将传统的“机巡为主、人巡为辅”转变为“机巡代人”新模式，极大地提高了工作效率。此外，该公司深化推动无人机在输电线路的创新应用，先后完成“无人机配送电力物资”“无人机挂载航运灯”等多项创新应用，为新型电力系统建设提供了创新样本。

3. 释活力，班组潜能充分激发。国网十堰供电公司输电运检分公司紧盯人才培养，通过对 5 个班组进行综合调研分析，班组运维人员“无人机飞行执照”取证率高达 100%，顺利实现“人人都是飞行员”的目标。如今，无人机巡线已成为输电人员单兵作战的必备技能。

班组是企业最基层的生产组织者、安全落实者。在贯穿全年的“班组建设深化年”活动中，输电运检分公司坚持问题导向、需求导向、目标导向，打造班组绩效评价体系，推动班组人力资源优化配置，激发班组价值创造活力。从“一把手讲安全”到“新员工入职技能大通关”，围绕全业务核心班组建设，该公司认真落实核心业务自主实施，全面提升员工技能水平。

2023 年 3 月，公司输变电实训基地启动建设，输电运检分公司在承担项目建设的过程中，按照“以建代训、实战练兵”的思路，采取“老带新”“师带徒”等方式，组织 12 名青年员工全程自主施工，成功完成 2 基杆塔和 110 千伏线路导、地线展放、附件安装等任务。为了对每一个工序、每一项任务做到心中有责、担当尽责，青年员工聚焦铁塔组装关键业务，先后将实训线 001 号至 002 号铁塔拆装两次，仅仅是为了熟练操作流程，锻造自主动手能力。

三、职工技术俱乐部建设

（一）职工技术俱乐部的内涵与原则

1. 职工技术俱乐部的内涵。职工技术俱乐部是指经公司工会和相关专业部门批准成立，以公司系统内相关专业的高技能人才和专家为核心发起，并广泛吸纳专业技术骨干自愿加入、定向邀请系统外高科技人才组成的群众性技术活动组织。职工技术俱乐部以推动公司技术进步和提升职工技术素养为服务宗旨，以提升专业技能、提供专业支撑和促进技术融合为主要内容，对接公司技术管理体系，倡导开放、合作与创新，着力营造热爱技术、钻研技术和应用技术的氛围，满足广大职工不断增长的专业爱好与技术追求。

2. 职工技术俱乐部的原则。（1）服务企业、战略导向。俱乐部应围绕保障电力供应、打造数智化坚强电网、构建新型电力系统等中心任务，以传播前沿知识和先进技术为核心，着力促进先进技术的钻研、推广、实践与转化，奋力打造创新型、活力型企业。（2）服务职工、成就梦想。俱乐部应着力为职工提供技术交流、技术分享和技术协作的机会与平台，不断促进新技术推广、新场景开发、新工艺革新和新工法应用，打造技术发展新乐园。（3）创新驱动、新质发展。强化资源集约利用和科技支撑，推动俱乐部运行机制改革和服务多元创新，推动俱乐部共建、共治、共享，形成新质生产力发展的长效机制。（4）依法依规、安全第一。俱乐部的各项活动必须遵守国家法律和公司有关规定，严禁组织开展涉及中央八项规定精神所禁止以及可能造成不良社会影响的各类活动，应以不危及人身安全、促进安全生产为底线。

（二）职工技术俱乐部的主要内容

1. 强化前沿技术收集与发布。俱乐部应通过产学研平台、实验中心、未来研究院、各种数据库、学术论坛等渠道，收集本专业领域的前沿理论动态、最新技术进展和最优工法实践，并通过网站、公众号、汇编成册等方式向会员和企业发布，吸引更多的职工自愿自发加入平台。

2. 强化技术交流平台建设。俱乐部应采取集中学习、研讨会、学术论坛、技术沙龙、技能竞赛、技术攻关等技术活动形式，为会员职工提供高水平、专业化的技术交流共享平台，分享技术心得、解决技术难题、总结技术经验、沉淀技术成果，促进会员专业技术水平提升。

3. 强化技术技能体系支撑。俱乐部应发挥资源优势和技术人才优势，以解决生产经营中的实际问题为导向，支撑公司开展新技术研发工作，协助公司工会和各专业管理部门建立跨区域的岗位练兵联赛体系和推进技术人才队伍建设，形成覆盖全体、形式多样的技能竞赛格局，为技能大赛、技能比武提供专业支撑。

4. 强化技术成果提炼与总结。俱乐部应加强科研院所和生产制造单位的互动，合理界定知识产权和专利所有权，积极申报专利、发明、成果奖，积极撰写研究论文、教材和专著，总结提炼新技术、新工法、新成果、新经验，推动技术成果转化、应用和融合。

（三）俱乐部的组织结构与管理

俱乐部归口工会管理，日常工作由挂靠单位负责，重大技术活动实施项目制管理。其中，挂靠单位是指具备相关管理能力和活动开展条件，并经公司工会正式命名挂牌的俱乐部的直接管理单位。职工技术俱乐部要制定明确的工作制度。每个月召开一次工作会议，总结当月工作并部署下月计划。每季度召开一次例会，审议技术活动计划及成果。

公司工会的主要职责是负责俱乐部发展总体规划的编制与实施，统筹俱乐部的建设与管理；负责俱乐部的审批与授牌；负责审批俱乐部年度训练方案和活动计划；负责俱乐部重大活动的策划与组织；负责俱乐部的年度考核评价。

挂靠单位的主要职责是受公司工会委托，负责俱乐部的日常运行管理工作；根据公司工会重点工作安排，组织制定俱乐部年度活动计划和训练方案；确保俱乐部运行所必需的场地、经费、人员，支持俱乐部的建设和发展；负责俱乐部年度工作总结与运行分析，配合做好俱乐部年度考评工作；完善俱乐部运作机制，积极推动俱乐部人才、成果等资源共享，向公司工会推荐俱乐部管理人员人选。

俱乐部的主要职责是根据公司俱乐部发展总体规划，结合俱乐部实际，制定俱乐部发展规划、年度训练方案和活动计划；负责管理俱乐部日常事务；积极组织开展形式多样的职工技术创新活动，促进技术融合和技能提升，为技术比武练兵提供专业支撑；吸收、培养会员并择优向公司工会推荐；受托代表公司工会开展对外技术交流活动。

（四）俱乐部的主要活动形式

1. 定期举办技术交流会。每个月邀请一名行业专家或内部技术能手进行专题讲座和技术分享，内容涵盖最新技术动态、实际工作案例分析等。每年举办一次大型技术论坛，邀请知名专家、学者和技术精英进行主题演讲和研讨，搭建高水平的技术交流平台。

2. 组织技术竞赛。每个季度开展一次技能操作比赛，比赛内容包括与电网技术相关的实操项目，提升职工实际操作水平；每年进行一次创新项目评比，征集职工在工作中提出的技术改进和创新项目，由专家评审委员会评选出优秀项目，并给予立项资助和表彰。

3. 强化技术成果提炼与总结。俱乐部应加强科研院所与生产制造单位的互动，合理界定知识产权和专利所有权，积极申报专利、发明、成果奖，积极撰写研究论文、教材和专著，总结提炼新技术、新工法、新成果、新经验，推动技术成果转化、应用和融合。

4. 激励职工参与技术创新。设立“技术创新建议箱”，鼓励职工提出技术创新建议，对优秀建议给予奖励并组织实施；设立技术创新奖，评选出每一年度在技术创新方面表现突出的个人和团队，给予表彰和奖励。

5. 技术创新与项目开发。从公司内部选拔技术骨干，组成专项技术攻关小组，针对生产实际中的技术难题进行集中攻关。采用项目制管理，设定明确的攻关目标、时间节点和考核标准，确保项目高质量按时完成。定期开展技术创新项目征集活动，鼓励职工结合工作实际提出技术改进和创新方案。由专家评审委员会对征集的项目进行评审，选出具有实际应用价值的项目予以立项，并提供资金和技术支持。

（五）职工技术俱乐部创新专栏

破浪前行——国网湖北电力输电带电作业职工技术俱乐部

为深入贯彻国家电网战略部署，落实省公司稳固“华中区域领先、国网第一方阵”工作要求，推动公司输电带电作业技术创新发展与成果应用，国网湖北电力输电带电作业职工技术俱乐部（以下简称俱乐部）以带电作业为核心，积极探索输电运检新模式，着力培养一支高素质、高效率、高水平的输电带电作业产业工人队伍，努力打造一个体系化、规范化、专业化的输电带电作业技术创新交流平台。

2024 年 8 月，俱乐部分别从带电消缺、技能实训和交流研讨开展了系列专题活动。

1. 勇立潮头，攻坚克难保安全。为强化俱乐部的“协同、效益、示范”特点，俱乐部统筹组织各单位成员在迎峰度夏期间积极开拓带电作业新领域，带头攻坚急难险重缺陷，努力营造敢于探索、勇于创新的干事氛围，形成了引领一批、影响一片的良好局面。

输电检修中心于 8 月 1 日完成了 500 千伏汉军线 101 号塔带电安装氧化锌避雷器工作，此次作业为全省首例在同塔双回超高压线路上带电安装避雷器。俱乐部针对共杆塔呼高较高、安全组合间隙较小、作业窗口较小等作业难点进行周密筹划，多次组织方案评审，邀请内外部专家共同探讨作业步骤，打磨作业细节。

输电检修中心于 8 月 2 日完成了 ±500 千伏龙政线 686 号塔地线修补作业，此次作业为全省首次采用机器人修补超高压线路地线。俱乐部在综合评估作业风险后，会同南瑞集团专家制定了使用地线修补机器人带电处置的作业方案。

荆门运维分部于 8 月 6 日采用地电位作业方式，消除了 500 千伏峡林一回 303 号塔右地线挂点金具发热缺陷。

鄂西北运维分部于 7 月 28 日采用“无人机 + 小飞人”进入等电位作业方式开展带电消缺，逐一完成了 500 千伏樊卧一线 140 号塔右相大号侧 1 号子导线端挂点螺母补装、500 千伏松卧线 303 号塔左相大号侧导线端挂点合成绝缘子销子脱出复位工作。

宜昌运维分部于 7 月 10 日开展等电位带电作业，消除了 500 千伏盘宜一回 255 号塔螺栓螺母松动缺陷，保障三峡外送“大动脉”安全送电。

俱乐部通过在带电作业新领域的不断探索，推动了无人机、机器人等新技术与带电作业的深度融合和应用，拓展了公司带电作业核心业务能力，提升了迎峰度夏期间线路的安全运行水平，促进了带电作业的技术进步和行业发展。

2. 薪火相续，强化技能练真章。为推进带电作业职工队伍技术能力提升，孵化带电作业青年人才骨干，打造全省领先带电作业人才梯队，俱乐部充分发挥各级劳模工匠的示范、引领和带动作用，在迎峰度夏期间积极开展带电作业技能实训，切实增强职工的技能本领，引导广大职工爱岗位、钻技术、练技能，努力为公司培育“业务精、技术强、思维活”的创新型带电作业人才队伍。

输电检修中心在凤凰山实训基地对青工开展攀爬软梯实训、缠绕预绞丝补强损伤导线和防振锤滑移复位等项目技能培训。在炎炎烈日下，经过一周的刻苦集训，参培青工均已熟练掌握了多个项目的标准化作业流程与作业细节要点，形成了“以练促学、以学提能”的高效培训体系，营造了“比学赶超”的浓厚学习氛围。

荆门运维分部在退运线路斗江一回 26 号塔开展了耐张绝缘子整串更换青工技能培训。俱乐部荆门运维分部成员提前对全体参培人员进行了详细的理论知识培训。在作业现场，每名参培青工都先后承担了不同环节和位置的作业任务，最终成功地完成了两次耐张横串更换的全流程模拟。

宜昌运维分部在实训线路对青工开展“小飞人”进出等电位技能培训。俱乐部宜昌运维分部成员向参培人员详细讲解了“小飞人”的使用方法和注意事项，青工在分部成员的全程监护和指导下开展实操演练，有效地提高了专业技能水平，取得了最接近实战的培训效果。

此次俱乐部开展的系列带电作业技能实训，充分发挥了俱乐部成员的“传帮带”作用，切实提升和巩固了职工的核心业务自主实施能力，加快推动了青工的成长成才，为公司高质量发展提供了坚强的人才支撑。

未来，俱乐部的工作重点：一是勇于探索创新，在软质绝缘吊带及带电作业工器具的新材料和新工艺上寻求突破。二是同步推进软质绝缘吊带的智能化研发，提高产品的技术水平和竞争优势。三是加速“小巨人”后续产品的实用化进程，推动其产业化落地。四是统筹利用好带电作业俱乐部平台，建立定期交流机制，结合生产实际，开展多元化带电作业创新研发。五是积极拓宽视野，深化行业研究与市场调研，紧跟行业动态，积极引入前沿技术与创新理念，为公司注入不竭动力。

四、搭建创新工作室联盟

（一）创新工作室联盟的内涵与特征

创新工作室联盟，作为一种新兴的组织形态与合作机制，是电网企业职工技术创新体系建设中的重要探索与实践。它超越了传统的单一创新工作室的局限，通过跨单位、跨专业的深度融合与协作，构建了一个多维度、多层次、开放的创新网络体系。

1. 创新工作室联盟的内涵。创新工作室联盟本质上是一种基于共同目标、共享资源、协同创新的组织联合体。它以电网企业的核心需求为导向，以技术创新为核心驱动力，通过整合各创新工作室的优势资源，形成合力，共同应对电力行业发展中的技术挑战与难题。这种联盟不仅促进了知识与技能的交流共享，而且激发了创新思维的碰撞与融合，为电网企业的持续创新与发展注入了新的活力。从协同创新理论来看，创新工作室联盟正是这一理论的实践体现，它通过构建协同创新的平台与机制，促进了各创新主体间的知识共享、技术互补和协同攻关，提升了整体创新效能。从资源依赖理论来看，创新工作室联盟通过成员间的资源共享，有效地降低了单个工作室对外部资源的依赖，提高了资源获取的效率与效果，为技术创新提供了更加丰富的资源支持。从知识管理理论来看，创新工作室联盟通过构建知识共享与交流的平台，促进了隐性知识与显性知识的相互转化，加速了知识的传播与应用，为技术创新提供了强大的知识支撑。

2. 创新工作室联盟的特征。（1）跨界融合性：创新工作室联盟打破了传统组织的边界，实现了跨单位、跨专业的深度融合。这种跨界融合不仅拓宽了创新的视野与思路，而且促进了不同领域的知识与技术的交叉融合，使得产生颠覆性创新成为可能。（2）开放协作性：联盟秉持开放共享的理念，鼓励成员之间进行交流与合作。通过搭建开放式的交流平台与协作机制，促进了创新资源的自由流动与高效配置，激发了创新主体的积极性与创造力。（3）目标导向性：创新工作室联盟以解决电网企业的实际问题为导向，明确创新目标与任务。这种目标导向性确保了联盟的创新活动能够紧密围绕企业需求展开，提高了创新的针对性和实效性。（4）动态灵活性：联盟成员间的合作是基于项目或需求的动态组合，具有高度的灵活性与适应性。这种动态灵活性使得联盟能够快速响应市场变化和技术挑战，及时调整创新策略与方向。

（二）建设创新工作室联盟的意义

创新工作室联盟的建设对于电网企业职工技术创新体系具有重要意义。它不仅提升了企业整体的创新能力与水平，而且促进了创新文化的培育与传播。通过联盟内的协作与交流，职工的创新意识与能力得到了显著提升，为企业的持续发展注入了强大的动力。同时，创新工作室联盟也为电网行业的转型升级与高质量发展提供了有力的支撑与保障。

1. 促进知识共享与技能提升。在电网企业职工技术创新体系中，创新工作室联盟的首要意义在于其能够极大地促进知识共享与技能提升。传统上，各创新工作室往往处于相对孤立的状态，知识与技能的传播受到物理与组织界限的限制。而创新工作室联盟通过搭建跨单位、跨专业的交流平台，使得不同背景、不同专业的职工能够自由交流思想、分享经验，从而加速了知识与技能的传播与积累。从知识管理的角度来看，创新工作室联盟构建了一个知识共享网络，使得隐性知识得以显性化，显性知识得以系统化。这种知识的流动与转化不仅提高了职工个人的创新能力，而且促进了团队乃至整个企业的知识资本增值。同时，通过联盟内的技能培训和交流研讨，职工能够不断提升自身的专业技能和综合素质，企业的技术创新能够获得源源不断的人才支持。

2. 加速技术创新与成果转化。创新工作室联盟的另一个重要意义在于其能够加速技术创新与成果转化。在联盟内部，各创新工作室可以围绕电网企业的核心需求，开展联合攻关与技术研发。这种协同创新的模式打破了单个工作室的资源与能力限制，通过整合优势资源、共享创新成果，实现了技术创新的快速突破。此外，创新工作室联盟还通过搭建产学研用一体化合作平台，促进了技术创新与产业实践的深度融合。通过与科研机构、高等院校以及产业链上下游企业的紧密合作，联盟能够将最新的科研成果迅速转化为实际应用，推动电网行业的科技进步与产业升级。

3. 构建协同创新与开放合作的生态。创新工作室联盟的构建，还为电网企业职工技术创新体系营造了协同创新与开放合作的生态。在这一生态中，不同背景、不同专业的职工能够自由组合、协同工作，共同应对复杂的技术挑战与市场需求。协同创新模式不仅提高了创新效率与质量，而且促进了创新思维的碰撞与融合，为产生颠覆性创新提供了可能。同时，开放合作的生态使得联盟能够广泛吸纳外部资源与合作伙伴，共同推动电网行业的创新发展。

4. 推动企业文化与人才战略升级。创新工作室联盟在电网企业职工技术创新体系建设中的重大意义，还体现在其能够推动企业文化与人才战略升级。通过联盟内部的交流与合作，企业能够逐步培育形成鼓励创新、宽容失败的文化氛围，激发职工的创新热情与创造力。同时，联盟内部的技能培训和经验分享也为职工提供了广阔的职业发展空间与成长路径。通过联盟内部的项目实践与成果展示，企业能够发现并培养一批具有创新能力和潜力的优秀人才，为企业的持续发展奠定坚实的人才基础。

（三）创建创新工作室联盟的目标、原则与措施

1. 目标任务。紧扣公司“一体四翼”发展布局，围绕保障电力供应、打造数智化坚强电网、构建新型电力系统等中心任务，以公司发展高质量、技术成果高水平、职工队伍高技能为目标，实施“五个一”工程，即建立一个以创新工作室联盟为核心的创新创效协作机制，搭建一个技术攻关、技艺协作、技能突破的聚能荟智平

台，培育一种合作共赢、开放共享、内外融通的创新生态，争取一批具有重大推广应用价值的高水平创新成果，锤炼一批在系统内外叫得响、立得住、有影响力的职工技术创新能手和专家人才。

2. 基本原则。（1）坚持战略引领。围绕公司战略，聚焦公司发展重大事项、重点工程，发挥好联盟的聚智汇力和技术协同作用，攻坚克难，营造人人争先创优的良好氛围。（2）坚持专业主导。注重问题导向，加强专业指导。立足岗位和生产实际，根据学科专业类别，系统地组建创新工作室联盟，切实服务实际工作需要，提高生产经营质效。（3）坚持开放共享。优化资源整合，放大共享效应。发挥创新工作室联盟的集群优势，打造联盟拳头创新成果。建立开放的评价平台，打通职工创新成果孵化、转化和使用产业链，实现成果共享。（4）坚持育人赋能。传承创新基因，培育创新人才，建立创新人才共享模式，加速形成人人支持创新、人人参与创新、人人推动创新的良好氛围，打造知识型、技能型、创新型的职工队伍。

3. 工作举措。（1）建立健全联盟协同机制。制定联盟章程和规章制度，明确工作目标和年度工作计划，倡导工作室联盟成员之间签订合作协议，加强联盟内部运转管理，探索联盟协同攻关的模式与方法，培育全员参与、团队协作、奋发有为的职工创新文化内涵。

（2）搭建联盟交流合作平台。定期组织各创新工作室骨干成员开展主题沙龙、互访交流、集中培训等活动，及时共享各创新工作室的工作动态、创意思路、实践经验。坚持开门搞创新，鼓励各单位加强与内外部科研机构、高等院校的交流合作，借助“外脑”智慧，促进产学研合作。开展线上线下联盟主题活动，相互交流、相互学习，实现共建共享、共赢共荣。

（3）“揭榜挂帅”协同重大项目。聚焦公司发展战略和具有普遍性的关键技术突破，优化资源配置，整合专业力量和实验室资源，“揭榜挂帅”系统内外重大创新项目，协同推进项目攻关，形成“多出成果、出好成果、出大成果”的工作格局。

（4）联合创新培育专家人才。开展创新需求调研，从实用性、创新性、推广前景等方面进行评审，形成联合攻关项目推荐清单，提出项目联合攻关支撑需求，组建联合攻关项目组，组织签订创新项目联合攻关和人才联合培养协议，把联盟打造成聚能汇智的高地。

（5）推动创新成果转化应用。聚力打造拳头创新成果，建立成果转化产业链，鼓励各劳模工匠创新工作室积极申报公司双创孵化培育项目，打通联盟内部推广、先试先用的渠道，提升创新成果实用化效果，破解实现技术革新、成果孵化、市场推广、产业发展“全链条”转化应用的瓶颈，实现创新链、产业链、资金链的自然对接，促进孵化率、转化率双提升，最大限度地激发创新活力。

（6）拓展创新联盟多种形态。加大对跨区域、跨行业、跨企业的创新工作室联盟创建工作指导力度。要以联盟为纽带，通过学习交流、协同创新的方式，搭建更高效的创新协作平台，进一步促进资源共享、互相促进、共同提高。同时，坚持线上线下相结合，双向发力，推进创新工作室联盟建设。线上，进一步完善省劳模和工匠人才创新工作室联盟云端平台，推动各级各类创新工作室上线进网，形成“大平台 + 各级工作室联盟”的网状格局；线下，各产业各行业紧密联动、省市县三级工会聚力协同，多层面探索创建跨区域、跨行业、跨企业的创新工作室联盟体系，使各级各类创新工作室由“点”成“面”、聚“线”成“网”，形成湖北劳模和工匠人才创新工作室矩阵。

（四）创新工作室联盟建设案例

2024 年 3 月 30 日，在咸宁市“百千万”劳动和技能竞赛启动活动上，国网咸宁供电公司作为盟主，联合华润电力湖北有限公司、湖北华耀达电气有限公司等 2 家单位，举办咸宁市电力产业创新工作室联盟签约仪式。

此次签约标志着咸宁市电力行业在推动产业升级和创新发展方面迈出了关键性的一步。这一举措旨在汇聚三家企业的 13 家创新工作室的研发力量，围绕新型电力系统建设，组织电力设计、施工、运维等环节创新研究，每月轮值开展技术专业互动交流、创新项目选题研讨等活动，共建、共创、共享职工技术创新成果，共同应对未来电力科技的新挑战。打破传统的组织边界，通过全链融合、协同创新，形成一股强有力的电力系统产业链创新发展合力。

2024 年 7 月，为扎实推进咸宁市电力产业创新工作室联盟建设，发挥其在示范引领、技能传承、协同攻关、集智创新等方面的积极作用，有力地推动咸宁市高质量发展，咸宁市电力产业创新工作室联盟开展首次交流活动。省公司工会、咸宁市总工会相关负责人受邀出席，国网咸宁供电公司、湖北华耀达电气有限公司、华润电力咸宁公司的 13 家创新工作室的负责人参加了本次活动。

未来，咸宁市电力产业创新工作室联盟成员之间将进一步加强技术融合，立足岗位解决实际问题，为“三型三强”电网建设再立新功。联盟牵头负责人在本次活动中发布了 2024 年“揭榜挂帅”创新课题。

活动过程中，咸宁市电力产业创新工作室联盟现场揭牌，与会人员参观了咸宁公司输电全景智慧监控中心和领跑创新工作室。在座谈环节，13 家创新工作室的代表介绍了各自的创新工作室，分享了创新成果。其中的“一种调门油动机的油路控制系统”“电网友好型光伏逆变器”“车载式移动跨越架”等创新项目备受好评。

此次交流活动的成功举办，标志着电力产业创新联盟正式进入实质性运作阶段，促进职工创新工作室建设从高速度发展向高质量发展，从各自创新到联盟共享，从专业塑造到全要素、全链条打造的升级转型。下一步，创新工作室联盟将继续秉持创新精神，加强合作交流，发挥示范引领、技能传承、协同创新的作用，推动咸宁市电力产业迈向新高度。

第七章　电网企业职工技术创新过程案例研究

本章共分三个部分：首先，确定案例研究方法，本研究根据研究问题与现实情境，选择单案例研究方法；其次，根据研究问题与理论框架，确立案例企业，并整合选定企业信息，围绕研究问题对其进行介绍；最后，明确案例数据收集方法，介绍数据收集情况，在此基础上确定本研究案例数据分析策略。

一、案例研究方法选择

案例研究方法可以被描述为“使用多个数据源，通过与经验数据进行比较分析，形成对现象的语境化理解，目的是对抗理论”（Hoorani et al.,2019）。案例研究擅长回答“how”“why”的研究问题（Yin,2009），它被公认为了解复杂社会现象的卓有成效的方法（Cakar & Aykol,2021），具有处理各种证据的独特能力，并能够反映案例所处的背景条件，从而保留了主体的整体视角和现实情境视角（Stake,2005）。案例研究方法被广泛用于社会科学的学科与领域，研究与个体、团队和组织相关的不同的社会和政治现象（Yin,2009）；同时，案例研究主要用于那些经验证据很少，未被探索或未被充分研究的主题（Çakar & Aykol,2021），为学者提供了现象中的深层隐含意义（Hollinshead,2004）。

根据目标案例的数量，案例研究被分为单案例研究和多案例研究。单案例研究需要新奇见解与极端启发性，其研究发现往往具有特殊性；多案例研究则注重复制逻辑，即通过跨案例比较分析，找到事物之间的共性规律（毛基业等，2018）。在选择多案例研究还是单案例研究上仍存在争议。黄振辉（2010）认为，多案例研究在理论解释方面相较于单案例研究更具有优势。但是，单案例研究也有其独特优势，相较于多案例研究方法，单案例研究是针对关键、不寻常、启示性或纵向案例的适当研究方法（Yin,2009）；其突出的优势在于能够获取更为翔实、全面且深入的数据，进而开展更为精确且聚焦的分析（黄振辉，2010）。此外，从事单案例研究方法的研究者往往能够深入现场进行细致的观察，因而能够排除某些干扰因素，对研究发现的针对性与解释性有所保障。

考虑研究问题总是被视为在给定的研究中使用何种研究方法的关键选择标准（Bowen,2005），因此，要根据研究问题对案例研究方法进行选择。本研究的研究问题是探索职工创新是如何被驱动的，又是如何由个体层面向团队层面、组织层面扩展的，并最终在组织层面以制度的形式确立、推广。这些问题属于“how”的范畴。此外，本研究需要对案例企业进行深入的剖析，揭示其发展脉络与演进过程，从而形成对职工创新全面且深入的分析。综合案例研究的研究问题范畴，本研究拟采用单案例研究方法进行分析。

Hammersley（2019）认为，扎根理论是众多定性研究方法中最具科学性与规范性的方法之一。扎根理论主要分为三个流派：经典扎根理论、程序化扎根理论与建构性扎根理论。本研究基于实地观察、访谈结果与文献回顾的综合分析，提出了研究问题，在数据编码开始时便已形成了较为浅显的理论预设，并且，本研究着重探讨过程机制，即职工创新是如何由个体层向团队层、组织层展开的，最后又是如何被组织以创新工作室的形式在组织内部形成制度化。基于上述分析，本研究将选取程序化扎根理论进行案例研究。具体操作流程如图 7-1 所示。

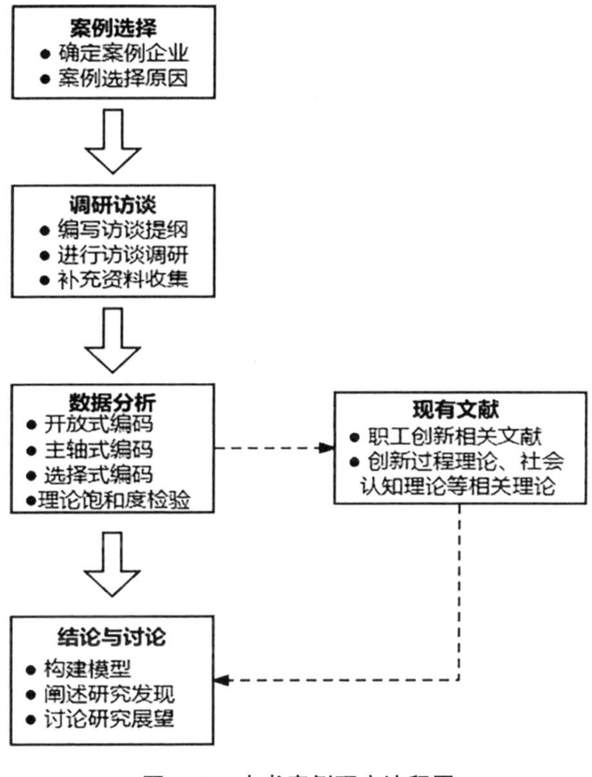

图 7-1　本书案例研究流程图

二、案例企业选择

本研究基于研究问题，结合现有研究资源，根据可行性分析结果，采用单案例研究方法。该方法虽然存在一定的缺陷，但是在极端情境下，仍有机会获得有价值的研究发现（吕力，2014）。单案例研究方法对案例选择标准有特定的要求，往往需要选择极具代表性与示范性的典型案例，强调能够通过案例分析突出情境、展示过程、揭示关系，将一个引人入胜的故事娓娓道来（黄江明等，2011）。结合本研究聚焦的问题，本研究选定国网湖北电力作为本研究的案例企业。

（一）案例企业介绍

1. 案例企业发展情况。国网湖北电力是国家电网有限公司的全资子公司，历史底蕴深厚，肩负着湖北省电网建设、管理和运营的重要职责。它见证了湖北电力工业从无到有、从小到大的发展历程，为湖北的电力事业发展作出了卓越的奉献。

回望国网湖北电力的发展历程，其起源可追溯到近代官营的工矿企业。具体而言，1893 年，湖广总督张之洞在武昌创办的湖北织布官局，首次引入了电灯照明技术。这一举措不仅实现了局部区域的照明，更象征着湖北电力工业的诞生。短短十余年后，1906 年，“汉口既济水电公司”成立，标志着湖北公用电力事业的开端，为湖北近代化进程提供了强有力的电力保障。

近年来，国网湖北电力响应时代发展要求与党中央的号召，把握住了前所未有的发展机遇，积极发挥职工创新的关键作用与带动作用，致力于构建具有中国特色国际领先的能源互联网企业。国网湖北电力通过持续的变革与创新，现已成为全国电力行业各公司争相学习的典范，并在检修技术创新领域中取得了一系列显著成果。依托设立的创新工作室等职工创新平台，国网湖北电力在高新技术创新方面取得了重大突破，特别是在超特高压输电领域达到了国际先进水平。国网湖北电力已迅速进入快速发展的轨道，为推动中国能源互联网领域的创新与进步作出了显著的贡献。

2. 案例企业职工创新发展情况。国网湖北电力开展职工创新工作以来，认真贯彻国家电网关于创新型企业的建设要求，持续加强职工创新工作统筹规划，丰富、拓展创新载体平台，加强职工培训与激励，拓展创新成果转化渠道，促进内部融合与外部协同，探索构建企业创新生态环境。

国网湖北电力深刻地认识到职工在创新工作中的主体作用，注重培养职工的创新意识和创新能力，鼓励职工提出新想法和新项目，确立容错机制与创新氛围，尽力提供资源支持和政策保障，将创新纳入劳模工匠选树标准，引领职工创新，形成了大批优秀创新人才与职工创新成果，创新创效效果卓越。

在职工个体创新卓有成效的基础上，国网湖北电力汇聚创新人才，发挥规模效应与平台效益，在工作班组的基础之上确立了创新工作室制度，以职工创新工作室作为职工创新工作开展的载体与抓手，共成立了 149 个职工创新工作室。各创新工作室秉持创新驱动发展理念，致力于优化资源配置，成为岗位创新的动力源、创新人才的孵化器、项目攻关的先锋队、创新文化的引领者和团队前行的方向标，在关键技术攻关、成果培育和队伍建设等方面取得了显著的成效，提升了公司的创新能力和水平。

目前，在国网湖北电力的 149 个创新工作室中，共有省级 46

个（黄南创新工作室、光美安全工作室、领跑创新工作室等），省公司（地市级）级121个（黄强电网工作室、秭归劳模创新工作室、量子星空创新工作室等），市（县）公司级22个（李均劳模创新工作室、芯睿职工创新工作室、未来电网设备智慧运检技术研究室等）。创新工作室涵盖了规划设计、调度、输电运检、变电运维、变电检修、营销、数字化、安全生产等专业方向。国网湖北电力职工创新工作开展效果较好，149个创新工作室包含了各个层级、多个专业、众多职工，具有示范性与代表性。

3. 案例企业职工创新示例。以“胡洪炜创新工作室”为例。胡洪炜既是劳模工匠又是创新人才，他是一名退伍军人，转业至国网湖北电力成为一名外线工人，全新的工作环境与工作内容充满挑战。在师父闫旭东与汤正汉的言传身教下，他成为一名优秀的电力工人，也在工作过程中逐步走上了创新之路。

胡洪炜作为一名外线工人，在20余年的基层工作中积累了丰厚的工作经验与技能知识，面对日常工作中烦琐、复杂、危险的工作任务，他萌生了以创新思维解决问题的想法。他立足生产实际，从生产问题入手寻找新的解决办法，探索“轻巧省”的工作器具与工作技艺。在创新过程中，虽然胡洪炜经验丰富、创新意识与能力都较强，能够提出解决问题的创意，但是毕竟个体力量薄弱，容易遇到难以解决的问题，从而影响创新进程，创意难以进一步向创新转化。此时，胡洪炜需要团队的支撑与支持。同时，胡洪炜身边也有一批志同道合的同事——李明、胡志鹏等，他们或是面对同样的工作问题，或是具有相似的创新爱好，逐渐形成了一个非正式的创新团队，以此为平台，在工作之余进行探讨、试验，共同解决创新难题，从而推进创意的进一步转化，使之不仅停留在思维层面。同样，创意向创新的转变需要大量资源，要实现商业化与市场化则更为艰难。

非正式创新团队在组织内部缺乏“合法”的地位，缺乏物质资源（原材料、实验设备、实验场地等）；同时，团队成员大多为普通职工且工作内容相近，虽然工作经验丰富，但缺乏先进技术。面对这一困境，胡洪炜与同伴选择寻求组织的帮助，通过组织支持获取创新活动必需的物质资源与技术资源，最终将创意转化为创新成果，打造“轻巧省”的工作器具，切实解决工作问题。同时，成果的商业化与市场化离不开组织在创新成果转化领域的专业服务与政策，因此，非正式创新团队进一步借助组织的影响力与支持政策，推进创新成果转化，实现创新成果的商品化与市场化。由此，胡洪炜开展的职工创新活动跨越了三个层面，由个体层面的发现问题、提出创意，转变为团队层面的成立非正式创新团队、推广创意，又进一步演化为组织层面提供资源与支持、实现创新成果的商品化与市场化，创意在这一过程中实现了向创新的演变。

胡洪炜创新团队以这种创新模式，解决了多个实际问题，产出了大批创新成果，在武汉检修公司、国网湖北电力甚至是国家电网公司都获得了广泛的认可。为了进一步发挥创新团队的规模效益与带动效应，国网湖北电力成立了“胡洪炜创新工作室”，将非正式创新团队制度化为正式的创新工作室，为胡洪炜及其团队成员提供了一个正式开展创新活动的平台，使创新成为一种常态化活动。“胡洪炜创新工作室”成立后，团队成员感到非常自豪，认为自己的创新活动被组织认可了，期望能够用更多的创新成果证明创新工作室的创新能力，使得创新工作室名副其实。与此同时，“胡洪炜创新工作室”的成立不仅对职工创新与团队创新具有重要意义，而且对培养创新人才也产生了较大的作用，工作室先后培养了刘继承、闫宇、张楚谦、张剑等大批劳模工匠、创新人才，充分体现了创新工作室作为开展职工创新工作载体的实效性。

（二）案例企业选择的原因

本研究选取国网湖北电力作为案例研究对象，主要基于以下四个方面的考量：

一是具有代表性。职工创新在国有企业情境中更具代表性。作为国有大型企业，国家电网公司承担着推动产业工人队伍高质量发展、促进企业自身创新发展的重任，在职工创新方面，面临着与其他国有企业相似的挑战。近年来，国家电网公司在对一线职工创新的宣传和建设方面作出了显著的努力，致力于发展新时代职工创新并构建职工创新体系。湖北省作为中部大省，国网湖北电力在国家电网的职工创新建设工作中表现突出，其职工创新建设的发展历程具有一定的代表性。

二是具有发展性。国家电网属于电力行业，职工肩负的建设和维护任务繁重，在日常工作之余，缺乏足够的精力和资源进行创新。此外，职工技术水平不足，创新意识与自觉性有待提高，如何更好地开展职工创新，以职工创新促发展，成为急需解决的问题。然而，随着国家电网进入发展新阶段，国网湖北电力也迎来新的发展机遇，在新时代背景下，探索如何进一步提升职工创新的效益具有发展性。

三是具有前瞻性。国家电网职工在创新意识方面表现出较强的活力，对于职工创新的研究也相对丰富。在工会实践中，国家电网对职工创新给予了高度重视，针对职工创新建设进行探索，为其他国有企业，尤其是能源类国有企业提供了宝贵的经验和启示。作为国家电网的全资子公司，国网湖北电力在职工创新方面进行了深入的探索，通过实地调研、与高校专家合作等方式，取得了一系列丰硕的研究成果和实践成果，并率先探索出了先进的职工创新建设路径。因此，将国网湖北电力作为案例研究对象具有前瞻性。

四是具有资料可获得性。本研究团队与国网湖北电力保持着长期的咨询合作关系，共同致力于该研究主题的深度探索。通过与国网湖北电力的合作，本研究获得了坚实的调研访谈支持，得以获取更深入、更丰富、更翔实的资料，数据来源可靠、可得性高，并且能够及时围绕研究问题与企业人员展开沟通，在一定程度上能够保证研究成果的信效度和完整性。

三、案例数据收集与分析策略

（一）案例数据收集

出于保证研究结论的全面性、精确性与科学性的考虑，案例研究往往采用多种渠道获取所需的数据资料。案例研究有 6 类数据源：文件记录、档案记录、调研访谈、直接观察、参与式观察与物理人工制品（Yin,2009），通过多元的数据来源推动构成研究数据的“三角验证”证据链。本研究遵循灵活性、非线性、开放性、可持续性的原则，通过多种方式收集数据。

1. 二手数据。首先，通过中国知网、万方数据库、百度学术、WOS 、EBSCO、Google School 等文献查询网站下载职工创新、职工创新行为、创新工作室、职工创新工作室等与本研究相关的文献，了解研究现状。其次，在百度、微博、知乎、微信公众号等网络平台，以“职工创新”“国网湖北电力”“国网湖北电力职工创新”“国家电网职工创新工作室”等关键词进行检索，尽可能地扩充与案例企业、案例情境相关的信息与资料。最后，进入国家电网、国网湖北电力官方网站，收集国网湖北电力发展历程、职工创新创效成果、职工创新工作室发展历程、创新工作室规章制度等与本研究密切相关的信息，为后续研究提供数据支持。二手资料收集情况如表 7–1 所示。

表 7–1　二手资料收集情况表

资料来源	资料内容	字数
课题资料	国家电网职工创新、工匠团队等相关课题报告和相关材料	约 4.8 万字
新闻报道	国网湖北电力职工创新、职工创新工作室相关报道	约 13.2 万字
书籍手册	职工创新作品集、创新工作室宣传手册等	约 8.7 万字
合计	—	约 26.7 万字

2. 实地调研。研究团队多次前往国网湖北电力、湖北检修公司、胡洪炜创新工作室、无人机巡检中心等地进行实地走访与观察。通过实地调研，观察职工的工作状态，感受工作团队的氛围与文化；通过参观创新工作室的荣誉展览厅、职工创新创效成果展示区，对职工创新成果、创新工作室成效有了初步认识；通过参观创新工作室中的创新讨论区，根据场地设置与关于规章制度的墙面张贴对职工创新与创新工作室的运作流程更为熟悉。此外，研究团队为全面了解职工创新工作的开展情况，跟随国网湖北电力职工创新工作组前往江苏、山东等地进行实地调研，深入了解国网江苏电力、国网山东电力在职工创新工作中的先进做法，对职工创新的最

新发展形成了一定的认识。

3. 正式访谈。本研究主要采用正式访谈中的半结构化访谈法，根据研究问题与案例企业实际情况，设置访谈提纲，引导后续的访谈进程。同时，本研究对访谈人员的数量与研究层级多样性也进行了确认，由一名指导老师、一名博士和三名硕士研究生组成访谈小组，就设置的访谈提纲反复讨论与修改，并邀请企业管理者参与讨论进程，保证访谈提纲符合实际情境。收集访谈资料共两次，第一次为 2023 年 3 月，第二次为 2023 年 7 月。根据本研究主题“职工创新影响过程的多层次动态演化”以及具体的研究问题和操作可行性，研究团队确立了四类访谈主体（管理人员、职工创新代表、创新工作室代表、其他一线职工代表）。访谈结束后，共有 16 位有效被访者，获得访谈音频 16 份，累计获得访谈数据约 16.2 万字。具体被访谈人员信息见表 7–2。

4. 非正式访谈。研究团队与国网湖北电力和典型职工创新工作室的相关管理者保持长期联系，能够在线上端口（微信、腾讯会议、通话等）对研究问题及时进行对接；同时，能够前往企业会议室根据研究情况进行线下讨论，能够及时探讨交流研究过程中的数据需求，从而获取补充材料。

（二）案例数据分析策略

本研究探讨的职工创新是在特定情境下发生的，受限于时间与资源，本研究未能对案例企业的职工、职工创新工作室保持长期的追踪与访问，为弥补这一缺陷，在调研访谈过程中，访谈小组采用较为客观的问题引导受访者回忆并叙述其亲身经历；同时，收集案例企业的课题资料、新闻报道、书籍手册等二手数据，形成了案例

表 7-2 被访谈人员信息表

访谈对象	编码	访谈时长	转录字数
创新工作室负责人 1	FT-1	45 分钟	约 0.8 万字
创新工作室负责人 2	FT-2	60 分钟	约 1.2 万字
创新工作室负责人 3	FT-3	60 分钟	约 1.0 万字
带电一班副班长	FT-4	45 分钟	约 0.9 万字
带电一班一线职工 1	FT-5	30 分钟	约 0.7 万字
带电一班一线职工 2	FT-6	30 分钟	约 0.6 万字
带电二班副班长	FT-7	40 分钟	约 0.8 万字
带电二班一线职工 1	FT-8	45 分钟	约 0.9 万字
带电二班一线职工 2	FT-9	30 分钟	约 0.7 万字
职工创新代表 1	FT-10	60 分钟	约 1.2 万字
职工创新代表 2	FT-11	60 分钟	约 1.0 万字
新入职员工代表	FT-12	45 分钟	约 0.8 万字
国网湖北电力工会副主席	FT-13	120 分钟	约 1.9 万字
国网湖北超高压公司工会主席	FT-14	90 分钟	约 1.6 万字
国网湖北超高压公司输电检修中心工会主席	FT-15	45 分钟	约 0.9 万字
国网湖北电力工会生产生活处专责	FT-16	60 分钟	约 1.2 万字
合计	—	865 分钟	约 16.2 万字

资料库，尽可能地确保所收集的资料数据能够真实地反映实际情况。基于深入、翔实、丰富的数据资料，本研究将展开数据分析。

单案例研究的数据分析过程，本质上是对案例的发生、发展过程中获得的数据资料进行编码、分析和逻辑演绎，旨在获得案例活动的内在规律与深层机制（李亮等，2020）。在资料处理过程中，首先对访谈记录进行编码分析，并进行理论饱和度检验：本研究依据程序化扎根理论的数据处理程序，即“开放式编码—主轴式编码—选择式编码”进行数据分析（Strauss & Corbin,1990）。

本研究在主要编码的持续提炼中，不断在数据与现有文献之间切换、对话，扮演了“知识中介人”的角色（Gioia et al.,2013），运用现有的概念与理论来解释数据。同时，研究人员秉持批判性思维，洞察数据蕴含的深层含义。对存在争议的概念和范畴，本研究团队在内部综合讨论与听取专家意见的基础上，进行修订和删减，以减弱编码者主观意见对编码结果造成的影响，从而保障并提高编码的客观性。本研究采用的数据分析方法、步骤、结果详见下文“案例数据编码”。

四、案例数据编码

本研究采用程序化扎根理论对案例数据进行编码处理，为确保研究的严谨性，本章将严格遵循程序化扎根理论规定的三大数据处理步骤：首先进行开放式编码，然后进行主轴式编码，最后进行选择式编码。本章在对案例资料数据进行编码的过程中，充分尊重客观材料，在此基础上灵活运用了逐行、逐段以及逐事件的编码原则。最后，对编码结果进行理论饱和度检验。

（一）开放式编码

1. 开放式编码过程。开放式编码是一个对案例资料与数据进行深入分析的过程，包含分解、检视、比较、抽取、概念化与范畴化（Strauss & Corbin,1990）。这一过程主要遵循初始概念与初始范畴这两个步骤，其中，初始概念是由贴标签和概念化两部分组成的（Strauss & Corbin,1990）。

遵循上述编码规则与要求，本研究在开放式编码过程中，依据案例资料中反映职工创新过程、创新工作室、组织制度化等行为、事件的句子段落，对收集的访谈数据与二手资料进行了反复推敲、打磨与分析，在数据收集、数据编码和补充收集数据、编码修正的多次循环之后，最终确定了本研究的编码结果。

第一阶段“贴标签”，共确定了210个自由节点，将其编码前缀设置为a；第二阶段“概念化”，在“贴标签”的基础之上，反复对210个自由节点的内容含义进行比较，将反映同一客观现象的自由节点归纳为一个树节点，对每一个树节点进行命名，从而确立一个概念，本阶段共确立了88个一级树节点，将其编码前缀设置为A；第三阶段“范畴化”，在上述两个阶段的基础之上，将反映同一现象或类似现象的相似概念进行整合，将其整合为一个新的二级树节点，并对其进行命名，从而形成范畴，本阶段共确立了39个二级树节点，将其编码前缀设置为AA。

由此，本研究最终在开放式编码过程中形成了210个标签、88个概念和39个范畴。由于开放式编码内容过多，在此仅对部分结果进行举例（见表7-3）。

表 7-3　开放式编码结果举例表

案例材料	贴标签 a（部分）	概念化 A	范畴化 AA
取油的时候，我们变电站的室外温度是 39 摄氏度，油温是 60 摄氏度，太阳还晒着，人还得蹲着，确实是汗流浃背，现在想起来感觉很辛苦，但当时其实没那么累，可能这就是激情，这就是对岗位的热爱吧（FT-1）	a1 可能这就是激情，这就是对岗位的热爱	A1 爱岗敬业	AA1 个体特质
为了保证项目早日投运，发挥节能减排成效，我那时候几乎天天加班到深夜，是有困难，但是共产党员就得冲在前，干在先，公司把这个项目交给我，我必须把它做好、做细、做实（FT-3）	a19 共产党员就得冲在前，干在先，必须把它做好、做细、做实	A2 责任担当	
当时，黄南所在班组的 QC 成果名落孙山。才参加工作不久的黄南却有一股不甘心、不服输的劲儿。比赛结束后，他到班长面前主动请缨，信心满满地表示："明年看我的，一定能拿奖！"（SJ）	a8 不甘心、不服输的劲儿	A3 坚韧不拔	
平时就喜欢钻研各项电力业务技能的许昂，常常主动给其他班组的老师傅们"搭把手""出份力"，在工作中锤炼自己的专业技能，丰富自己的知识结构，提高自己的实操水平，成为东西湖区供电公司检修工区里名副其实的"多面手"（BD）	a82 名副其实的"多面手"	A4 技艺精湛	
扎根一线多年，实操工作的长期积累和不懈钻研，练就了胡洪炜一双发现问题的"慧眼"（BD）	a12 经验积累练就"慧眼"	A5 经验丰富	
因为不墨守成规、爱琢磨事，总喜欢想办法，用小点子、小发明来解决工作难题，李明走上了一条自己也没想过的创新之路（BD）	a11 不墨守成规，爱琢磨事	A6 创新思维	

续表一

案例材料	贴标签 a（部分）	概念化 A	范畴化 AA
黄南为了搞好创新，根据发现的问题，结合自身作业实际，一遍遍地梳理现场工作中出现的疑点、难点，他说：“现场工作中出现的疑点、难点往往就是创新的切入点，创新想法的来源。”（SJ–1）	a9 梳理现场工作中出现的疑点、难点	A18 梳理要点	
我工作的时候只要条件允许，我一有好的想法，我就及时记在笔记本上，而且睡觉的时候我也喜欢脑袋放空，那个时候思维最活跃了，床边专门放个本记录（FT–5）	a128 一有好的想法，及时记在笔记本上	A19 记录在册	AA6 记录总结
为了听懂设备的变化语言，十几年来他坚持收集各类设备声音图谱，整理了几十万字的学习笔记，并且从中提炼了设备声音的关键点，形成了集辨别声音、声音特征、问题成因、解决办法等于一体的设备声音检修体系（BD）	a124 整理学习笔记并成体系	A2 整合体系	
我们班组成员的动手能力强、业务水平高，遇到问题基本上都能够独当一面，极大地提升了工作效率，而且工作质量也很有保证（FT–2）	a74 班组成员动手能力强、业务水平高	A27 成员技术基础	AA10 工作团队基础
电力作业其实比较特殊，任务难度有高有低，但是这个安全性，其实一个搞不好就危险了，所以每一次出勤，其实都是一次作战，我们可不光是同事，也是并肩作战的战友嘞，大家都有感情了（FT–5）	a130 并肩作战的战友，有感情	A28 成员关系基础	
当时我们班组就 6 个人，都是一线的，虽然我们人不多，但是大家都了解生产一线迫切需要解决的问题，也对创新有热情，肯定是希望能够通过研发工器具来提升工作质效（FT–7）	a176 虽然人不多，但对创新有热情	A29 成员创新认知	

续表二

案例材料	贴标签 a（部分）	概念化 A	范畴化 AA
公司给我们找了转化经理人，能够全流程地帮助我们进行成果转化，像一个成品，他直接能根据什么标准给我们转化成商品，再估值生产，啥都不用管（FT–8）	a183 转化经理人将成品转化为商品，估值生产	A61 商品化	AA26 成果转化
转化经理人能根据市场需求进行调研，毕竟买的人也不都是国家电网的，他们根据市场的需求对我们的成品进行反馈，我们就能根据这个东西想想，说不定能出个 2.0 版本（FT–8）	a186 调研市场需求，根据市场需求对成品进行反馈	A62 市场化	

2. 标签范畴化举例。为了更加清晰地呈现开放式编码的具体过程，下面对“AA3 榜样引领”范畴化的编码过程进行较为详细的阐述。范畴“AA3 榜样引领”由“A11 技艺传承”“A12 精神指引”“A13 创新启发”概念聚合而成，而每一个概念又是由相应的标签组成，并且标签的数量至少为 2 个，因此最终形成的范畴是规范可信的。

（1）“A11 技艺传承”的概念化过程。“刚开始我对电力工作并没有太清晰的概念，学校里学的那套也用不上，是师父一直带着我做项目，那真是手把手地教，注意不到的细节他都给我说得特别清楚，让我从一个门外汉能入门了，慢慢也精通了。”（FT–4）这是胡洪炜在接受访谈时对自己技艺成长过程的描述，他是一名转业军人，没有接受过系统的电力培训，是他的师父汤正汉手把手地将技艺传授于他。

一篇题为《两个电网牛人的师父》的报道写道：“我（胡洪炜）在爬软梯时腿会发抖，师父就手把手地教我怎样爬梯更快、更安全，他认真观察我的每一个动作、每一个细节，帮我总结，帮我提高。”（BD）因此，给上述访谈资料与新闻报道中的描述贴标签为“a50 师父手把手地教，从门外汉到入门再到精通”。

李明在访谈时也对师父的技艺很有感慨，“2012 年，那年我刚参加工作没多久，我就跟着师父来到新建变电站的施工现场，从一次设备到二次设备，从电气安装到保护调试，都是他们自己上手干，虽然他们满身是汗，但是手上的功夫没停，活也干得特别好，他们都是技术标杆”。（FT-6）一篇报道中的内容也验证了李明的回忆，其中写道：“‘虽然那时候充满汗水和艰辛，但我收获很多，每天都过得很充实。’李明回忆道。各位师傅高超的技术水平给他的前行之路立下了标杆、指明了方向，更加坚定了他‘向下扎根、向上生长’的决心和意志。”（BD）因此，给上述访谈资料与新闻报道中的描述贴标签为“a123 师傅们高超的技术水平给我立下标杆、指明方向”。

标签“a50 师父手把手地教，从门外汉到入门再到精通”“a123 师傅们高超的技术水平给我立下标杆、指明方向”，一个体现了理论技术、实操技术在师徒之间的传承，另一个体现了师父高超的技术要求对徒弟技艺发展的影响，两者共同体现了电力行业中技术的传承与发展。因此，a50 与 a123 两个标签共同形成了概念“A11 技艺传承”。

（2）“A12 精神指引”的概念化过程。“今年夏天，我们班组连续几周在车城终端等多处典型环流异常段开展试验。一次，天气骤变，突然暴雨如注，就一个同事带了遮阳伞，为了保护试验设备，我们每个人都淋成落汤鸡了，而且师父为了找到合适的转动马达，利用周末直接自费跑遍了周边几个城市所有的电器市场，这种不计

较得失、无私奉献的品质，特别让我感动。”（FT–5）

“刚刚来到一线，面对师傅们一连串听不懂的专业术语和一系列看不懂的地图符号，李哲多少有些茫然无措，不知道从何学起、从何做起。但彼时师父的一句‘丫头，别怕，年轻人要在战斗中学习战斗，做好每个细节，在岗位中磨炼技艺’，激发了她心中的无穷斗志。”（BD）

“我师父就是检修‘万事通’，跟着他不仅能学习知识，更重要的是从他身上还学习了老一辈检修人做事认真负责、一丝不苟的精神品质，我感觉他们身上的工匠精神，值得我好好学习，并且还得运用在工作中，早日成为像他们那样的人。”（FT–2）

“工匠身边出工匠，楷模身边出楷模，汤正汉和胡洪炜既是师徒，又是工匠，在他们的影响下，身边也会聚起了一批优秀的青年同志，他们以汤正汉、胡洪炜为目标，爱岗敬业，守正创新，不断提升自己的能力与水平，带电二班的人才层出不穷，成果层出不穷，成绩卓越。”（BD）对以上访谈内容与报道讯息贴标签，得到“a147 不计较得失、无私奉献的品质，特别让我感动”“a51 师父的一句话激发了她心中的无穷斗志”“a52 老一辈检修人做事认真负责、一丝不苟的精神品质”“a83 工匠身边出工匠，楷模身边出楷模”等 4 个标签。根据上述标签反映现象的相似性，将 a147、a51、a52、a83 等 4 个标签概念化为“A12 精神指引”。

（3）“A13 创新启发”的概念化过程。“在施工过程中，我有不懂的就向我师父谢正义请教，他总能用通俗的话语给我解释明白了，而且他真的很厉害，那时候我们制作电缆终端需要人工折弯，费时费力，师父竟然能从照相机三脚架中借鉴过来思路，直接用中轴伸缩的技术，角度特别准，而且时间也缩短了很多，效果太明显

了，直接就把我的这个创新热情给点燃了。”（FT–13）

“我最开始搞创新，就是我师父带着我，他问我：‘小王，现在到处都在讲用创新提质增效，要不我们也参与一下？’然后，我们俩就开始想作业中有什么是我们能使上劲的，师父就带着我发现问题，带着我、指导我，我才尝试着对施工工具器具进行创新。”（FT–13）

“我跟着师父学到了特别多，从看着师父搞小发明，到帮着师父，现在也能自己做一些小发明、小创造，其实师父教会我的不仅是创新研发的方法，更多的还是教会了我如何用创新思维解决实际问题，不用他指出来，我自己也能看到问题，看看能不能想办法去创新了，这给我帮助特别大，而且我知道就算我遇到难题，师父也在后面呢。”（FT–5）

“我跟着炜炜哥一起爬铁塔、去现场，掌握了带电作业的各种技术细节，也看着炜炜哥和班长他们一起发明新玩意儿，那些小发明我也用了，真是不起眼但特别有用，他们创新真的特别厉害，那我也要学着创新，感觉创新的基因已经烙印在我心上了，我肯定也是得把这个创新基因给传承下去。”（FT–1）

以上访谈内容经过贴标签这一过程后，最终形成“a148 师父点燃了徒弟对创新的热情”“a149 师父带着徒弟参与创新提质增效”“a124 师父教会了我如何用创新思维解决实际问题”“a6 创新的基因烙印在了他的内心”等 4 个标签。根据上述标签反映现象的相似性，将 a148、a149、a124、a6 等 4 个标签概念化为“A13 创新启发”。

（二）主轴式编码

开放式编码将访谈资料、报道讯息等分割成了各个范畴，但是还无法解释范畴与范畴间的内在关系，因此，还需要在此基础上对范畴的属性与内涵继续挖掘与分析，从而进一步划分范畴，发现与解释我们研究的现象（谢开宇等，2016）。由此，进入主轴式编码过程，其主要任务就是将开放式编码中被分割的资料，通过进行聚类分析，进一步得出范畴与范畴间的联结关系，进而呈现数据资料各个部分之间的有机关联（王扬眉等，2020）。本研究共得出“个体创新驱动”“个体行动”“个体创意生成”“团队创新驱动”“组成创新团队”“团队创意推广”“组织创新驱动”“组织协作”“创意成型转化”“组织制度化驱动”“组建创新工作室”“创新工作室制度化”“制度化反馈”等13个主范畴，各个主范畴对应的范畴与包含的概念集如表7-4所示。

表7-4　主轴式编码结果汇总表

主范畴	对应范畴	包含的概念集
个体创新驱动	个体特质	爱岗敬业，责任担当，坚韧不拔，技艺精湛，经验丰富，创新思维
	组织支持	组织认可，制度保障，硬件支撑，发展机会
	榜样引领	技艺传承，精神指引，创新启发
	个体任务需求	解决现实问题，工艺改进
个体行动	观察感知	观察特性，感知问题
	记录总结	梳理要点，记录在册，整合体系
	反复试验	反复试验
个体创意生成	灵感涌现	突发式灵感，联想式灵感

续表一

主范畴	对应范畴	包含的概念集
团队创新驱动	个体能力不足	知识储备不足，硬性资源匮乏，决策权限有限
	工作团队基础	成员技术基础，成员关系基础，成员创新认知
	传帮带理念	注重培养，示范带动
	团队任务需求	技术考验，工期要求，协作需求
组成创新团队	团队探讨	分享观点，达成共识，提出方案
	团队试验	模拟试验，现场试验
	团队反思	技术反思，流程反思
团队创意推广	创意改进	工艺优化，思路优化
	创意推广	创意推广
组织创新驱动	团队能力不足	团队创新瓶颈，团队资源匮乏，成果转化困难
	组织条件	跨部门合作，成果转化成熟，资金基础
	战略引领	战略转型，战略需求
	组织任务需求	技术需求，降低组织成本
组织协作	资源扶持	搭建交流平台，资金支持，技术支持
	组织试验	组织试验
	组织反思	组织反思
创意成型转化	成果成型	创新成果成型
	成果转化	商品化，市场化
组织制度化驱动	组织基础	资源优势明显，管理制度完善，创新氛围优越
	群众呼声	人才需求，常规化需求，创新需求，传承需求
	政策引领	政策引领
	技术环境	技术环境改变
	成效卓越	提质增效，助力传承创新

续表二

主范畴	对应范畴	包含的概念集
组建创新工作室	调研总结	调研总结
	宣传推广	表彰事迹，培训宣讲
	试点推行	小规模试点，复制推行
	反馈改进	吸收意见，改进优化
创新工作室制度化	制度化	确立制度
制度化反馈	激励职工创新	分红激励，成就激励，发展激励
	激励团队创新	身份激励，凝聚激励，信任激励
	激励组织创新	人才激励

（三）选择式编码

本研究已在主轴式编码过程中确立了相应的主范畴，但是，只有在主范畴被严密地整合为一个较大的理论框架时，才能使研究在整体意义上具有发展成为理论的可能性（周文辉等，2015）。选择式编码的实质是甄别核心范畴，也就是数据的核心部分，通过分析核心范畴与主范畴之间的关联，建立理论框架（李晓婵，2023）。在这一步的编码中，通过描述现象的“故事线”来挖掘核心范畴，确立各个核心范畴之间的关系，将其按照一定的逻辑有机地联结起来，并进一步通过资料与正在成型的理论之间的互动来完善各个范畴及其相关关系，从而搭建起本研究的理论框架（Strauss & Corbin,1990）。

如表 7-3 所示，本研究先对 13 个主范畴进行比较分析，剔除无关范畴，合并相似范畴，补充已有范畴，对主范畴进行二次编码，形成核心范畴，最后根据“原因 / 条件→行为 / 互动策略→结果”这一经典范式（Strauss & Corbin,1998），将主范畴放入所属的类别，形成本研究的“故事线”，从而形成本研究核心范畴范式并构建理论模型。

1. 选择式编码过程。本研究在主轴式编码阶段获得 13 个主范畴，分别是“个体创新驱动”“个体行动”“个体创意生成”“团队创新驱动”“组成创新团队”“团队创意推广”“组织创新驱动”“组织协作”“创意成型转化”“组织制度化驱动”“组建创新工作室”“创新工作室制度化”“制度化反馈”。通过案例研究团队的讨论、对比、分析，未发现需要补充或剔除的主范畴，因此只需对主范畴进行聚焦与合并。通过将 13 个主范畴和已有理论进行对接和互动比较，并且对案例材料与情境进行深入分析，研究人员发现，可根据行为主体的差异，将 13 个主范畴分为“个体”“团队”“组织”；同时，也可根据职工创新以及职工创新工作室的事件发展脉络，将 13 个主范畴划分为“创意生成阶段”“创意推广阶段”“创意实施阶段”“创新工作室制度化阶段”。

在对主范畴进行分析，并根据行为主体的差异以及职工创新与职工创新工作室的事件发展脉络对 13 个主范畴进行分类的基础上，同时遵循“原因 / 条件→行为 / 互动策略→结果”这一范式，将主范畴进行归类，最终形成本研究的核心范畴。提取核心范畴的过程如图 7–2 所示。

2. 选择式编码结果。根据主范畴所属层级、所属阶段、所属类别，对核心范畴进行展示，核心范畴编码结果如表 7–5 所示。

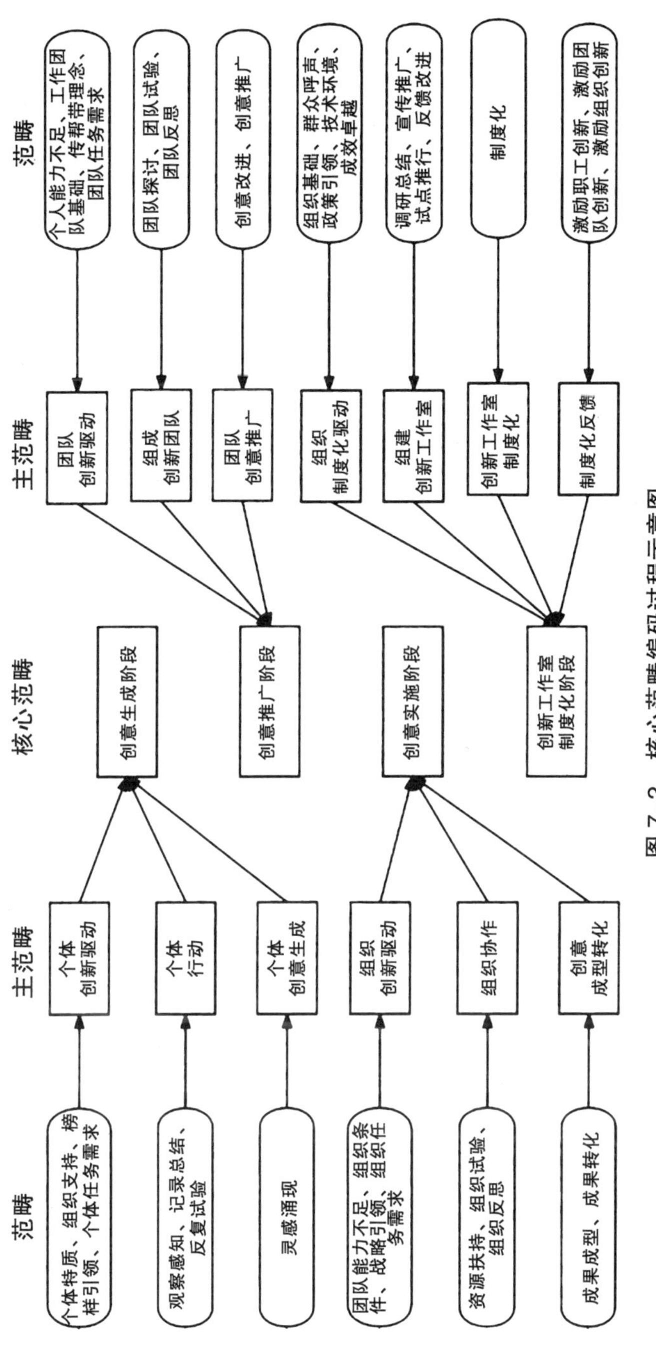

图 7-2　核心范畴编码过程示意图

表 7-5　核心范畴编码结果表

主范畴	所属层级	所属阶段	所属类别	核心范畴
个体创新驱动	个体	创意生成阶段	因果条件	创意生成阶段
个体行动	个体	创意生成阶段	行为 / 互动策略	
个体创意生成	个体	创意生成阶段	结果	
团队创新驱动	团队	创意推广阶段	因果条件	创意推广阶段
组成创新团队	团队	创意推广阶段	行为 / 互动策略	
团队创意推广	团队	创意推广阶段	结果	
组织创新驱动	组织	创意实施阶段	因果条件	创意实施阶段
组织协作	组织	创意实施阶段	行为 / 互动策略	
创意成型转化	组织	创意实施阶段	结果	
组织制度化驱动	团队 / 组织	创新工作室制度化阶段	因果条件	创新工作室制度化阶段
组建创新工作室	团队 / 组织	创新工作室制度化阶段	行为 / 互动策略	
创新工作室制度化	团队 / 组织	创新工作室制度化阶段	结果	
制度化反馈	团队 / 组织	创新工作室制度化阶段	结果	

通过主范畴二次编码，形成“创意生成阶段”“创意推广阶段”“创意实施阶段”“创新工作室制度化阶段”等 4 个核心范畴。结合访谈资料与二手数据资料，研究人员分析 4 个核心范畴后发现，职工是职工创新的主体，但职工的个人力量不足以支撑创新流程的完成，因此，职工创新涉及个体、团队、组织等 3 个层次，通

过非正式的创新团队完成创新流程，其具有的成效被组织以创新工作室的形式进行制度化，最终对个体、团队与组织后续创新形成激励。遵循“原因 / 条件→行为 / 互动策略→结果”这一范式，形成本研究的逻辑线（见图 7–3），核心范畴的具体逻辑关系阐述详见第四章中的案例分析与研究发现。

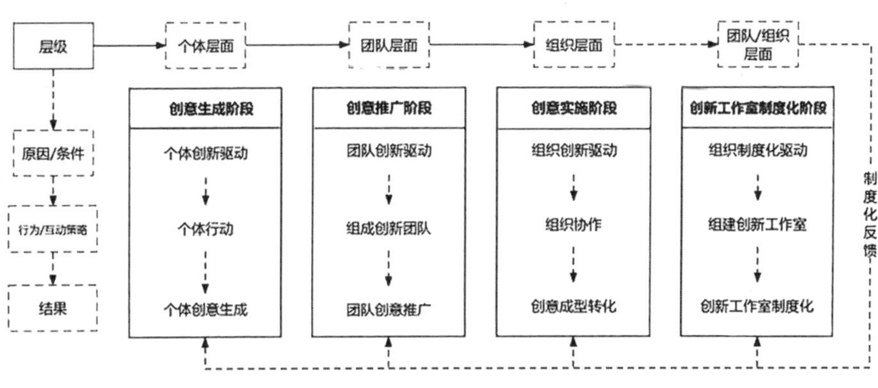

图 7–3　核心范畴模型图

3. 核心范畴编码引证。（1）创意生成阶段。核心范畴“创意生成阶段”共包含三个主范畴，即“个体创新驱动”“个体行动”“个体创意生成”，体现了个体层面上的职工创新的原因 / 条件（包括个体特质、组织支持、榜样引领等），以及相应的行为（包括观察感知、记录总结等），最终达成了个体创意生成的结果（灵感涌现）这一过程。具体编码情况与标签引证如表 7–6 所示。

表 7–6 核心范畴“创意生成阶段”编码与标签引证表

主范畴	范畴集	概念集	典型标签引证
个体创新驱动	个体特质	爱岗敬业	a1 可能这就是激情，这就是对岗位的热爱； a2 履行好岗位职责才是大事
		责任担当	a19 共产党员就得冲在前、干在先，必须把它做好、做细、做实； a77 主动请缨，承担攻关任务
		坚韧不拔	a53 破釜沉舟的必胜信念； a8 不甘心、不服输的劲儿
		技艺精湛	a49 专业功底很扎实； a82 名副其实的“多面手”
		经验丰富	a12 经验积累练就“慧眼”； a99 从实践中收获很多
		创新思维	a11 不墨守成规，爱琢磨事； a100 脑子灵光，转得快； a87 善于变废为宝
	组织支持	组织认可	a3 只要有创新思维，人人皆可创新； a20 深刻感受到公司对职工创新的重视和支持； a21 尊重职工首创精神； a88 引导职工把创新作为实现个人价值的重要途径
		制度保障	a4 建立鼓励创新、宽容失败的容错机制； a187 为我们开展职工创新提供了相应的制度保障
		硬件支撑	a22 在“中台”系统的帮助下，能够得到具体数据传递出的信息； a127 先进的电力运检设备
		发展机会	a5 定期举办宣讲会和创新训练营； a101 定期选拔优秀人才与高校技术专家沟通交流
	榜样引领	技艺传承	a50 师父手把手地教，从门外汉到入门再到精通； a123 师傅们高超的技术水平给我立下标杆、指明方向

续表一

主范畴	范畴集	概念集	典型标签引证
个体创新驱动	榜样引领	精神指引	a147 不计较得失、无私奉献的品质，特别让我感动； a51 师父的一句话激发了她心中的无穷斗志； a52 老一辈检修人做事认真负责、一丝不苟的精神； a83 工匠身边出工匠，楷模身边出楷模
		创新启发	a148 师父点燃了徒弟对创新的热情； a149 师父带着徒弟参与创新提质增效； a124 师父教会了我如何用创新思维解决实际问题； a6 创新的基因烙印在了他的内心
	个体任务需求	解决现实问题	a76 以往均采用人工折弯的方法，单人很难完成； a150 传统装置重约 100 千克，仅凭人力无法完成； a177 现有卡线器关键时刻掉链子； a78 光纤跳线越来越多，存在安全隐患
		工艺改进	a81 新技术不断更新迭代，工艺也在不断更新； a122 想发明一个便于携带的装置，提高作业安全性和效率； a169 不创新就要落后，创新慢了也要落后
个体行动	观察感知	观察特性	a7 在工作现场一遍又一遍地将初期工作平台升起、放下； a102 不清楚设备秉性，就没办法管它； a146 观察师父的动作要领，留心操作的每一个环节
		感知问题	a80 在一线待着，才知道工友们最需要什么； a84 一会儿站在下面若有所思
	记录总结	梳理要点	a90 一遍遍梳理技艺学习中的疑难点问题； a9 梳理现场工作中出现的堵点、卡点

续表二

主范畴	范畴集	概念集	典型标签引证
个体行动	记录总结	记录在册	a75 解决方式、重点环节、注意事项都被他记录成册； a128 一有好的想法，他就会及时记在笔记本上
		整合体系	a23 总结出 30 余万字的技术资料； a48 不断总结经验，独创了异常诊断体系； a125 整理学习笔记并形成体系
	反复试验	反复试验	a10 一次次失败、一次次设计、一次次尝试； a24 不断练习设备拆解、观察和“倾听”； a85 反复论证，努力研究
个体创意生成	灵感涌现	突发式灵感	a54 脑海中蹦出一个全新的短语，豁然开朗； a103 突发灵感——为何不采用指纹加语音的方式
		联想式灵感	a121 看到孩子的百宝箱玩具马上联想到了把所有设备和元器件集合起来； a126 灵感来源于街头夹娃娃机

（2）创意推广阶段。核心范畴“创意推广阶段”共包含三个主范畴，即“团队创新驱动”“组成创新团队”“团队创意推广”，体现了团队层面职工创新的原因 / 条件（包括个体能力不足、工作团队基础、传帮带理念等），以及相应的行为（即组成创新团队，进行团队探讨、团队试验等），最终达成了团队创意推广的结果（创意改进与创意推广）这一过程。具体编码情况与标签引证如表 7-7 所示。

表 7-7　核心范畴“创意推广阶段”编码与标签引证表

主范畴	范畴集	概念集	典型标签引证
团队创新驱动	个体能力不足	知识储备不足	a120 无数次查阅行业动态、建试验模型都没办法解决问题； a129 卡在了如何放牵引绳这一问题上； a151 个人能力即使再强，也无法想好每一个构想
		硬性资源匮乏	a55 必要零件过于昂贵； a104 没有空闲的实验室； a105 还有本职工作，空闲时间搞这个效率太低了
		决策权限有限	a56 我个人做不了主； a188 我也想往下推，但是我没权力推进这个
	工作团队基础	成员技术基础	a89 硕士研究生及以上学历人员占比 75%； a47 别看我们团队年轻，科研攻关一点儿也不含糊； a74 班组成员动手能力强，业务水平高； a145 成员来自各个专业，会进行跨专业交流
		成员关系基础	a86 立即得到了大家的支持； a170 大家一起奋斗、一起进步、一起努力实现目标； a119 显示了团队强大的凝聚力； a130 并肩作战的战友，感情深厚
		成员创新认知	a57 我们以发现问题、解决问题为乐； a46 班组全体成员都参与到创新活动中； a152 我们团队对创新课题非常感兴趣； a176 虽然人不多，但对创新有热情
	传帮带理念	注重培养	a13 引导大学生认识创新、熟悉创新、喜欢创新、习惯创新； a25 始终毫无保留地将技艺和经验分享给团队成员
		示范带动	a14 带动一大批员工迅速成长起来； a58 带动班组成员运用创新思维突破攻关； a73 要去点亮更多的灯泡（指人才），照亮更多的地方； a131 以实际行动引领众多青年职工攻坚克难

续表

主范畴	范畴集	概念集	典型标签引证
团队创新驱动	团队任务需求	技术考验	a45 技术要求过高，技术团队面临更严峻的考验； a106 技术难题造成施工成本的极大浪费； a118 没有经验可循，技术难度大
		工期要求	a144 用一半的时间去完成几乎不可能的任务； a189 我们的工期其实非常紧，一天都不能耽误
		协作需求	a153 班组建设初期，大家需要磨合； a190 团队作业讲求的就是一个协作团结
组成创新团队	团队探讨	分享观点	a27 每位成员都会互相分享、讨论最新的技术知识； a154 围坐探讨，听听别人是怎么分析的
		达成共识	a72 仔细研究探讨后，大家达成一致； a191 确定共识后，大家的劲就往一处使了
		提出方案	a143 联合小组成员总结出一套适用的施工技术方案； a192 交流的目的是能够得出一套方案
	团队试验	模拟试验	a59 在实验室反复实验样品； a200 需要模拟实际操作情境，对样品进行实验
		现场试验	a44 现场多次试验，看看样品实效； a209 作业现场肯定更重要，一定要多试验几次
	团队反思	技术反思	a26 试验结束后几个人留下来，看看没成功是因为哪个工艺出问题了； a202 技术需要不断反思，才能有进步
		流程反思	a178 创新效率低，没有效果，得想想流程上怎么改进 a107 流程没有固定下来
团队创意推广	创意改进	工艺优化	a60 总结样品工艺规范，不断改进完善； a98 功能性得到解决，但是更高目标没达到，决定继续研究改进
		思路优化	a28 虽然能解决问题，但不便于操作，我们得换种思路； a193 想要寻求一个更好的思路解决问题
	创意推广	创意推广	a29 深入调研，实地推广检验思路或样品； a132 分发样品给其他班组，寻求建议反馈

（3）创意实施阶段。核心范畴“创意实施阶段”共包含三个主范畴，即“组织创新驱动”“组织协作”“创意成型转化”，体现了组织层面职工创新的原因 / 条件（包括团队能力不足、组织条件、战略引领等），以及相应的行为（组织协作，进行资源扶持、组织试验等），最终达成了创意成型转化的结果（成果成型与成果转化）这一过程。具体编码情况与标签引证如表 7-8 所示。

表 7-8　核心范畴“创意实施阶段”编码与标签引证表

主范畴	范畴集	概念集	典型标签引证
组织创新驱动	团队能力不足	团队创新瓶颈	a43 创新过程遇到瓶颈，难以突破； a194 感觉卡壳了，大家都想不出更好的方案了
		团队资源匮乏	a108 找不到工厂加工，只能自己动手，以失败告终； a142 需要大批量生产，资金不足； a155 需要大数据来做，需要寻求其他部门的技术支持
		成果转化困难	a97 普通职工走商业化、市场化那条路行不通； a175 真有成果了，也没人知道
	组织条件	跨部门合作	a15 业务部门、科研部门可以组织跨部门、跨专业的技术攻关； a61 设立需求清单、技术清单和人才清单，直接根据需求配置技术与人才
		成果转化成熟	a30 每年定期进行创新成果汇总； a62 与市场机构长期合作，进行成果推介，帮助成果拍卖； a16 跟踪转化全流程，根据市场情况予以反馈，提供改进指导； a71 成果转化全流程都有相应的规章制度
		资金基础	a31 专项资金支持职工创新； a42 资金雄厚，利润可观

续表

主范畴	范畴集	概念集	典型标签引证
组织创新驱动	战略引领	战略转型	a32 转型升级是今年比较明显的一个特征；a33 具有中国特色国际领先的能源互联网企业建设；a109 加快构建以新能源为主体的新型电力系统
		战略需求	a91 强化队伍建设在人才强企战略中的重要地位；a17 充分认识职工创新在推进公司战略中的重要意义；a110 通过职工创新来夯实公司战略落地的基层、基础、基本功
	组织任务需求	技术需求	a133 能源分布不均衡，增加远程输电需求；a41 电力输送从高压到特高压再到超高压；a141 生活用电和工业用电需求剧增
		减轻组织成本	a156 外资设备一旦故障会产生高额的检修费用；a63 耗费人力、物力，稍有不慎会造成损耗甚至报废
组织协作	资源扶持	搭建交流平台	a168 邀请专家与企业代表解决特定问题；a70 组建创新攻关团队，会聚各部门人才
		资金支持	a90 根据团队需求下发资金，无须职工垫付；a203 公司直接给我们提供资金
		技术支持	a157 引进先进技术设备；a174 开展创新项目的针对性培训
	组织试验	组织试验	a18 在工作室与现场反复试验，检验安全性与实效性；a204 公司要求我们不断进行试验
	组织反思	组织反思	a111 大家一直思考样品问题到底出在哪儿；a185 思考职工体验与技术成熟度
创意成型转化	成果成型	创新成果成型	a92 组织与生产机构合作孵化，根据最新设计产出成品；a134 将成品收录至创新成果库，进行知识产权保护
	成果转化	商品化	a183 转化经理人将成品转化为商品，估值生产；a184 转化经理人全流程服务，管商品的销售
		市场化	a64 转化经理人举办成果拍卖会，帮我们直接对接需求；a186 调研市场需求，根据市场需求对成品进行反馈

（4）创新工作室制度化阶段。核心范畴“创新工作室制度化阶段”共包含四个主范畴，即“组织制度化驱动”“组建创新工作室”“创新工作室制度化”“制度化反馈”，体现了团队与组织层面将非正式创新团队加以制度化的原因 / 条件（包括组织基础、群众呼声、政策引领等），以及团队与组织为此采取的行为（组建创新工作室，进行调研总结、宣传推广等），最终达成了创新工作室制度化的结果，并且创新工作室制度化对个体、团队与组织层面也有相应的制度化反馈这一较为复杂的过程。这里的创新工作室是组织制度层面的产物，也是实际运行中创新团队的载体。具体编码情况与标签引证如表 7–9 所示。

表 7–9　核心范畴“创新工作室制度化阶段”编码与标签引证表

主范畴	范畴集	概念集	典型标签引证
组织制度化驱动	组织基础	资源优势明显	a34 后备人才储备充裕； a158 行业领先，信息资源充裕； a79 业务支撑机构负责创新研发，代表行业先进技术
		管理制度完善	a173 人才队伍发展建设管理办法支撑； a182 管理流程、管理能力都禁得住考验
		创新氛围优越	a140 创新的培育从招聘就开始抓； a166 注重创新、鼓励创新的氛围
	群众呼声	人才需求	a163 亟须在团队中培养更多的技术人才； a172 希望通过工作室的平台聚合更多的技术人才
		常规化需求	a65 不把这个东西固定下来，就失效了； a181 大家都要求搞固定，群众呼声在这里
		创新需求	a35 尝到甜头之后，更加沉迷于创新而无法自拔； a135 小创造解决施工大麻烦，这种创造越多越好
		传承需求	a36 我们有义务把经验、设备、技术功法推进下去； a205 我们创新需要传承的，需要有传承的途径

续表一

主范畴	范畴集	概念集	典型标签引证
组织制度化驱动	政策引领	政策引领	a40 强调发挥职工创新工作室的作用，开展群众性技术创新活动； a66 鼓励企事业单位提供资金、资源支持职工创新
	技术环境	技术环境改变	a69 面临着特高压、智能电网迅猛发展的严峻挑战； a164 电网设备与技术更新换代； a180 变电站运维进行数字化转型
	成效卓越	提质增效	a116 这件工具不仅提高了工作效率，而且减少了检修时间和停电时间； a159 解决了分布式光伏的问题
		助力传承创新	a37 可以更好地发挥“传帮带”作用； a112 解决了沟通协调问题； a139 磨炼工匠技艺，让他熟能生巧，产品精益求精
组建创新工作室	调研总结	调研总结	a67 实地调研创新团队是如何创新的，并归纳总结经验； a201 虽然成效显著，但还是需要进行针对性调研
	宣传推广	表彰事迹	a136 定期召开职工创新大会，宣传团队事迹并表彰； a210 最好的宣传就是创新团队确实得到了表彰与奖励
		培训宣讲	a68 撰写案例进行培训和宣讲； a208 召开了培训大会，仔细讲解了相关信息，这也是一种宣传
	试点推行	小规模试点	a39 先在小部分公司试点实施看看效果； a206 需要试点的，判断一下到底可不可行
		复制推行	a160 实践成功就在公司里面开始复制； a199 最初主要是复制原有的先进经验
	反馈改进	吸收意见	a113 举行座谈，听取职工意见； a114 设立意见箱与反馈渠道； a115 对意见进行分析和吸收
		改进优化	a162 全过程跟踪，根据问题和意见，总结经验，改进优化； a198 我们的产品可不是一代就行了，我们想不断改进、迭代，更先进

续表二

主范畴	范畴集	概念集	典型标签引证
创新工作室制度化	制度化	确立制度	a165 出台职工创新工作室的相关政策；a167 将建设方案、权责划分、保障机制等以制度的形式确立
制度化反馈	激励职工创新	分红激励	a38 现在工作室出了成果还有分红可拿，创新更有劲儿了；a197 创新成果市场化之后，公司有政策，我们可以按比例分红
		成就激励	a93 工作室被评为优秀创新团队，特别有成就感；a179 创意变成成果，体会到“创新让梦想照进现实”
		发展激励	a137 创新工作室提供成长机会；a171 走创新赛道，成长路径、晋升路径畅通
	激励团队创新	身份激励	a161 有“身份”了，不是小打小闹，更重视创新了；a94 做好创新才能名副其实
		凝聚激励	a95 搞创新也是我们发展关系、磨合的手段；a96 大家共同为一个事努力，关系更近了
		信任激励	a117 这是组织对我们团队的信任，要做好创新；a196 没想到组织这么认可我们、这么信任我们
	激励组织创新	人才激励	a138 支持创新就是支持人才发展；a195 要把创新工作室这一制度确切地用好，在创新中充分培育人才

五、案例分析与研究发现

本研究结合数据编码结果与理论分析框架，将案例企业中的职工创新过程划分为创意生成、创意推广与创意实施阶段，并结合案例企业情境对创新工作室制度化展开探讨，得到本研究的故事线，即“职工基于个体创新驱动，采取个体行动，实现创意生成，随后自发组成创新团队，实现创意推广，而后组织协作行动实现创意成型转化，最后组织将创新团队以创新工作室的形式在组织内部形成制度，最终实现对个体、团队、组织创新的反馈与激励”。本章将依据案例分析的结果，结合相关文献，并遵循三角验证原则，对案例企业的客观事实、被访者言语示例、既有研究文献或资料结论等 3 种证据，进行科学规范的讨论和示例，对核心范畴之间的逻辑关系进行深入挖掘与详细论述，进而提出本研究的核心命题，构建职工创新影响过程的多层次动态演化模型。

（一）创意生成阶段

1. 个体创新的驱动因素。本研究所探讨的职工创新指的是普通员工参与创新过程，根据其工作描述，他们并未被明确分配执行创新工作，即组织给予他们的任务是做好本职工作，而非要求其进行创新（Buhl et al.,2016）。但在国家电网情境中，由普通职工、一线职工开展的职工创新成果卓越且能够带来巨大的效益，因此，职工为何要突破角色任务承担创新工作，值得深思。

在资料分析过程中，本研究发现，在国家电网情境下，能够采取创新行动并乐于其中的职工往往具有特质。职工对电力行业和自身岗位有热爱与激情，认为履行好岗位职责才是大事。正是这种爱岗敬业（A1）的精神品质驱使他们把工作任务完成好，想思索新方法、新器具，把工作任务完成得更好。同时，他们充分彰显了责任担当（A2），面对复杂困难的工作任务，他们是这样说的，“共产党员就得冲在前，干在先，必须把它做好、做细、做实”；面临无人敢接的难题，他们主动请缨，承担攻关任务，将完成好任务作为自己的责任并真正担当起来，想办法去解决、去担当。面对质疑与失败，他们怀着破釜沉舟的必胜信念，不甘心、不服输，坚韧不拔（A3）的顽强意志激励着他们继续探索。在精神品质的软实力之外，职工也有硬实力满足创新的需要。开展创新的职工往往具有扎实的专业功底，他们具备的技能并不局限于本专业，通常会不断丰富自己的知识结构，了解上下游领域的知识，技术精湛的职工甚至被称为“多面手”。这些职工具备的多个专业的精湛技艺（A4），也离不开实际工作中积累的丰富经验（A5），职工通过干中学，在生产作业中积累经验，进而提高生产活动中的技艺水平，不断提升工作效率（Rosenberg et al.,1976）。在精神品质的软实力与专业技艺的硬实力的基础上，职工创新也有对思维的要求。开展创新活动的职工往往具有创新思维（A6），哪怕做的是被外人视为苦、脏、累、险的带电作业工种，也不墨守成规，甚至能够变废为宝，以创新的思维看待身边事、身边物。

职工创新与研发人员创新在来源方面存在一些差异，职工创新源于工人的日常工作实践，他们根据工作任务对工作流程等进行改进（Høyrup,2012），借此提升自己的任务效率，解决任务难题。在案例分析中，本研究发现，个体任务需求对职工创新确实产生了驱动作用。电力作业本就难度高、危险性大，每一次作业都存在一定的风险，器具和工艺对职工作业影响很大。一些职工在访谈时抱怨道，当初使用的卡线器总是在关键时候掉链子，导致工作白干。工艺也是如此，例如，制作电缆终端这一较为基础的工序，以往也要人工折弯，费时费力，而且单人无法完成，即使合作完成，电缆两端的角度不一致，仍需反复修正。面对类似的问题，职工既要解决现实问题（A14），也要不断进行工艺改进（A15），从而满足任务需求。

社会认知理论指出，环境刺激会促使个体调整内在认知，进而转化为个体相应的外部行为（Bandura,1986）。职工在组织环境中工作，组织因素对其创新具有一定的驱动作用。在国家电网情境下，虽然并未明确分配一线职工创新的工作任务，但是国家电网领导明确表态，“职工群众中蕴含着巨大的创造力，只要有创新思维，人人皆可创新”，并充分引导职工把创新作为实现个人价值的重要途径，提倡创新不分大小，关键是管用实用，充分体现了组织对职工创新的认可（A7）。国家电网公司也为职工解除了创新的后顾之忧，建立鼓励创新、宽容失败的容错机制，鼓励职工大胆创新，确立制度保障（A8）。同时，国家电网作为电力行业龙头企业，具有先进的生产技术与硬件设备，为职工创新提供了硬件支撑（A9）。例如，职工可以运用最先进的电力运检设备，在中台系统的帮助下，得到并整合具体数据及其传递的消息。创造力不是一种与生俱来的、难以改变的个体特质，而是可以在某些组织和文化环境中培养和发展（Amabile，1988）。因此，公司不仅为职工提供了硬件保障，而且定期举办宣讲会和创新训练营，选拔优秀人才与高校技术专家沟通交流，为职工提供发展机会（A10）。即使职工暂时没有创新思维与创新能力，组织也能够帮助其培养创新能力。

从环境因素来看，人的社会行为是在特定的社会环境中通过观察和学习他人的示范行为形成的，人们可以通过观察、学习周围人（榜样）的行为及其后果，改变自己的行为方式（Bandura,1978）。在这里，“榜样”指的是一种示范者，即受众观察学习的对象。在访谈过程中，受访职工将工匠与师父作为自己学习的榜样。师父通过手把手地教学，让新入行的职工从门外汉到入门再到精通，他们的技术水平也给其他职工立下了标杆，成为其努力的方向。在技术传承（A11）方面，榜样也发挥着精神指引（A12）的作用。老一辈检修人做事认真负责、一丝不苟的精神品质激励职工以其为榜样，模仿学习，工匠身边出工匠、楷模身边出楷模。在国家电网情境下，工匠不仅具有爱岗敬业、吃苦耐劳等精神品质，而且具有精益求精、守正创新的意识，给予了职工创新启发（A13）。新进入企业的职工从看着师父创新，到帮着师父创新，最后到自己能够创新，在这个过程中，师父一步步地点燃徒弟对创新的热情。

社会认知理论的基本出发点是，人类活动是由个体行为、个体认知及其他个体特征、个体所处的外部环境等3种因素交互决定的，人的信念、动机等往往强有力地支配并引导其行为（Bandura, 1986）。本研究分析发现，职工自身的个体特质、个体任务需求与外部情境中的组织支持、榜样引领相互作用，驱动职工开展创新。由此，可得出以下11个命题。

命题一：职工创新是由个体特质、个体任务需求、组织支持与榜样引领相互作用所驱动的。

2. 职工创新个体层面采取的行动。职工创新主要是改进日常工作流程、更新工作器具，因此，职工创新意识被唤起后，他为创新所采取的行动通常是较为基础的，从日常工作中寻找问题与创新突破点。“检查设备就像照顾自家孩子一样，不清楚他秉性，就没办法管他”，职工往往需要在日常工作中仔细观察工艺流程与设备器具，观察其特性（A16），了解其中的原理以及人工操作中潜在的问题，只有在一线待着，才知道工友最需要什么，从而感知问题（A17），进而确立初步的创新方向。明确研究问题后，职工便开始记录总结（AA6），一遍遍地梳理技艺学习与现场工作中出现的疑点、难点、堵点、卡点问题，并把相应的解决方式、重点环节记录下来，甚至睡前出现好的想法也要及时记在笔记本上，最终根据记录的内容进行整合，总结出数十万字的技术资料，形成自己的知识体系。形成初步想法后便进入试验阶段，职工通过反复试验（AA7），一次次失败、一次次设计、一次次尝试。观察感知（AA5）、记录总结（AA6）与反复试验（AA7）并不是一个线性顺序，而是一个循环过程，个体在日常工作中感知问题，通过观察、记录与总结，形成自己的思路与体系，再通过试验对自己的创意进行验证，从而观察其中潜在的问题，形成循环。

3. 个体创意生成。职工在个体创新驱动下，采取观察感知、记录总结、反复试验的行动，为创意生成奠定了基础，帮助职工灵感涌现（AA8）。在访谈过程中，多位职工都提到了创新的困难，他们日思夜想，反复琢磨，始终不能想到更好的创新之法，解决问题的创意难以形成，但是往往会在日常生活或是工作之外突然有了灵感。例如，“滑轮组配合机械丝杠！”在例行的头脑风暴中，这样一个全新的词语出现在国家电网职工黄南的脑海中，让他豁然开朗，看到了解决液压丝杠持压时间短、高压下易发生活塞杆滑移、密封圈漏油问题的希望。在突发式灵感（A22）之外，职工也能在日常生活中找到答案，他们在思考中生活，在生活中思考。例如，国家电网较为出名的一个发明创造，即利用无人机代替人工安装带电作业装梯绳的小滑车，它的灵感就来源于街头的夹娃娃机。这种联想式灵感（A23）在职工创新中也能发挥效用。

但是，很多发明灵感看似出现在某个偶然的瞬间，但其背后充满着废寝忘食的汗水与煎熬。因而，个体创意生成是职工由个体创新驱动而采取相应的行动，最终形成的结果。其中，个体创新驱动是条件，个体行动是行为策略，个体创意生成是结果，三者共同构成了创意生成阶段。

由此，可得出命题二：在创意生成阶段，个体创新驱动为条件，驱动职工采取相应的个体行动，最终形成个体创意生成的结果。

创意生成阶段遵循“原因 / 条件→行为 / 互动策略→结果”这一范式的理论模型（见图 7-4）。

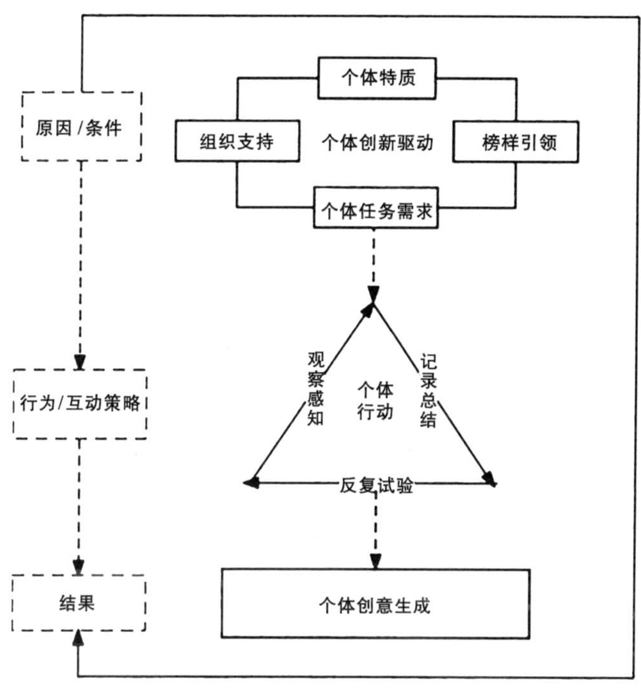

图 7-4　创意生成阶段示意图

（二）创意推广阶段

1. 团队创新的驱动因素。简单的创新通常能够由参与的个体职工独立完成，而更为复杂的创新则需要依赖团队成员之间的紧密合作，团队成员往往具备各种特定知识、能力和工作角色，形成优势互补，从而助力个体创新（Kanter,1988），这进一步彰显了团队的重要性。在创意推广阶段，职工需要在创意生成的基础之上进行细化与发展，使创意逐步完善并扩大影响力（Perry-Smith et al.,2017）。在该阶段，个体需要获取情感支持和建设性反馈（Harrison et al.,2015），以及合法性与影响力（Anand et al., 2007）。这对个体来说具有一定的挑战性，因此，个体层面的创新可能转入团队层面，只有当职工分享、互动和协调他们的想法时，才有可能推动创新进程，产生创新成果（Klein & Kozlowski, 2000；Renkema et al.,2022）。在个人层面，个体可能面临能力不足的困境（AA9）。虽然职工往往具备良好的技艺基础，但个人工作可能仅涉及电力工作的某个方面，而创新的发展与完善需要更加广泛的知识积累，因此，职工存在知识储备不足（A24）的问题。例如，在访谈中，有受访者坦言，在完善创新的过程中，无数次查阅行业动态、建试验模型，但始终无法解决问题，哪怕有了思路也会卡在其中的某一步。此外，创新也不仅仅依托于技术，对资源的要求也比较高。职工的创新想法来源于职工自主驱动而非组织安排，虽然组织已经给予了相应的基础资源，但是职工仍然面临硬性资源匮乏（A25）的窘境。昂贵的零件、繁杂的流程等因素，很有可能让职工望而却步。相应地，职工并没有被赋予创新角色，这种创新更多的是出于任务要求或兴趣，因此，职工在创意推广阶段的决策权限有限（A26），对相关决策无法做主，难以将创新推广出去。

在创新过程中，职工由于个体能力不足需要将创新转入团队层面，但是也需要外部情境的匹配。在国家电网情境下，一线电力职工均有其所属的班组，即工作团队，是其寻求支持的重要对象。工作团队为职工寻求支持提供了良好的工作团队基础（AA10）。在技术方面，受访者表示，他们所在团队的硕士研究生及以上学历人员占比达到 75%，其余成员虽然学历没那么高，但都是经验丰富、技艺精湛的老职工，学历高的年轻职工与技艺精湛的年长职工互相影响、互相学习，为创新的发展提供了技术基础（A27）。在关系层面，由于电力行业的特殊性，每次作业都具有一定的危险性，因此，班组成员不仅是工作同事，更是并肩作战的战友，他们在作业中建立了深厚的感情。此外，电力行业职工经常面对抢险等艰巨的任务，班组成员能够在时间紧、要求高、任务重的情况下顺利推进工作，也提高了团队凝聚力，大家一起奋斗、一起进步、一起努力实现目标。在这种良好关系的基础（A28）上，职工能够放心地寻求团队支持。在创新方面，班组往往全员参与创新活动，对创新课题非常感兴趣，对创新具有热情与激情，具有良好的创新认知（A29）。在工作团队基础之上，团队任务需求（AA12）也为个体创新转向团队创新提供了条件。例如，受访者在访谈中表示，班组有时也会遇到没有经验可循，技术难度大且要求较高的工作任务，面临着技术考验（A32）与工期要求（A33），创新被视为解决问题的关键方法之一。此外，对于一些新成立的班组，在班组建设初期，成员彼此之间并不熟悉，而电力作业又对成员之间的协作水平要求较高，因此，出于协作的需求（A34），创新是成员磨合的有效手段。

在国家电网情境下，很多工匠的技术扎实，具有较大的影响力，但他们出于“传帮带”（AA11）的考虑，仍然会将个体创新转入团队创新领域。以胡洪炜为例，他先后获得“全国劳动模范”“全国最美职工”等荣誉称号，并且取得了丰硕的创新成果，是当之无愧的工匠楷模。他始终毫无保留地将技艺和经验分享给班组成员。他在访谈时说道，他想要通过创新引导班组成员认识创新、熟悉创新、喜欢创新、习惯创新，带动班组成员迅速成长起来，运用创新思维突破攻关。在注重培养（A30）的同时，他也充分发挥了示范带动（A31）效应，由个人创新转变为带动团队创新。

个体与他人进行交流和分享，能够拓宽知识面，发展创造性思维（李保明和史帅斌，2016），尤其是在团队情境下，成员之间的互动有助于解决创新难题。综合案例情境与社会认知理论，本研究分析发现，当职工个体能力不足时，在工作团队基础良好、团队有相应任务需求的情境下，结合“传帮带”理念，个体层面的创新会扩展到团队层面，并且上述因素是相互作用的，共同对团队产生驱动。

由此，可得出命题三：职工创新由个体层面转向团队层面是由个体能力不足、工作团队基础、传帮带理念与团队任务需求相互作用所驱动的。

2. 职工创新团队层面采取的行动。在团队创新因素的驱动下，对现有创意有兴趣、能够给予技术等资源支持的职工自发组成非正式创新团队，目的是对现有创意进行细化与推广，推进创新过程。由于此时创意还处于基础阶段，团队首先会针对当前问题与现有创意进行团队探讨（AA13），通过头脑风暴、座谈会等方式分享观点（A35）。成员之间会分享、讨论最新的技术知识，经过仔细研究探讨，团队成员达成共识（A36），进而根据共识总结一套适用的方案（A37）。团队探讨并形成方案后，团队开始对方案进行试验，主要方式分为模拟实验（A38）与现场试验（A39）。团队成员在实验室试验样品，确保经济性、安全性、实用性可靠后，在现场进行试验，从而判断样品实效。创新是一个充满挑战与冒险的过程（Høyrup,2012），不可能通过一次试验就得到想要的结果。因此，团队在试验后会进行反思（AA15），即在试验结束后，团队成员根据试验结果进行技术反思（A40）与流程反思（A41），通过技术迭代、工序流程与团队创新流程的优化，进一步提升创新实效。与个体行动相似的是，团队探讨（AA13）、团队试验（AA14）与团队反思（AA15）之间也是一个循环的过程，团队通过反复探讨、多次试验、即时反思，不断循环并优化出最佳创意。

3. 团队创意推广。非正式创新团队通过团队探讨、团队试验与团队反思的过程循环，确定极具创新效果的样品。但此时的样品并不完善，并且仅在创新团队或是工作班组内具有一定的影响力，对外部的影响力较弱，因此，不利于后续的创新实施过程。为了保证样品的效用与影响力，创新团队在样品的基础之上会不断进行创意改进（AA16）与创意推广（AA17）。在创意改进过程中，团队主要针对两方面发力，即工艺优化（A42）与思路优化（A43）。受访者谈道，“虽然当时一体测试仪的功能性得到解决，但是我们还是觉得可以更进一步，实现一次拆线，所以我们总结了样品的工艺规范，并不断改进完善，好达到目标”。关于思路，他是这么说的，“我们当初想的就是，如果按照这个方案实施，虽然能够解决现场问题，但是不便于操作，我们还是得换个思路，想想怎么弄更好”。正是通过一遍遍工艺优化与思路优化，创意得到了改进，成为效果更佳的样品。此时，团队展开创意推广（A44），他们深入调研，并将样品分发给其他班组，实地推广检验思路或样品，并根据其他班组反馈的实际使用意见进行创意的再优化，不断完善，最终实现团队创意推广。

根据案例编码结果，团队创意推广阶段是个体创新迈向团队创新的过程，在团队创新驱动的影响下，通过非正式创新团队的组建，推动创新过程的开展，最终实现团队创意推广。

由此，可得出命题四：在创意推广阶段，以团队创新驱动为条件，驱动职工组成创新团队，最终形成团队创意推广。

创意推广阶段遵循“原因 / 条件→行为 / 互动策略→结果”这一范式的理论模型（见图 7–5）。

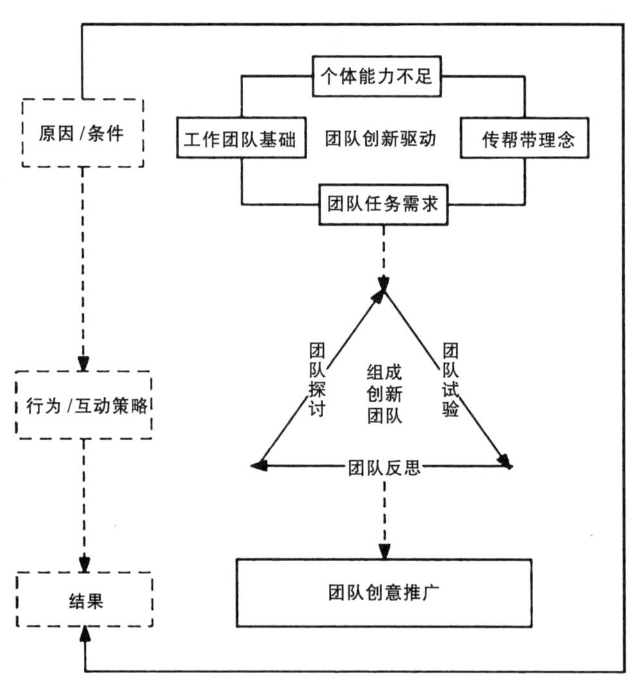

图 7–5　创意推广阶段示意图

（三）创意实施阶段

1. 组织创新的驱动因素。进入创意实施阶段，职工要将发展成熟的创意蓝图转化为实践成果，创新成果接受考验，获取认可并被使用，进一步将使用范围逐步扩大到组织层面（Janssen,2000；Perry-Smith et al.,2017）。在国家电网公司，职工在创意实施阶段不仅要将创意蓝图转化为实践成果，在实际工作中加以运用，而且要进行商业化与市场化，实现“创意—样品—成品—商品”的转化，推广至国家电网情境外，真正实现创新成果转化的全流程。因此，创意实施阶段对职工及其创新团队仍具有挑战性与难度，为实现整个创新过程，此时创新由团队层面向组织层面迁移。

创新由团队层面转向组织层面的根本原因是团队能力不足（AA18），团队无法支撑后续创新流程。在创新创造过程中，团队极易遇到难以突破的创新瓶颈；同时，创新团队作为非正式团队，其拥有的资源相对有限。创新团队多是建立在班组的基础之上，由兴趣相同的职工聚合形成，尽管知识背景不同，但大部分职工属于同一个专业，有些创意需要借助大数据、无人机等先进技术完成，此时，创新团队仍需寻求其他部门的技术资源。此外，受访者在访谈时也说道，“我们当初做创新，到最后一步了，找不到厂家加工，我和同事动手做，用电钻钻，用锯条割，但还是不行，还把软梯挂设专用工具 1.0 版直接给摔了”。即使职工有能力将样品生产出来，但是器具成果还是需要大批量生产来检验效果，需要一大笔资金。此外，职工普遍认为，即使创新成果真的生成，也很难被其他人知道，难以推广运用，走商业化、市场化的道路行不通，成果转化困难（A47）。

与团队能力不足相对应的是国家电网公司完备的组织条件

（AA19）。国家电网公司作为特大型国有重点骨干企业，位列 2024 年《财富》世界 500 强第 3 位，是职工创新的坚实后盾。国家电网公司具有良好的资金基础（A50），资金雄厚，为解决职工创新遇到的资金问题，国家电网公司为职工创新设立专项资金，因而团队创新转向组织创新时可以申请所需资金完成后续创新流程。此外，在技术层面，国家电网公司设立需求清单、技术清单和人才清单，能够精准对接职工的技术需求，帮助其找到拥有所需技术条件的人才。此外，国家电网在业务部门之外设立有电科院、经研院等科研部门，能够进行跨部门合作（A48），组织跨部门、跨专业的技术攻关，帮助解决创新难题。技术成熟后，国家电网公司也具有成熟的成果转化体系，公司与市场机构确立了长期合作关系，能够进行成果推介与成果转化。与团队相似，组织也有其任务需求（AA21），需要借助职工创新来满足。职工创新不仅能够降低组织成本（A53），也能在技术上对组织作出贡献。受访者在访谈时说道，“我国能源分布不均衡，西电东送，其实这个远程输电需求大大增加，同时大家的生活条件也好了，工业用电和生活用电的需求不断增加，我们的任务也越来越重，为了完成任务，在技术方面一刻都不能松懈”。

在团队能力不足、组织条件、组织任务需求之上，职工创新由团队层面转为组织层面也能发挥战略引领的作用（AA20）。公司根据技术需求导向，制定相应的发展战略，发展战略作为公司发展的总体规划和实现战略目标的可行性计划，对组织的行为产生导向作用（张洁，2022）。面对加快构建以新能源为主体的新型电力系统的战略转型需求，国家电网公司充分认识到职工以及职工创新在推进公司战略实施中的重要意义，认为职工创新有助于夯实公司战略落地的基层基础。因此，在组织战略的引领下，职工创新由团队层转向组织层更具必要性。

综合案例情境，本研究分析发现，在创新过程中，当团队能力不足时，组织有条件、有需求开展创新；同时，在公司战略的引领下，职工创新会由团队层面扩展到组织层面，并且上述因素共同对组织产生驱动作用。

由此，可得出命题五：职工创新由团队层面转向组织层面是由团队能力不足、组织条件、组织任务需求与战略引领共同作用所驱动的。

2. 职工创新组织层面采取的行动。在组织创新因素的驱动下，职工创新由团队层面进入组织层面，组织协作为创新团队提供相应的支持，共同推进创新流程。组织充分发挥资源优势，为创新提供资源扶持（AA22）；打造开放的创新平台，邀请外部专家和企业代表参与创新团队的活动与讨论；组建创新攻关团队，抽调经研院、电科院的专业人才辅助创新团队进行技术攻关，组织创新项目的针对性培训，切实为职工提供交流平台与技术支持（A57）。在资金方面，组织根据团队需求下拨资金，无须职工垫付，解决了职工的后顾之忧，并且组织引进最先进的设备供职工创新使用，大大提高了创新效率。此外，组织也会进行组织试验（AA23）与组织反思（AA24），组织协调十几名来自不同部门的技术骨干对样品进行试验，在实验室与工作现场反复试验，并根据试验结果反思样品出现问题的原因是什么、职工的体验感是怎样的以及样品的技术成熟度能否继续提升，进而针对问题进行试验与反思，最终形成组织层面的创新方案。

3. 创意成型与转化。组织能够为职工创新提供技术、资金、人才等资源的支持，帮助职工在创新过程中最终实现从创意到创新的转化。首先是成果成型（AA25），在创新团队与组织的共同努力下，创新方案或样品生成，组织与生产机构合作孵化，根据最新设计方案产出成品，并将成品收录至创新成果库，进行知识产权保护，实现了样品到成品的转化，并且受到保护。成品是不足以扩大创新影响力的，还要进行成果转化（AA26），考虑到职工工作繁忙与成果转化能力不足的实际情况，组织设立转化经理人，提供全流程服务，将成品转化为商品，并估值生产与销售，举办成果拍卖会，将创新成果引入市场，对接市场需求。同时，转化经理人也会调研市场需求，根据市场需求向创新团队进行反馈，职工可以根据反馈结果进行商品再设计，在完善创意的基础上，进一步推进成果的商品化与市场化，实现创意的成型与转化。

通过案例分析，研究发现创意实施阶段是团队创新迈向组织创新的过程，在组织创新驱动的影响下，通过组织协作，推动创新过程的开展，最终实现创意的成型与转化。

由此，可得出命题六：在创意实施阶段，以组织创新驱动为条件，驱动组织协作，最终形成创意成型转化的结果。

创意实施阶段遵循“原因 / 条件→行为 / 互动策略→结果”这一范式的理论模型（见图 7-6）。

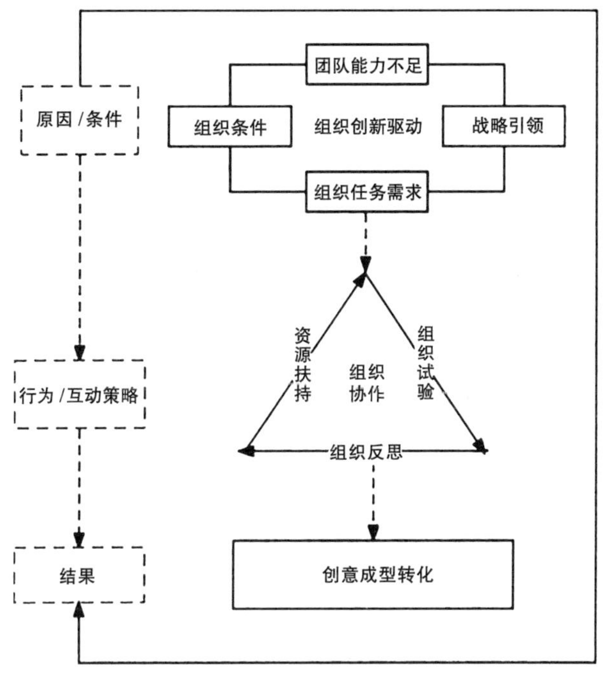

图 7-6　创意实施阶段示意图

（四）创新工作室的形成与创新载体的作用

根据前文分析，职工创新过程具有层次性与动态性的特点，从个体层面的创意生成阶段到团队层面的创意推广阶段，进一步扩展为组织层面的创意实施阶段，这一过程在组织内部并不少见，并且往往能够产出大批具有实效的创新成果。由于职工创新成效显著，能够获得组织的重视，职工创新也会由一个非正式的、个体驱动的阶段逐渐演进至正式的、团队与组织驱动的制度化阶段。创新工作室便是这一过程的产物，作为开展职工创新的载体，它既是团队层面的具化表现，也是组织层面制度化的重要体现。创新工作室不仅是一个正式的创新团队，而且是连接个体与组织的桥梁。通过非正式创新团队的创新实践，职工创新得以在组织内部获得重视与支持，但非正式也意味着没有身份、没有权限，而创新工作室作为组织正式制度的一部分，能够为职工创新活动提供一个正式、稳定、合法的平台，使得个体与团队的创新活动得到组织的正式承认与制度支持。

本研究结合现实情境与理论分析，将创新工作室作为职工创新过程的结果之一，旨在对职工创新影响过程的多层次动态演化进行自然延伸与总结。职工创新由个体向团队及组织层面扩展，创新工作室的形成标志着创新过程的制度化与正式化，确保了职工创新活动的有效性、持续性与常态化，能够更好地适应组织内外部环境变化，满足创新需求，进一步推进职工创新的发展。

1. 组织制度化的驱动因素。制度由强制性、规范性以及文化认知性要素和资源共同构成，它的存在旨在维护稳定性并且为活动提供明确的规则和指导（Scott,2008），其本质是经验与知识的结晶（Barley & Tolbert,1997）。个体进行习惯性交往，在这个过程中互相影响，逐渐形成了被广泛认可的行为准则，这一过程就是制度创造（Berger & Luckmann,1966）。在实际运行中，制度往往在拥有众多成员的集体中显示出来。职工创新由职工个体层面的创新转向团队层面的非正式创新团队，又进一步扩展到了组织层面，最终实现了创意的实现与转化。在这个过程中，创新团队虽然是非正式团队，但是为职工创新提供了良好的平台，连接了个体层面与组织层面的创新，帮助创新过程的完成。制度化的第一步是习惯化（Habituation）（Tolbert & Zucker,1999），职工为了解决日常工作中的创新难题，已将非正式创新团队视为助力创新的重要途径，因此已经形成了创新团队这一习惯化的形式。与此同时，创新团队在创新过程中的实践提供了职工创新的经验与知识的结晶，并且得到了职工与组织的认可，为进一步发挥创新团队作用，组织需将创新团队以制度的方式在组织内推行。

组织基础（AA27）为创新团队制度化提供了条件。根据案例数据显示，国家电网公司资源优势明显（A63），公司设立职能部门、业务支撑机构、业务实施机构，管理人才、技术人才、技能人才各司其职，后备人才充裕，能够以创新团队的形式将人才聚合起来进行创新；同时，位于行业领先位置的国家电网公司提供了充沛的信息资源与技术资源。在资源的基础之上，国家电网公司管理制度完善（A64），人才队伍发展建设管理办法能够为创新团队制度化提供相应的支撑，管理流程与管理能力都禁得住考验，能够建设好、管理好职工创新团队。此外，国家电网对创新的培育从招聘就开始，注重筛选创新人才，同时在组织中营造了注重创新、鼓励创新的氛围，职工乐于创新。在组织基础之上，创新团队产生的卓越成效（AA31）也是驱动组织将其制度化的关键因素。虽然创新团队是非正式团队，在组织构架之外，但是由于其会聚了一批爱创新、能创新的职工，他们能够创造出提质增效（A72）的创新成果，并且在团队创新过程中能够助力传承创新（A73），解决了班组成员之间沟通协调的问题，甚至能够在不同部门里发挥“传帮带”作用，在团队创新中磨炼工匠技艺，对产品精益求精。

制度创造过程强调成员的能动性（Heclo,2011），组织中的个人希望组织允许他们具有思考能力，期待能够有意识地参与制度工作。组织将创新团队制度化的驱动因素之一便是群众的呼声（AA28），职工作为创新团队的主体，对其效用更加清晰，对其需求也更为明显。创新团队帮助职工完成了创新流程，切实地将创意转化为成果，甚至走向了商品化与市场化，职工从中感受到了创新的乐趣与可行性，更愿意从事创新，希望把创新工作做得更好。此外，大部分职工要求将创新团队以制度的形式固定下来，有受访者在访谈时说道，“如果我们不把这个东西（指创新团队）固定下来，它就失效了”。同时，职工普遍认为，创新团队是人才培养与技艺传承的良好平台，公司有义务借助这一平台将经验、设备、技术功法推广下去；同时，通过这一平台聚合更多的技术人才，在创新过程中培养更多人才。

在组织基础、群众呼声、卓越成效之外，组织制度的制定也必须适应组织所处的外部环境（蔡小平，2023）。早在2001年，共青团中央、国家经贸委、国家知识产权局、中国科协就联合发布了《关于深化企业青年职工创新创效活动的实施意见》，强调了青年职工应当奋发创新。2016年，国务院发布《关于激发重点群体活力带动城乡居民增收的实施意见》，鼓励企事业单位提供资金、资源支持职工创新。2018年，国务院发布《关于推行终身职业技能培训制度的意见》，要求发挥技能大师工作室、劳模和职工创新工作室作用，开展集智创新、技术攻关、技能研修、技艺传承等群众性技术创新活动。上述政策文件充分体现了国家对职工创新的重视，以及对职工聚合为创新团队的要求。在政策引领（AA29）环境之外，国家电网公司也面临着相应的技术环境，电力输送技术一直在更新换代，从高压到特高压再到超高压，虽然国家电网公司在行业中处于领先地位，但是面对电网设备与技术更新迭代的情境，仍需要不断提升技术水平。创新是面对技术环境改变的有力举措，组织需要最大限度地汇聚所有创新资源。

综合案例情境与制度理论的相关内容，本研究分析发现，在政策和技术的外部情境下，非正式创新团队由于其成效卓越，并且具有良好的组织基础与较高的群众呼声（呼吁非正式团队转化为正式团队，即以制度的形式在组织内部确立下来），上述因素共同对组织产生驱动作用。

由此，可得出命题七：非正式创新团队制度化是由组织基础、群众呼声、政策引领、技术环境与成效卓越相互作用所驱动的。

2. 组织组建创新工作室。在组织制度化因素的驱动下，组织采取行动，将非正式创新团队以创新工作室的形式在组织内部形成制度并推广。客体化（Objectify）是制度化的第二个阶段，在这一阶段中，组织就某些习惯化形式达成共识并采纳，形成了囊括问题及其解决方案在内的合理框架（Tolbert & Zucker,1999）。在国家电网公司情境下，组织首先对非正式创新团队进行调研，实地调研创新团队如何开展创新工作，如何会聚创新人才，并归纳总结经验。在调研总结（AA32）的基础之上，国家电网公司注重创新团队经验的宣传推广（AA33），不仅定期召开职工创新大会，宣传创新团队事迹并表彰，而且将团队经验撰写成案例对职工进行培训与宣讲，帮助广大职工建立起对创新团队、创新工作室的初步认知。此外，国家电网公司面对新制度的确立是谨慎的，通过试点推行（AA34）确保创新工作室与组织的适配度以及效用。受访者在访谈中说道，“我们先在小部分地方试点推行一下，如果效果不错，那我们这个实践相对来说就成功了，在公司里面再开始逐步扩大范围的复制”。同时，组织注重对创新工作室的反馈改进（AA35），组建创新工作室不仅是对成功经验的推广与复制，而且是结合不同班组、部门、公司的实际情况，举行座谈会吸收职工意见，对意见进行分析和吸收，根据反馈对创新工作室的建立、运行、奖惩等流程进行改进优化（A80）。制度化是一个动态、持续的过程（Barley & Tolbert,1997），因此，组织在组建创新工作室时，调研、推广、试点、反馈等行为均是动态且持续的，每个行为的顺序也可能发生改变，共同推进创新工作室的制度化进程。

3. 创新工作室实现制度化。沉淀（Sedimentation）是制度化的最后一个阶段，沉淀即为完全的制度化，其结果就是内部制度将扩散并传播到组织的各个角落，并在很长的一段时间内持续存在（Tolbert & Zucker,1999）。受访者在访谈时谈到，“公司出台了职工创新工作室的相关政策，让我们看到了公司对这个事的重视，里面关于职工创新工作室的建设方案、权责划分、保障机制等都写得可清楚了，明明白白”。公司在组织层面确立了创新工作室的制度，并且对创新工作室的相关制度进行了明晰的规定，帮助职工对创新工作室产生正确的认知，并且有章可循，能够带动更多的创新工作室成立。同时，制度具有稳定性与灵活性，组织在现有规章制度的基础之上，根据职工在创新工作室实际建设过程中的反馈意见以及相应的环境变化，对创新工作室的规定进行合理修订，使创新工作室适合组织情境与职工创新需求。

结合案例情境与制度理论，本研究发现创新工作室制度化阶段经历了习惯化、客体化与沉淀等 3 个过程，在组织制度化驱动的影响下，通过组建创新工作室，最终实现创新工作室的制度化。

由此，可得出命题八：在创新工作室制度化阶段，以组织制度化驱动为条件，组建创新工作室，最终形成创新工作室制度化的结果。

创新工作室制度化阶段遵循“原因 / 条件→行为 / 互动策略→结果”这一范式的理论模型（见图 7–7）。

4. 创新工作室制度化反馈。制度的基本含义是指在特定的社

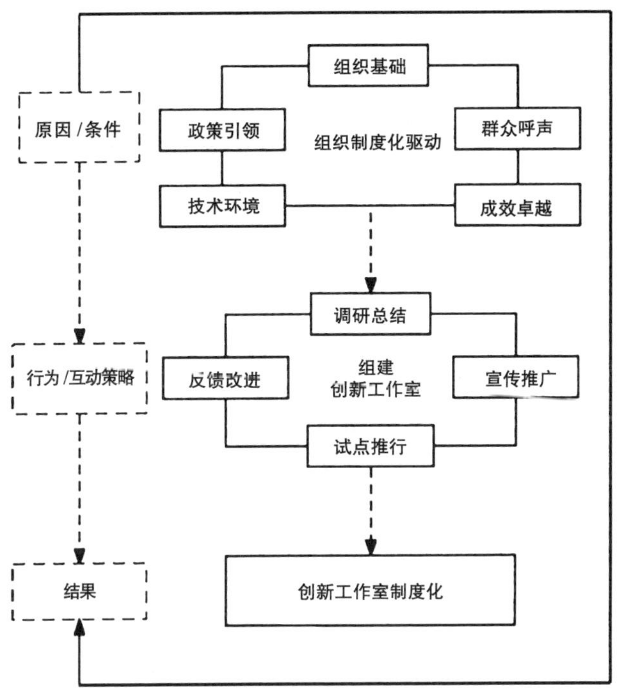

图 7-7　创新工作室制度化阶段示意图

会范围内，所有成员共同接受并遵循的一套准则，用于指导和约束社会成员的行为，这些准则包括基本认知、规则、规范和资源，它们共同构成了社会成员理解和评价其他成员行为的基础（李垣等，2006）。制度的作用更多地体现在规范、指引和约束行为上，它促使成员遵守共同的制度准则，采取相似的行为模式，从而获得组织的认可与接纳。职工创新以创新工作室的制度形式在组织内部推广，能够对职工、团队与组织的行为进行规范与理念引导，由于职工创新工作室的根本目的就是支持职工创新工作，该制度对职工创新具有规范引导作用并形成反馈。

在个体层面，职工创新工作室制度能够激励职工创新（AA37），最直接的激励便是分红激励（A82）。职工创新工作室制度也包括规范的成果转化流程、利润分享流程，创新工作室的创新成果若进入市场产生了收益，职工能够以规定的分红比例获取分红。受访者明确表示，“以前搞创新也不为啥，就是做点事，现在出了成果还有分红拿，确实更有劲儿了”。此外，创新具有挑战性，成立创新工作室对职工具有成就激励（A83）效应，这一制度切实地让职工有途径将创意变成成果，体会到“创新让梦想照进现实”。此外，取得突出成绩的创新工作室会被评为优秀创新团队、优秀创新工作室，工作室成员能够有成就感。除了分红激励与成就激励，创新工作室为职工提供了成长的机会。由创新带头人任工作室负责人，在创新过程中不断提升技艺水平。同时，国家电网公司在人才发展路径中设置创新赛道，职工的成长路径、晋升路径畅通，具有发展激励（A84）效应。因此，创新工作室制度对个体层面的职工创新具有反馈效用。

在团队层面与组织层面，职工创新工作室也有相应的反馈效用。非正式创新团队转为正式的创新工作室，身份的转变产生了身份激励（A85）效应。在国家电网公司情境下，并非所有的创新团队都能转为创新工作室，创新工作室也有可能因创新成果不佳而被撤牌（取消创新工作室名号）。因此，创新工作室成员普遍认为挂牌（确立为创新工作室）是组织对团队的信任，团队有动力做好创新。此外，创新工作室成员属于同一个团队，从事创新工作也是成员间发展关系的手段，在创新过程中提升关系，形成团队凝聚力。在组织层面，创新工作室不仅是创新平台，而且是人才培养平台。组织认为，建设好创新工作室就是为创新提供支持，支持创新就是支持人才发展。因此，创新工作室激励组织为创新投入更多资源。

综合国家电网情境与案例分析发现，本研究认为，创新工作室制度化会对职工创新产生制度化反馈，对职工创新的个体层面、团队层面、组织层面产生激励，这种激励又会推进职工创新成果的产出，对职工创新过程产生积极作用。

由此，可得出命题九：创新工作室制度化会对职工创新产生制度化反馈，能够激励职工创新、激励团队创新、激励组织创新。

（五）理论模型整合

本研究经过开放式编码、主轴式编码和选择式编码确定了核心范畴之间的逻辑，依据企业资料、访谈内容与理论框架，将案例企业中的职工创新过程划分为创意生成、创意推广、创意实施、创新工作室制度化等 4 个阶段，遵循“原因 / 条件→行为 / 互动策略→结果”这一范式对每个阶段进行了论述与分析，最终形成了职工创新影响过程的多层次动态演化模型（见图 7-8）。

职工创新是一个复杂的过程，虽然存在职工个体将创意转化为创新的情况，即在个体层面完成了创意生成、创意实施的全过程，但是为了使研究更具普遍性与借鉴性，本研究针对跨层级的职工创新开展研究。此外，虽然职工创新涉及个体、团队、组织层面的转化，但是无论在哪一个层级，三者都在其中发挥着独特的作用。在职工创新的个体层面，虽然个体是该阶段创意生成的主体，但是团队与组织也为个体开展创新行为提供一定的驱动因素。例如，组织为个体创新提供制度保障与认可，工作团队中的同事发挥榜样引领作用，等等。职工创新的团队层面也涉及三个层级的共同作用。非正式创新团队推广创意，但是团队由职工个体构成，个体的行为汇聚成团队行为，组织在这一过程中为团队与个体提供相应的支持。

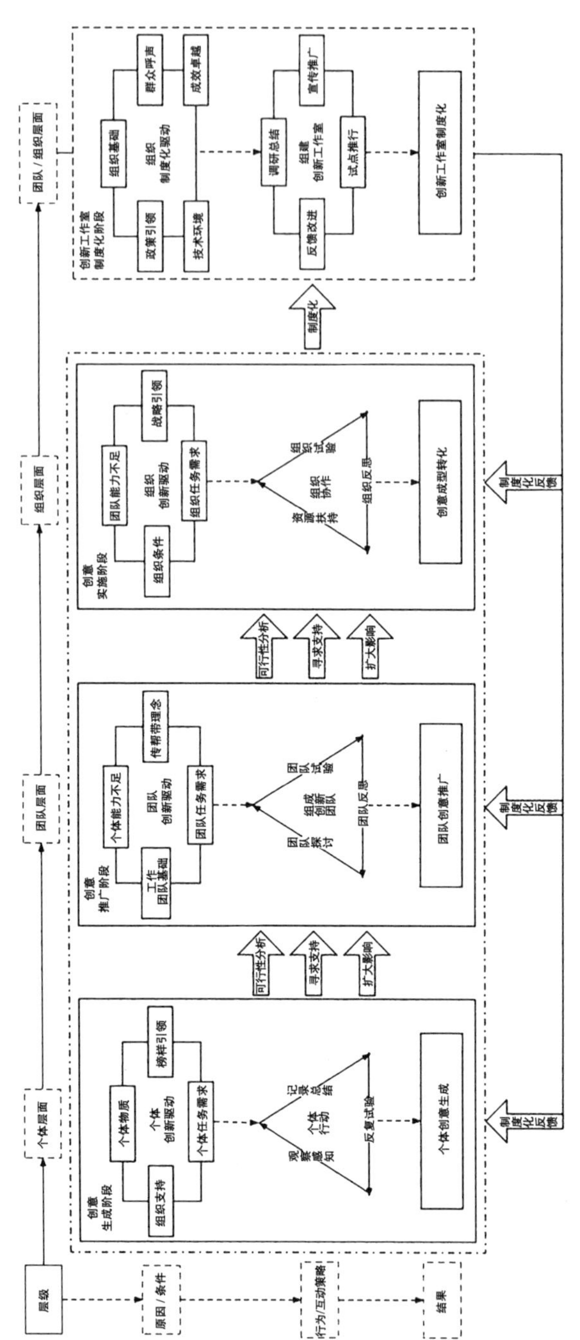

图 7-8　职工创新影响过程的多层次动态演化模型图

在职工创新的组织层面，主体是组织为创新实施所采取的一系列行动，如资源扶持、组织试验等，但是开展这些行动仍离不开职工个体与团队的参与，个体是行为的实施者，团队为创新行为提供了实施平台。因此，本研究讨论的职工创新由个体层面向团队层面与组织层面扩展，并非指该阶段仅有个体、团队或组织发挥作用，而是探讨各个层级发挥的主体作用。

社会认知理论认为，人类活动是由个体行为、个体认知及其他个体特征、个体所处的外部环境等3种因素交互决定的（Bandura，1986）。职工创新也是如此，职工在个体特质、榜样引领、组织支持、个体任务需求的驱动下采取个体行动，通过观察感知、记录总结与反复试验，最终生成个体创意。创意生成描述了创造新颖和有用的创意，这些创意只是迈向创新的第一步（Buhl et al.，2016）。职工个体层面可完成简单的创新过程，但是面对较为复杂的创新，职工可能需要寻求团队的帮助，个体层面的创新可转化为团队层面。同时，职工会进行可行性分析，通过对创意的创新性、可行性进行评估，考虑是否有必要寻求团队帮助，以及寻求帮助后是否能够实现创意的推广与实施。此外，即使职工个体具备条件对创意进行细化与完善，但是“人微言轻”，个体的创新成果很难在组织内部推行，创新产生的价值被大大削弱。因此，职工出于扩大影响的考虑，也会推动创新由个体层面向团队层面转向。

在团队层面，在职工个体能力不足、工作团队基础、传帮带理念、团队任务需求等因素的驱动下，围绕创新活动组建了非正式创新团队。在非正式团队中，成员反复进行团队探讨、团队试验与团队反思，将创意进一步细化与完善，最终达成团队创意推广的结果，通过样品的生产与分发也在小范围内形成了一定的影响力。但与个体层面类似，非正式团队由于缺乏正式地位，难以进一步推进创意实施的进行；同时，创意实施阶段对影响力的要求较高，以非正式团队的名义很难实现创新成果在组织内部甚至行业内部的商品化与市场化。因此，非正式创新团队会进行可行性分析，在此基础之上为了寻求支持与扩大影响，将职工创新由团队层转向组织层面。

综合个体层面与团队层面的研究，可得出命题十、命题十一。

命题十：个体层面的职工创新，在可行性分析的基础之上，为了寻求支持与扩大影响力，由个体层面向团队层面转化。

命题十一：团队层面的职工创新，在可行性分析的基础之上，为了寻求支持与扩大影响力，由团队层面向组织层面转化。

职工创新由个体层面向团队层面、组织层面的转化并非个例，并且能够在组织内部形成良好的效果，产出大批创新成果。非正式创新团队作为个体与组织间的关键链接，在这个过程中起到了关键作用。因此，组织为了发挥非正式创新团队的作用，将其转换为常态化创新机制，需要以创新工作室的方式，在组织内部对非正式创新团队加以制度化，从而引导职工的创新行为，为职工创新提供一个正式载体，便于团队整合利用团队与组织的创新资源。同时，组织可能通过调研总结、宣传推广等方式，推进组织内部职工创新的制度化建设。此时，创新工作室制度化能够对职工创新起到示范引领作用，无论是组织层面的创新工作室制度还是团队层面的创新工作室，两者对职工、团队与组织都具有积极的反馈效用。

第八章　电网企业职工技术创新体系建设机制创新

一、技术创新决策机制

在深化国家电网职工技术创新体系建设的过程中，提升技术创新的全局性谋划、战略性布局与整体性推进显得尤为重要。关键在于强化技术创新的顶层设计，明晰技术创新的战略导向与实施路径，构建科学、权威的技术创新决策机制。这一机制需充分彰显省级电力公司的独特优势，同时，着重提升决策的科学性、前瞻性和示范效应，确保每一项决策都基于顶层设计，精准规划创新发展战略。最终，实现技术创新资源的最优配置、相关政策的全面落实，激发全员创新活力，为国家电网的持续创新与高质量发展注入源源不竭的动力。

（一）成立职工创新专题统筹委员会，实现技术创新战略宏观指导

在构建面向国家电网公司需求的职工技术创新体系时，首要且

核心的任务在于确立清晰的技术创新指导方向与发展蓝图。作为本省电网建设与管理的核心力量，省级电网企业需深刻领会并贯彻国家电网公司的高质量发展战略，将职工技术创新提升至企业战略发展的核心层面，使之成为推动电网技术革新、产业升级与核心竞争力提升的关键驱动力。

职工技术创新不仅是企业创新驱动发展战略的支柱，更是激发员工潜能、促进技术突破、加速产业升级的有效途径。通过建立健全制度体系与激励机制，国家电网公司旨在营造浓厚的创新氛围，鼓励广大职工积极参与技术创新活动，以技能提升、创新思维培养为基石，不仅增强职工的工作满意度与成就感，而且通过经济激励与职业发展机会的提供，全面促进职工个人价值的实现与职业生涯的飞跃。同时，注重职工健康安全，构建更加人性化、可持续发展的工作环境。

职工技术创新体系建设是一项系统工程，不仅需要企业高层的高度重视与支持，而且需要工会的密切配合。在此过程中，公司工会作为职工利益的忠实代表与发展的积极推动者，应发挥其独特优势，不仅维护职工的合法权益，而且要深化与业务部门的合作，共同促进职工技能提升与技术创新精神的培育。为此，建议成立“国家电网职工技术创新统筹委员会”（见图 8-1）。该委员会由公司高层领导、工会代表及关键业务部门负责人组成，形成强大的战略决策与执行团队。该委员会的核心使命在于：一是精准把握国家电网技术创新的发展方向，结合行业趋势与公司实际，制定前瞻性、科学性的战略规划，确保职工技术创新活动始终沿着正确轨道前行；二是强化决策权威与资源调配能力，针对重大项目攻关、关键技术突破及重要奖项申报等关键任务，提供强有力的支持与保障，实现资源的优化配置与高效利用；三是促进跨部门、跨层级的紧密协作，打破壁垒，构建开放共享的创新生态，激发全体职工的创新活力与创造力，共同推动国家电网技术创新工作迈向新高度。

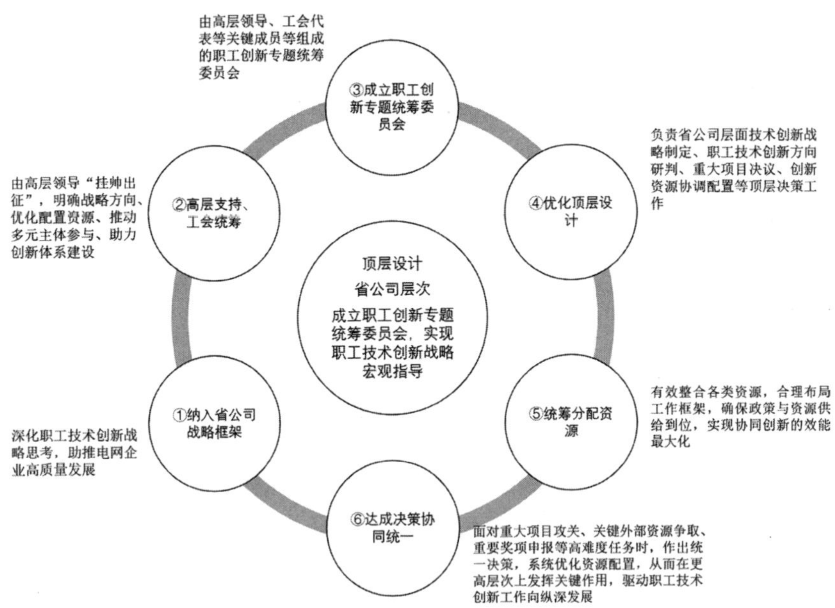

图 8-1　职工创新专题统筹委员会组建示意图

（二）建立重大项目攻关机制，突破关键领域技术创新难题

职工技术创新重大项目攻关与突破，对于国家电网公司而言，是提升技术创新水平、营造创新氛围及强化创新意识的核心战略举措。这类项目不仅直接关系到电力科技进步与产业升级，更是国家电网公司乃至国家创新发展重大战略部署的关键组成部分。它们的成功实施，不仅将显著地提升国家电网公司的核心竞争力，增强经营的可持续性，为公司的长远发展奠定坚实的基础，而且其研究对象和成果还可能对公司乃至整个电力行业的未来发展路径和竞争格

局产生深远的影响，是推动行业进步和变革的重要驱动力。

考虑到国家电网公司重大项目通常具有投资额度大、建设周期长、影响面广、技术复杂性强、系统性强、战略性高、高风险性以及利益相关者众多等特点，项目目标易受外部环境影响，因此，特别需要建立针对性的攻关机制，以确保项目全流程的持续跟进和有效落地。这一机制应由省公司层面统筹负责申报、决策和调配资源，旨在通过协同公司内外部各方力量，形成创新合力，共同推进项目的顺利实施与攻关突破。同时，该机制还应注重强化项目管理的科学性和规范性，确保项目在复杂多变的环境中稳步前行，最终实现技术创新和产业升级的双重目标。重大项目攻关机制流程如图 8–2 所示。

1. 重视重大项目准备与资源配置阶段。企业应紧密结合国家能源战略、电力行业发展趋势及公司自身定位，明确提出战略性项目、颠覆性技术及关键技术的重点领域与具体方向。这些重大项目应聚焦于特高压输电、智能电网、分布式能源接入、新型储能技术、电力物联网等前沿领域，旨在实现电网安全稳定运行、能源高效配置、客户服务优化等核心目标。同时，企业要建立健全重大项目前期谋划机制：定期组织专家团队开展国内外市场与技术趋势研究，把握行业前沿动态，为项目选题提供科学依据；建立由技术、市场、财务、法务等部门组成的项目筹备小组，确保项目从构思到立项的全过程得到全面评估与论证；构建包含创新性、技术成熟度、市场需求、经济效益、社会效益及风险防控等维度的项目评估体系，确保项目选择的科学性与合理性。为此，企业应设立专门的项目评审委员会：由公司高层、技术专家、市场分析师及外部顾问组成的项目评审委员会负责重大项目的立项审批工作，并确保评

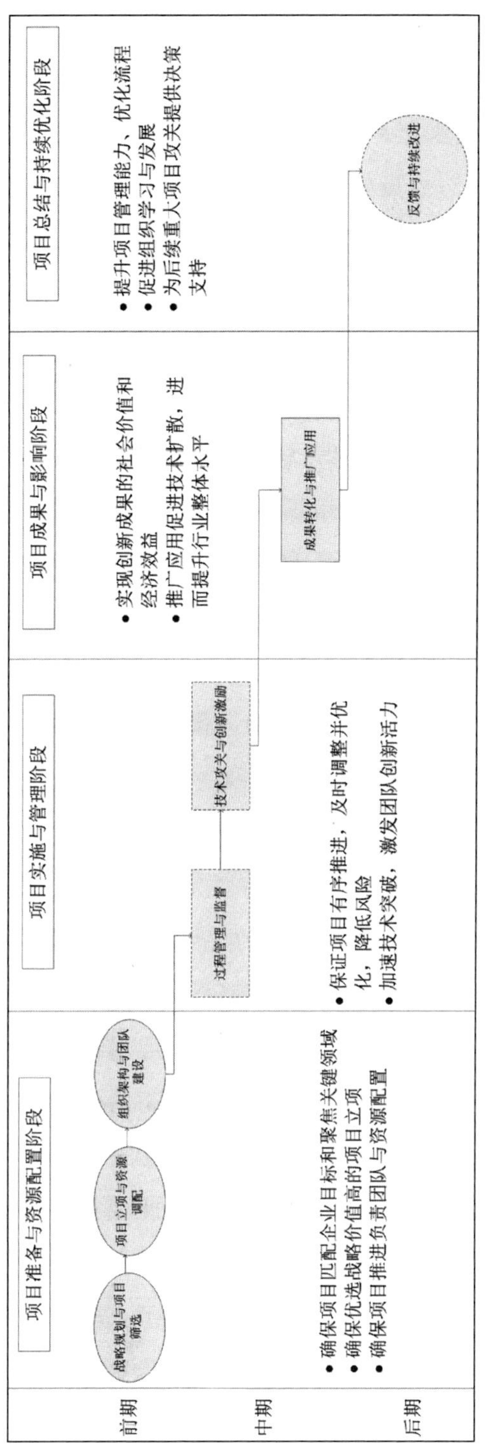

图 8-2　重大项目攻关机制流程示意图

审过程的独立性与公正性，避免利益冲突。在资源配置上，企业需为重大攻关项目提供充足的资金、人才、设施等关键资源，并坚持“谁立项，谁把关”原则，优先满足这些项目的特殊需求，从而确保项目的顺利推进和成功实施。

2. 紧抓重大项目实施与管理阶段。首先，企业应设定明确的项目里程碑和阶段性目标，这些目标需紧密对接电网智能化、安全稳定运行及能源转型等国家战略需求，以便精准监控项目进展，及时调整资源分配与工作计划。其次，定期组织跨部门、跨层级的项目审查会议，邀请技术专家、市场分析师及管理层共同参加，对项目进度、成本、质量、风险等维度进行全面评估，确保问题早发现、早解决。同时，建立风险预警与应对机制，针对技术瓶颈、政策变动、市场风险等潜在的不确定性因素，制定详细的预案，确保项目在复杂多变的环境中仍能平稳运行。最后，为加速攻克技术难题，国家电网企业应积极引入行业内外顶尖专家人才，搭建高水平的技术研发平台，聚焦特高压、智能电网、清洁能源等关键技术领域，采用云计算、大数据、人工智能等前沿技术手段，推动技术创新与成果转化。此外，建立开放合作的创新生态，加强与高校、科研机构及产业链上下游企业的合作，共享资源、共克难关。

3. 落实重大项目成果与影响阶段。企业需特别强调对创新成果的知识产权保护力度，进一步激发全体员工的创新动力与热情。这不仅是保障企业核心竞争力的关键措施，而且是对职工智慧结晶的深切尊重。国家电网企业应建立健全知识产权管理体系，确保每项技术创新成果都能得到及时、有效的法律保护，有效防范技术泄露和侵权风险，维护企业长远利益。同时，国家电网企业应积极搭建高效的技术成果转化平台，充分利用市场机制，促进科技成果从实验室走向市场，转化为具有市场竞争力的产品与服务。这不仅能实现技术创新的市场价值，提升企业经济效益，而且能进一步扩大技术创新在行业内外的影响力，确立国家电网企业在智能电网、清洁能源等领域的领先地位。此外，国家电网企业还应在企业内部广泛推广成功案例，通过组织经验分享会、技术交流会等形式，深入剖析项目实施过程中的亮点与不足，提炼可复制、可推广的经验做法。这不仅有助于促进知识在企业内部的共享与传播，而且能加深员工对技术创新重要性的认识，进一步培育积极向上的创新文化。

4. 关注重大项目反馈与持续改进阶段。项目完成后，企业应对项目的整个过程进行细致的梳理，总结成功的经验与存在的不足，形成宝贵的经验教训，为后续项目提供有价值的参考和借鉴。基于项目实施过程中的学习和总结，企业应不断优化项目推进机制。具体而言，企业需对项目管理流程进行精细化改造，确保流程简洁高效、职责分明，减少不必要的审批环节，提高决策效率。同时，优化资源配置策略，根据项目实际需求，合理调配资金、人才、技术等关键资源，确保资源的高效利用与项目的顺利推进。此外，加强团队协作与沟通能力建设也是持续改进的重要方面。国家电网企业应推动建立跨部门、跨专业的协同工作机制，打破信息孤岛，促进知识共享与经验交流。通过定期的团队建设与培训活动，提升团队成员的专业素养与协作能力，形成合力推动项目成功。

二、创新投入产出机制

创新投入强度是衡量创新能力建设优劣的重要标准之一。资金投入如同“播种”，而科研产出与经济效益创造则是“收获”，“播种”与“收获”相辅相成、缺一不可。唯有播种方能期待收获，而收获又为下一轮的播种提供了可能性，如此形成创新资金的良性循环。若创新产出未能带来足够的经济效益，便如同收获欠佳，这将加大对前期资金投入的需求，进而可能因资金匮乏而阻碍创新活动的持续推进。因此，针对科研投入资金缺乏有效回报机制的问题，需要从省公司层面出发，全面考量并设计一套开源节流的资金管理机制和项目管理机制。一方面，要拓宽资金筹措途径，避免不必要的资金损耗；另一方面，要提升资金利用效率，提高创新产出的质量与经济效益。

（一）构建多元化创新投入，拓宽外部合作渠道

当前，国网湖北电力的职工技术创新项目资金来源基本是电网系统内部，存在明显不足，缺乏明确的政策指引和长期规划，资金来源不稳定且单位间存在差异。同时，内部资金分配受限，难以满足技术创新活动的持续需求。此外，公司在利用外部资源方面也存在不足，限制了技术创新活动的发展。实际上，成熟的职工技术创新体系资金来源应当是多渠道的。以山东公司为例，该公司采取了政企联合模式，打造了全省“四个一”职工创新创效服务体系，不仅赢得了山东省总工会和政府相关部门的大力支持，而且有效地将创新创效的规模效益最大化，取得了显著的成效。因此，国网湖北电力应当增加职工创新项目申报来源的多样性，在申请国家电网项目的基础上，拓宽外部科研资金的获取渠道（见图 8-3）。

1. 加强与政府的沟通与合作。企业应密切关注并深入理解国家及地方政府在能源转型、智能电网建设、清洁能源发展等方面的最新政策导向与战略规划，特别是聚焦于与特高压输电、智能电网、

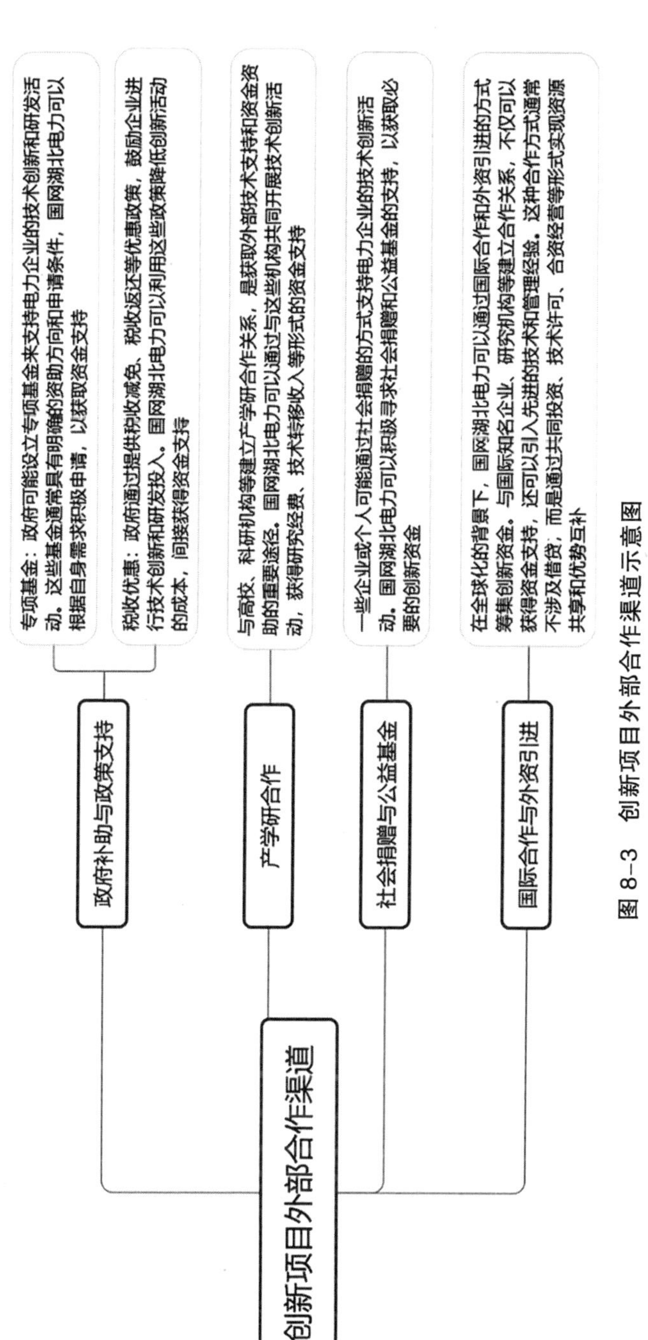

图 8-3　创新项目外部合作渠道示意图

微电网、储能技术、新能源并网等核心技术领域相关的专项资金、税收优惠、补贴政策等，确保第一时间把握政策红利，精准对接企业技术创新与产业升级需求。为构建稳固的政企合作桥梁，国家电网企业应主动与国家发展改革委、能源局、科技部、财政部等相关政府部门建立长效沟通机制，包括但不限于定期交流会议、专题研讨会、政策解读会等形式，确保信息畅通无阻，及时反馈企业在技术创新、项目推进、资金需求等方面的实际情况与面临的挑战，争取政府部门的深度理解和有力支持。国家电网企业应充分利用政府发布的各类科技计划、专项基金、创新示范项目等契机，结合自身技术优势和战略方向，精心策划，组织跨部门、跨专业的项目团队，准备高质量的申报材料，积极参与申报，力争在智能电网关键技术研发、清洁能源高效利用、电力系统安全稳定运行等领域获得更多的政府资金支持与项目落地机会。

2. 拓展社会资本合作。与国内外顶尖高校、科研机构建立专项合作，重点围绕智能电网、清洁能源接入、分布式能源管理、大数据与人工智能在电网运维中的应用等前沿领域进行联合研发。通过设立联合实验室、研发中心等形式，加速技术成果转化与应用。针对大型清洁能源基地、智能电网改造项目等，与投资者探索利润共享机制，同时邀请专业第三方参与项目运维，确保项目高效运行，实现多方共赢。成熟的智能电网技术、管理经验通过技术许可的方式输出给国内外合作伙伴，既获取经济回报，又提升国际影响力。同时，推动国家电网技术标准国际化，增强在全球能源互联网建设中的话语权。

3. 塑造企业形象和品牌影响力。一方面，加强品牌建设，突出国家电网特色：(1) 绿色能源引领者形象。通过媒体宣传，特别是主流媒体和新媒体平台，重点展示国家电网在清洁能源接入、智能电网建设、能源互联网构建等方面取得的成就与规划，强调国家电网在推动能源转型、实现“碳达峰、碳中和”目标中的关键作用，树立绿色能源引领者的品牌形象。（2）科技创新示范。突出国家电网在电力技术创新、数字化转型方面的领先地位，展示智能电网、大数据、人工智能等前沿技术在电网运行管理、客户服务、安全保障等方面的应用实例，增强公众对企业技术实力的认知。（3）透明沟通与互动。建立多渠道的公众沟通机制，包括官方网站、社交媒体、客户热线等，及时发布企业动态、政策解读、服务信息，同时积极回应社会关切，增强企业与公众的互动性和透明度，建立良好的品牌形象。另一方面，积极参与社会公益事业，强化社会责任：（1）电力扶贫与乡村振兴。结合国家乡村振兴战略，深入贫困地区开展电力扶贫项目，改善农村电网设施，提高供电可靠性和电能质量，助力贫困地区经济发展和人民生活水平提升。（2）应急救援与保障。在自然灾害等突发事件中，发挥国家电网作为能源基础设施的保障作用，迅速响应，恢复供电，为救援工作提供有力的支持。同时，加强电网安全管理和应急演练，提高应对突发事件的能力。

4. 提升国际合作水平。（1）精准定位国际展览与论坛。选择与智能电网、清洁能源、可持续发展等主题紧密相关的国际高端展览和论坛，如世界能源大会、国际智能电网展览会等，展示国家电网在技术创新、清洁能源接入、智能电网建设等方面取得的最新成果和规划。（2）深化与国际知名电力企业的合作。重点关注在智能电网、可再生能源、电力输配等领域处于领先地位的国际企业，通过高层互访、技术交流、项目合作等方式，建立长期稳定的战略合作关系。探索共同研发、联合投资、市场共享等合作模式，推动双方在关键技术、产品标准、市场拓展等方面的深度合作。(3)推动跨国合作项目落地。结合国家电网的全球业务布局和市场需求，积极寻求与国际企业在海外市场的合作项目，如跨国电网互联、清洁能源基地建设、智能电网改造等。充分发挥国家电网在特高压输电、智能电网运维等方面的技术优势，以及国际企业在本地化运营、市场拓展等方面的优势，实现资源共享和优势互补。

(二)引进和培育劳模工匠，带动提升资金利用率

传统上，对于科研投入的关注主要聚焦于投入与产出两个方面。然而，创新资金的投入产出效率实际上是一个更为关键的指标。在相同的资金投入下，若能产出更优质、更丰富的创新成果，无疑是对资金的有效节约和合理配置。然而，能否吸引并妥善利用行业内的顶尖科研人才，不仅直接关系到一个组织的核心竞争力，而且对其创新资金的使用效率产生至关重要的影响。

1. 加大引进和培育职工技术创新劳模、工匠人才的力度。劳模、工匠在电网系统中发挥了极大的作用，不仅是创新精神的传承者与发扬者，而且在个人成长与攻坚克难的过程中，成为周围职工的榜样，为培养未来的创新中坚力量奠定了坚实的基础。国网湖北电力荆门供电公司皮志勇，不仅技术精湛，而且注重人才培养。他亲自编写的培训教材，有效地帮助新聘员工快速掌握技能，为他们的职业发展奠定了良好的基础。在他的悉心指导下，20 多名徒弟成为企业的中坚力量。此外，皮志勇还通过“红领工匠，实践育人”，带领工匠们完成了多项科技项目，发表了多篇学术论文，并成功申请了发明专利，为公司乃至整个电网系统的人才培养和技术创新作出了卓越贡献。因此，国网湖北电力应当通过“3+1”人才体系建

设，畅通产业工人成长发展的“多通道”，有效激发队伍活力，持续释放发展动力。进而通过高端人才体系，引领带动职工技术创新资金投入产出效率的提升。

2. 构建多维度的人才引进与评价体系。明确选聘标准，不仅考察应聘者的技术能力和创新能力，而且注重评估其创新资源带动能力和团队建设能力。传统的人才选聘主要聚焦于个人的专业技术能力、团队合作能力等，但从职工技术创新发展的全局视角出发，还应考察其创新能力和为团队带来的额外价值，如能否带动创新资源、是否具备优秀的团队建设能力等。通过增加这些评价维度，人才引进不仅能实现“引才”的目标，而且能开辟“引财”的新途径，进一步拓宽创新资源的获取渠道，提高创新人才培养投入产出比率。

（三）优化项目立项结构，注重项目经济效益评价

立项的合理性对于提升创新效率与资金投入产出比至关重要。省公司在进行研发立项时，需要兼顾企业当前的技术研发需求与长远发展规划，同时考虑新兴业务布局。立项过程应以自上而下的创新研发布局为重要依据和参考，全面考量各类项目的数量，并进行科学配比（见图 8–4）。

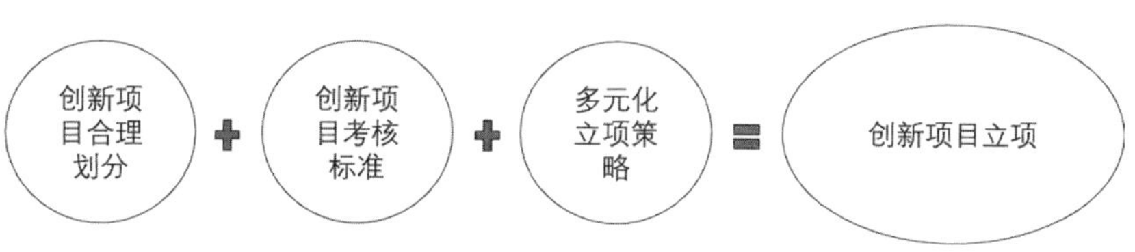

图 8–4　创新项目立项结构优化图

1. 优化创新项目立项结构、合理进行项目划分，才能实现科学配比。首先需要明确项目重要性和影响程度的分类标准，通常会基于项目预期成果、市场价值、技术难度以及实施周期等维度进行综合评估。在明确分类标准的基础上，围绕企业战略目标、技术创新需求、资源投入能力等因素开展科学配比工作。这样既符合企业的实际情况，又能最大限度地发挥职工技术创新项目的价值。

2. 优化各类创新项目的考核标准、精简立项流程，才能提高经济效益。为了提升经济效益，需要制定一套清晰、具体的项目立项标准，这些标准应涵盖技术创新性、市场需求、预期经济效益等关键指标，以确保立项项目与企业的长期发展战略和短期经营目标保持高度一致。同时，省公司必须简化立项流程，削减不必要的审批环节，提高立项效率，使项目能够更快速、更灵活地响应市场变化。为了进一步提升立项决策的科学性与专业性，引入专家评审机制，对项目的技术可行性、市场潜力和经济效益进行全面、深入的专业评估。此外，还应建立一套包括预期收入、成本、利润、投资回报率等关键指标的完善的项目经济效益评价体系，以便更全面、更准确地评估项目的经济效益。在项目立项决策过程中，把经济效益评价作为重要的参考依据，优先支持那些经济效益显著、符合企业发展战略和市场需求的项目。

3. 实施多元化立项策略是企业创新发展的重要途径。为了促进创新活力的释放和资源的有效整合，公司应当积极鼓励跨部门、跨领域的项目合作。这种合作模式能够打破传统部门之间的壁垒，实现资源共享和优势互补，使得不同部门与领域的专业知识、技术资源和市场经验得以充分交流和利用。通过跨部门、跨领域的合作，可以汇聚更多的智慧和力量，共同攻克技术难题，推动创新成果的快速转化和应用。同时，多元化立项意味着要支持不同类型的技术创新项目，包括基础研究、技术开发、产品创新和服务创新等方面。基础研究是技术创新的源泉，通过深入探索科学原理，为后续的技术开发提供理论支撑；技术开发则是将基础研究成果转化为实际应用的关键环节，通过技术攻关和实验验证，形成具有市场竞争力的技术产品；产品创新则注重满足市场需求，通过改进现有产品或开发全新产品，提升用户体验感和市场占有率；服务创新则关注服务模式的创新和服务质量的提升，通过优化服务流程、引入新技术等手段，为用户提供更高效、更便捷的服务体验。

三、人才培养激励机制

人才是第一资源，是推动一切创新与进步的基石。国家电网的一切技术创新成果都根植于职工的创新思维和创新实践。因此，构建一支高素质、高技能的职工队伍，并持续激发其创新能力，已成为加速公司技术创新建设步伐的关键所在。鉴于省公司及其下属企业在人力资源管理方面的不足和面临的挑战，提出以下机制建议。

（一）强化工匠与劳模人才队伍建设，发挥榜样人物的辐射示范作用

工匠、劳模。是优秀人才中的佼佼者，其在公司职工技术创新体系建设中占据举足轻重的地位。作为技术创新的先锋，工匠、劳模凭借卓越的技术能力和丰富的实践经验，带领团队攻克技术难关，推动项目研发与成果转化，为公司创造了显著的经济效益和社会效益；作为工匠精神的传承者和弘扬者，他们通过先进事迹和成

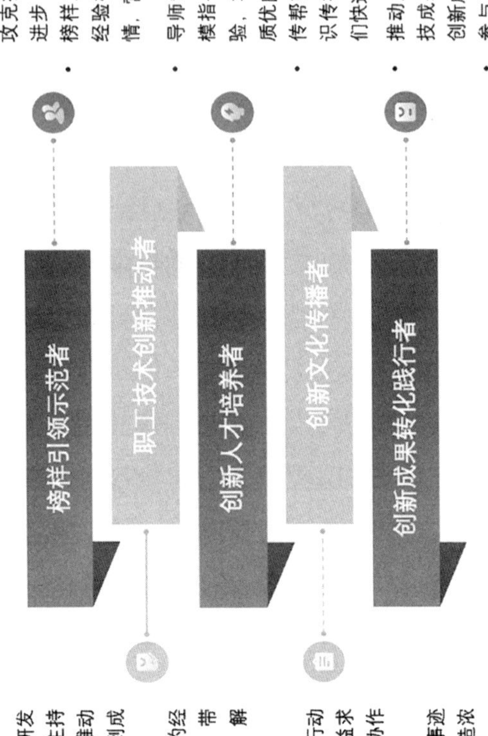

图 8-5　工匠、劳模在职工技术创新体系建设扮演的关键角色

功经验积极培养新一代技术人才，为公司技术创新体系建设提供了坚实的人才基础。工匠、劳模在国家电网职工技术创新体系建设扮演的关键角色如图 8-5 所示。

1. 完善工匠、劳模的选聘表彰机制，制定高标准的团队考核机制。制定一套既体现国家电网发展战略要求，又兼顾专业技能、创新能力、职业道德及社会贡献等维度的评选指标体系。确保标准既高屋建瓴，又接地气，能够全面且精准地识别出各领域的杰出工匠与劳动模范。实行定期与不定期相结合的评选机制，覆盖输电、变电、配电、营销、智能电网、新能源等专业及业务领域，确保评选活动的广泛性和代表性。同时，开放多元申报渠道，鼓励员工自荐、团队推荐及部门举荐，形成上下联动、内外结合的选拔网络。通过公开表彰大会、媒体宣传等形式，提升工匠、劳模的社会知名度和影响力。建立从提名、初审、复审到终审的全程公开透明机制，引入第三方评估机构，提高评审的专业性和公信力。通过企业官网、内部通信、社交媒体等渠道公示评选过程及结果，接受全体员工及社会的监督。针对围绕工匠、劳模组建的创新团队，制定一套以重大技术创新突破、行业奖项获取、关键成果应用转化、经济效益与社会效益提升为核心指标的考核体系。鼓励团队瞄准国际前沿，解决行业难题，推动电网技术与管理创新。建立团队发展档案，实施年度评估与中长期（如三年至五年）滚动考核相结合的评价机制。通过定期评估团队创新能力、项目进展、成果产出及市场应用等情况，及时调整支持策略，确保团队持续保持高水平的创新活力和市场竞争力。

2. “内外兼修，协同并进”，坚持“内育英才，外引智源”的并行策略。在深化省级公司内部劳模工匠的精心培育与传承的同时，积极拓宽合作边界，强化与全国各省公司劳模工匠的紧密联系与深度合作，编织一张覆盖全国、智慧交织的跨地域合作网络。具体而言，采取多元化的智力引进与支持举措，不局限于传统界限，而是创造性地引入高端咨询顾问机制，定期举办专题座谈会、高端研讨会、名家讲坛及专业培训，以此作为桥梁，紧密连接国家电网系统内外的精英人才，特别是各省公司的杰出劳模工匠。通过这些平台，省公司打破地域与组织的界限，让外部智慧能够顺畅地融入并激发内部团队的活力与潜能。倡导“借船出海，引智入企”的理念，不仅邀请外部专家走进来，也鼓励内部人才走出去，形成双向互动、相互启发的良好局面。这种开放包容的态度，不仅能够拓宽人才团队的视野与能力边界，而且能够促进技术、经验与管理模式的交流融合，为国家电网的创新发展注入源源不断的动力。

3. 设立专项基金支持，构建工匠、劳模持续创新生态。成立工匠与劳模发展专项基金，专项基金聚焦于技术创新前沿、技能精进之巅以及项目研发的深水区，为工匠、劳模量身定制全方位、深层次的支持体系，从高精尖技术研发到基础技能提升，从前沿理论学习到实战项目孵化，全方位助力工匠、劳模在各自的领域内深耕细作、勇攀高峰。同时，应当给予工匠、劳模在“人、财、物”方面的自主支配权，在合规框架内，工匠、劳模可以自主组建跨专业、跨领域的精英团队，根据项目进度与创新需求灵活调配资源，实现从构思到落地的高效转化。这种灵活自主的管理模式，不仅能够加速创新项目的实施进度，而且能激发团队成员之间的协同效应，共同为国家电网的创新发展贡献力量。

4. 深化宣传矩阵，强化工匠、劳模榜样引领效应。构建全方位、立体化的宣传体系，充分利用网络、社交媒体与短视频平台等新兴媒体渠道，打造展现工匠、劳模风采的“数字展览馆”。通过创意短视频、直播互动、VR 体验等形式，让工匠、劳模的先进事迹和感人故事以更加生动、直观的方式触达广大受众。通过精心策划一系列深度报道、专题纪录片及互动访谈节目，深入挖掘并广泛传播工匠、劳模背后的故事，展现他们面对挑战时的坚韧不拔、解决难题时的智慧光芒，以及对社会进步和能源转型的卓越推动。这些作品将深刻地揭示工匠精神的内涵，即精益求精、追求卓越的职业态度，以及劳模精神的核心，即爱岗敬业、无私奉献的高尚品质，从而在全公司乃至全社会范围内树立起一批可学可做的先进典型。

5. 深化校企合作模式，共育技能精英。积极构建与高校紧密合作的桥梁，全面升级合作机制，旨在将工匠与劳模的宝贵实践经验转化为教育资源，实现理论与实践的无缝对接。邀请工匠与劳模参与课程设置、教材编写、实习实训等教学活动，将工匠、劳模的实践经验融入教学内容。同时，国家电网致力于为工匠、劳模打造全方位、多层次的继续教育体系，提供广阔的知识更新与技能提升平台。鼓励并支持他们在专业领域持续深耕，紧跟时代步伐，掌握前沿技术动态，保持个人竞争力的持续领先。这不仅是对工匠、劳模个人成长的赋能，而且是为国家电网培养一批高素质、高技能、高创新能力的未来复合型人才奠定坚实的基石。通过实施这些举措，能够有效地促进教育链、人才链与产业链、创新链的深度融合，形成产教互动、校企双赢的良性循环。

（二）构筑新生队伍力量储备库，优化新秀人才成长与发展路径

“长江后浪推前浪，一代新人胜旧人。”新秀人才为公司职工技

术创新体系建设注入新鲜活力，也是持续创新的源源不竭动力的启动器。新秀人才队伍为国网湖北电力职工技术创新体系注入新鲜的思维与活力，也是推动技术更新与升级的重要力量，通过积极参与和贡献创新工作，促进团队合作与知识共享，确保公司创新能力的持续提高与人才梯队的稳健发展（见图 8-6）。

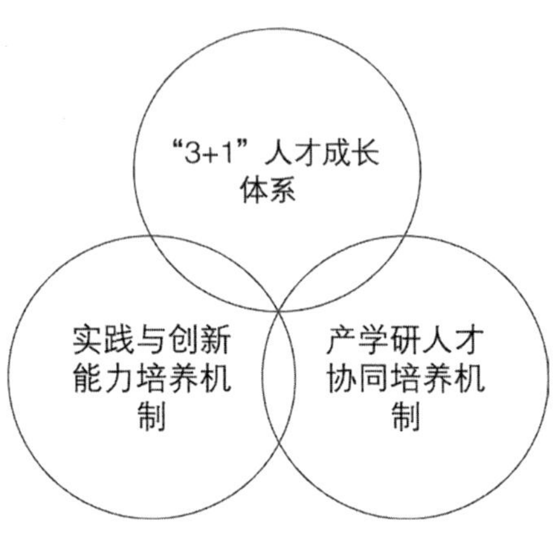

图 8-6　新秀人才队伍培育机制示意图

1. 深化“3 + 1”人才成长体系，搭建职工成长大舞台。国网湖北电力建立了职务、职员、工匠三通道及领军人才计划，形成了多元、清晰、互通的职业发展路径，面向技能人员建立一级至七级工匠发展序列，打破“独木桥”，建立“立交桥”，形成多元发展、定位明确、层级清晰、路径通畅、并行互通、互不兼任的职工职业发展通道。其中，面向技术技能人才，从综合评价、专业评价、特殊经历、社会影响力等 4 个方面，以及重点项目攻坚、技能等级提升等 13 个维度，开展量化评价，打造体系设置完备、科学规范的一级至七级职员和工匠通道。基层一线职工通过学技术、练技能也有获得高级管理人员的待遇的机会。

2. 强化实践与创新能力培养机制，提高人才创新技能水平。鼓励职工积极参与各类技术创新项目，将理论知识与实际应用相结合，提升解决实际问题的能力。建立创新实验室和实训基地，配备先进的设备和工具，为职工提供创新实践的平台。此外，定期组织不同领域专题技术研讨会、创新大赛等活动，激发职工的创新思维，促进创新成果的转化与应用。通过这些措施不断培养出具有创新精神和实践能力的新秀人才，为企业技术创新体系注入源源不断的活力。

3. 构建产学研人才协同培养机制，助力新秀人才跨越式成长。利用国网湖北电力引进高校人才机制，提前规划与重点关注技术领域的顶尖高校一流专业共建创新平台、共建实验室等。围绕研究方向，系统规划研究合作，在合作中加强双方的交流人才和培养等，通过内部推荐通道等特殊人才引进机制，将对口实验室的优秀博士生、硕士生引入省公司相关单位工作。加强与国内一流高校、科研院所的交流合作，关注每一位职工的成长需求和发展方向，量身定制个性化成长计划，深入了解职工的专业、技能、兴趣领域，提供针对性的培训和指导。注重挖掘有潜力的优质新秀，加快人才培育进度。为其建立一套完善的职业发展档案系统，记录新秀职工的成长历程和业绩成果，为职工提供清晰可查的自我认知平台，以明确自己的成长轨迹与未来方向。

（三）优化创新人才激励机制，关注个体独特优势促成长

人才创新潜能的充分挖掘与释放，与构建科学、高效且富有激励性的机制紧密相连。在当今快速变迁的时代背景下，人力资源管理工作已超越了传统框架下的常规任务范畴，转而聚焦于员工入职

后的持续成长与发展。这意味着人力资源管理不仅要确保人才的招募与配置，而且要通过精心设计的激励机制，激发员工的内在潜能，促进创新思维与能力的全面展现。因此，优化激励机制，强化人力资源的培育与发展，成为推动组织创新与可持续发展的关键所在。完善的创新人才激励办法要从组织架构和机制设计两方面双管齐下，强化人才激励力度和效果（见图 8-7）。

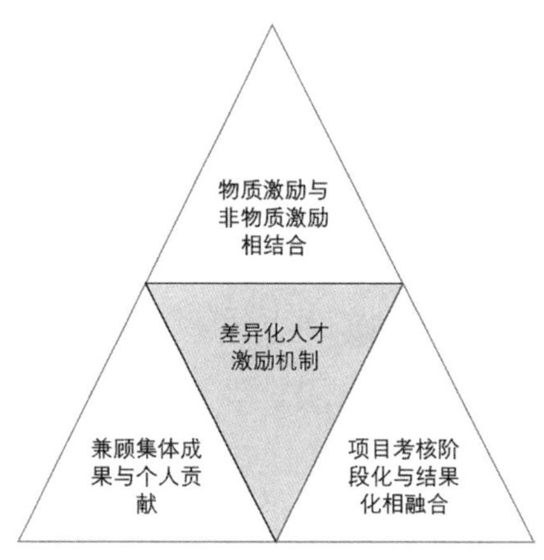

图 8-7 差异化人才激励机制示意图

1. 设计差异化人才机制激励，洞察并精准对接人才独特需求。人才激励机制的设计要注意人才的差异化需求。岗位、年龄等方面情况不同的职工需求具有显著的差异，应该结合各群体的需求特点，设计差异化人才机制激励制度。例如，对于技术型岗位，可以侧重于技术创新奖励、专业培训机会及职业晋升路径的明确规划；而对于管理型岗位，则可能更重视领导力培养、团队管理权限及企业决策参与度等方面的激励。领军人才和骨干力量是推动企业持续发展的“关键少数”，针对这一群体，除了提供具有竞争力的薪酬待遇，更应注重深度沟通与个性化关怀。深入了解其职业发展愿景、个人兴趣及潜在需求，必要时可为其量身定制一套包含专属培训、项目资源倾斜、股权激励等在内的高端人才待遇方案，以最大限度地激发其潜能与忠诚度。

2. 物质激励与非物质激励相结合，共构全面深入的激励体系。针对国家电网职工的工作特点及个性化需求，公司应树立全面薪酬激励的理念。全面薪酬是指企业用以交换员工的时间、天赋、努力和成果而提供给员工的货币形式或非货币形式的回报。职工的激励期待除了货币方面，还包括工作环境、学习与发展等非货币方面。在物质激励方面，要针对不同类型的创新研发项目人员实施激励奖金分类管理，打破职级束缚；在非物质激励方面，要构建开放包容的创新环境，改善创新人员工作软环境等，优化职工职业发展和技能发展双通道，强化内部培训与外部交流机会，帮助员工不断拓宽视野、提升技能，实现个人价值的最大化。同时，通过建立多元化的认可与表彰机制，对在工作中表现突出的员工进行公开表扬与奖励，增强其归属感和荣誉感，进一步激发其工作热情与创造力。

3. 重视团队合作创新项目激励，兼顾集体成果与个人贡献，进而激发最大潜能。在团队合作创新项目中，平衡集体成果与个人贡献至关重要，避免挫伤个人的创新热情。为此，需明确定义每位成员的角色与责任，结合多维度绩效评估，确保个人努力可见。应用透明的贡献记录系统，结合个性化奖励，如额外培训、奖金或晋升，强化个人成就认可。同时，培育团队精神，共享成功，鼓励个人设定职业目标，提供成长资源。创新激励机制，如积分系统，让个人贡献可累积并兑换奖励。开放沟通渠道，确保反馈及时且具有建设性，建立信任。让团队成员参与决策，增强对结果的责任感。

通过实施这些策略，可以创建既能促进团队协作又能彰显个人价值的环境，激发团队的创新潜力与个人成就感，实现共赢局面。

4. 注重项目考核阶段化与结果化相融合，精准激励研发人员，推动项目高效进展。鉴于研发项目种类繁多，其成果价值、企业贡献度及研发周期各异，绩效考核策略需灵活调整。可将项目细分为预研类、市场化类及技术改进类，以适配不同特性。预研项目因面向未知市场，挑战重重，周期长且投入大，故绩效考核宜采用阶段化方式，灵活追踪进展。相反地，市场化项目目标明确，周期短且收益可期，其考核更侧重于成果导向，以激励快速见效。技术改进项目优化现有项目，同样具备短周期的特点，可借鉴市场化项目模式，采用结果化考核指标，确保改进实效。此策略旨在精准激励，促进各类项目高效推进，加速技术创新与价值转化。

（四）党建引领创新文化新生态，激活全员创新创造活力源泉

1. 强化党对人才工作的全面领导，深化党员队伍的政治思想锻造。秉持“党建为纲”的核心理念，着力提升科技创新人才的党性锤炼，将科技创新的丰硕成果作为衡量党建工作成效的重要指标之一，纳入党建评价体系。同时，加强党的政治建设新高地建设，确保党的领导在公司创新治理体系中发挥核心引领作用，构建权责清晰、透明高效、协调顺畅、制衡有力的现代公司治理体系。此外，还需进一步优化党的组织体系建设，精准布局党的基层组织网络，确保党的组织体系和工作触角延伸至每一个角落，实现全面覆盖、全面引领，将党建工作的深厚优势有效地转化为推动创新、增强竞争力和促进可持续发展的强劲动力。

2. 搭建党员创新先锋平台，汇聚党员智慧与力量。鼓励和支持

党员在创新活动中发挥先锋模范作用，设立党员创新工作室、创新项目领办制等，为党员提供展示才华、实现价值的舞台。通过党员带头创新，带动周围群众积极参与，形成上下联动、全员参与的创新氛围。此外，还可以组织党员创新成果展示会、经验交流会等活动，促进创新成果的交流与共享，推动创新文化的持续传播和深化。

3. 构建党建与创新文化的深度融合机制，将党建与企业文化、创新文化紧密交织。明确界定创新为企业文化的核心支柱，将创新元素巧妙融入丰富多彩的党建活动和主题党日，让创新理念深入人心，成为全员共识。此外，建立创新表彰体系，对科技创新、管理革新等领域涌现的杰出党员与群众给予高度认可与奖励，树立标杆，以此点燃全员创新的激情之火，共同推动创新文化的蓬勃发展。

4. 落实党组印发的相关精神学习文件，将党的思想融入职工创新竞赛。从“问题导向、注重应用、立足岗位、创新创效”的理念出发，按照公司“感恩勉励精神建功电力事业”职工技术创新立功竞赛实施方案，结合本单位实际制定劳动竞赛实施细则。让职工在“学中赛，赛中学”，勇于探索，敢于突破，将工匠精神内化于心、外化于行，让精益求精、追求卓越成为每一位电力人的自觉追求。

表 8-1　党建营造创新文化内外两手抓

外显层	内化层
党员职工技术创新先锋平台 党建主题技术创新活动、文化墙 党员技术创新标杆人物	党建与职工技术创新融合评价体系 党建与创新文化的深度融合 党组印发相关精神学习文件

四、创新项目管理机制

创新项目管理机制贯穿创新项目的立项、研发直至结项的每一个环节，旨在通过规范化、制度化的流程来促进和保障创新活动的高效运行。创新项目管理机制服务于职工技术创新，这一机制的核心服务对象是公司职工，他们不仅是技术创新的推动者，而且是机制设计时应首要考虑的受益者。因此，创新项目管理机制应当刚柔兼备：既要体现人文关怀，深切理解并服务于职工的实际需求与工作环境；又要确保管理流程的精简高效，实现对人力资源、物质资源、财务资源及信息资源的优化配置与整合。目前，省公司的创新管理机制还存在制度不合理、流程复杂、缺乏规范创新项目化管理等问题，占用职工日常工作时间，降低创新工作效率。同时，当前职工技术创新工作的历史定位对系统性管理需求不高、资源较少、成果主要应用于本岗位工作，缺乏对系统性管理、规模效应开发的重视。

（一）优化职工创新管理机制，释放创新职工潜能

为全面激发职工的创新活力与创造力，需深入推动创新项目管理领域的“放管服”改革，即简政放权、放管结合、优化服务。对创新职工及其团队给予足够的尊重与信任，赋予他们更广泛的资源调配权、财务自主权以及技术路径决策权，旨在避免因自主权受限、审批流程冗长复杂造成的项目拖延与阻碍（见图 8-8）。

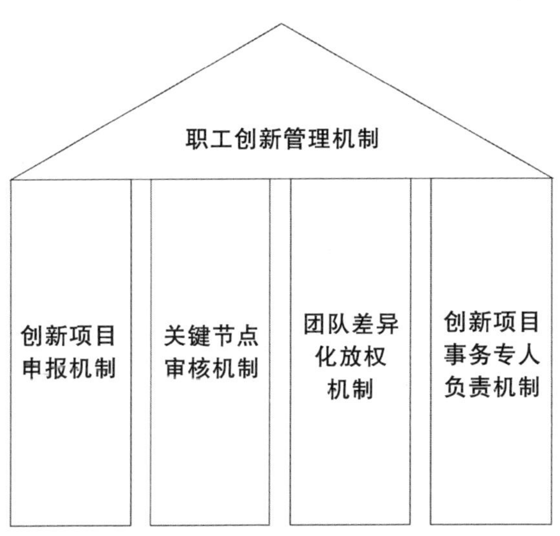

图 8-8　职工创新管理机制示意图

1. 精简创新项目申报材料，建设智能化的申报系统。（1）定制化申报模板与指南。根据国家电网不同业务领域（特高压、智能电网、清洁能源等）的科研项目特点，设计定制化的申报模板和项目指南。这些申报模板和指南应明确列出必要的信息，减少非必要字段，确保创新人员能够直观、快速地填写。（2）强化推行“材料一次报送”制度。严格实施“材料一次报送”制度，明确界定哪些材料是必需的，哪些是可以通过系统验证或后续补充的。对于必须一次性提交的材料，建立严格的审查机制，确保初次提交即符合要求。对于确需后续补充的材料，设定清晰的补充流程和时限，减少科研人员因材料不全而反复奔波的情况。（3）智能化项目申报系统建设。利用云计算、大数据、人工智能等先进技术，构建国家电网专属的智能化项目申报系统。该系统应集项目申报、材料管理、进度跟踪、评审反馈等功能于一体，实现项目管理的全流程数字化。（4）信息高效检索与共享机制。建立项目申报材料库，实现历史项目材料的集中储存和分类管理；加强跨部门、跨领域的信息共享机制，确保及时了解公司内外的最新研究成果、技术趋势和政策动态。

2. 实施关键节点评审机制，减少冗余的检查评估。结合国家电网在特高压、智能电网、清洁能源等领域的战略规划，将创新项目细分为基础研究、技术开发、原型验证、试点应用、商业化推广等阶段。每个阶段设置明确的里程碑和关键节点，确保项目与企业整体发展方向紧密契合。针对不同类型的创新项目（如技术革新、产品研发、系统集成等），灵活调整关键节点的设置。对于高风险、高投入的项目，增加中间评审节点，以便更早地发现问题并调整方向。对于在关键节点评审中表现不佳、不符合预期或偏离研究方向的项目，应及时启动退出机制。同时，根据项目实际情况，制定优化调整策略，如调整研究方向、增加资源投入、更换项目负责人等。

3. 面向不同创新职工及其团队，实施差异化放权策略。（1）设计差异化放权框架：根据国家电网的业务板块（如特高压输电、智能电网、清洁能源技术等）和科研项目的复杂程度、战略重要性，设计差异化的放权框架。确保放权程度与项目需求、团队能力相匹配。引入“创新能力成熟度模型”，定期对创新职工及团队进行评估，基于评估结果动态调整放权范围，确保权力下放既不过度也不不足。（2）科研诚信与创新绩效双轮驱动：建立全面的“科研诚信与创新绩效评价体系”，不仅考察科研成果的数量和质量，而且重视人员在科研过程中的诚信表现，如数据真实性、合作诚信等。对连续保持优秀科研诚信记录并取得显著绩效的创新职工及团队，实施“荣誉勋章”制度，公开表彰，并在后续项目中授予更高的资源支配权和技术决策权。（3）领军人才与创新团队深度赋能：识别并重点培养国家电网内部的领军人才，为其及所在团队提供定制化的成长路径和资源配置。在项目选题上，鼓励领军人才立足国家重大需求、行业前沿技术，自主选择研究方向。

4. 建设创新项目行政事务工作小组，帮助创新职工脱离冗杂事务。作为国家电网企业内部支持创新项目的专业化服务团队，行政事务工作小组旨在通过高效、专业的行政事务管理，为创新职工及团队提供全方位、“一站式”的服务支持。减轻创新职工的事务性负担，让其能够全身心地投入核心创新研究活动，加速科技成果的产出与应用，推动国家电网企业在能源科技领域的持续创新与发展。明确小组职责范围，包括但不限于项目申报管理、预算编制与监控、合同审查与签订、知识产权保护与申请、日常行政事务协调等。

（二）加强创新项目系统性整合，避免创新立项低水平重复

为提升创新项目的整体效能，避免资源浪费在低水平重复立项上，需采取系统性整合措施，确保创新活动聚焦于高价值、前瞻性的领域。通过优化项目布局、强化跨部门协作、建立评审与监管机制等手段，实现创新资源的优化配置与高效利用。

1. 优化项目布局与筛选。建立项目库，对拟立项项目进行科学分类与评估，识别并剔除低水平重复项目，确保创新资源聚焦于真正具有潜力和价值的领域。强化项目间的互补性与协同性，积极搭建跨学科、跨领域合作平台，形成创新合力，促进不同项目进行系统整合。实施“滚动式”项目管理，根据项目进展与评估结果，动态调整项目布局与资源分配，保证创新活动的高效灵活。

2. 强化跨部门协作与信息共享。建立跨部门协调机制，打破信息壁垒，促进创新资源在各部门间的自由流动与高效配置。定期召开跨部门创新研讨会，分享最新研究成果与技术趋势，激发新的创新灵感与合作机会。利用信息化手段，搭建创新项目管理平台，实现项目信息、成果数据的实时共享与跟踪。

（三）加大创新项目分类管理力度，实施差异化评价验收标准

创新项目分类管理的核心意义是优化资源配置与提升管理效能。通过细致分类，根据项目的技术特性、创新层级及实际需求，精准分配资金、人才及技术资源，实现了资源使用的最优化，同时加速了项目推进流程。此外，清晰的项目分类有助于决策层准确把握项目关键点，做出更为精准的战略决策，进而提高项目成功率并激发员工的创新热情。同时，分类管理支持持续创新机制，确保体系能够灵活应对技术发展与市场需求的变化，强化知识产权保护，最终推动国网湖北技术创新体系的全面升级与企业竞争力的持续增强（见图 8-9）。

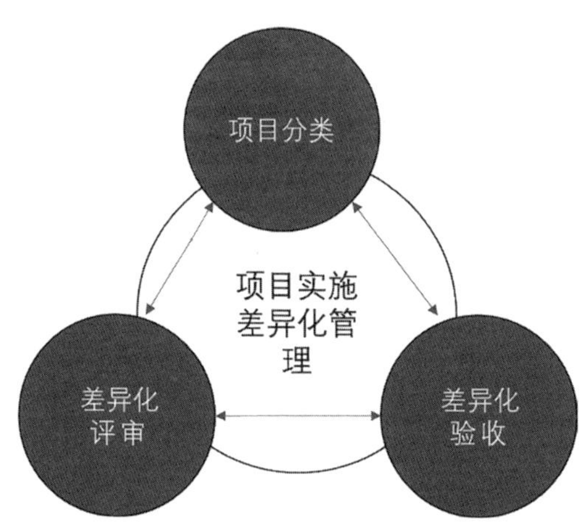

图 8-9　创新项目差异化管理示意图

1. 设立项目分类标准，针对不同类型的项目实施差异化管理。首先，细化创新项目分类标准，根据项目性质、技术难度、预期影响、资源需求等维度，将创新项目划分为基础研究、应用开发、工艺改进、服务模式创新等类别。对每类项目应制定明确的定义界限和评估指标。其次，为每类项目设计启动、执行、监控和收尾流程：针对基础研究类，更关注其前期调研和理论验证；针对应用开发类，侧重于技术实用性、可行性和市场潜力；针对工艺改进类，更聚焦于现有生产过程的优化；针对服务模式创新类，更重视改变服务方式以提升客户体验。最后，根据项目类别调整资源分配，识别高潜力转化项目并加大投入，实施多元化资源配置组合，降低整体创新项目投资风险。

2. 建立差异化的关键节点评审机制，针对不同类型的项目实施差异化评估。针对智能电网、新能源、运维优化及数字化转型等类型的创新项目，精准识别并设定概念验证、初步设计、原型测试及市场反馈等关键节点。每个节点均配套详细的评审标准和流程，涵盖技术可行性、成本效益、合规性及风险评估，确保项目按阶段稳步推进，及时调整策略以应对挑战，最终促进创新成果在国家电网内部的广泛应用与对外推广，引领电力与能源行业的创新发展。

3. 建立完善的差异化验收标准和考核验收机制。紧密契合智能电网、新能源应用、电网安全运维及数字化转型等特色项目类型与目标。具体验收标准不仅涵盖技术性能指标，如系统稳定性、能效提升及设备兼容性等，而且深入考量经济效果，包括投资回报率、成本节约及长期运营效益，同时注重社会影响力的评估，如环保贡献、公众满意度及行业示范效应。通过项目完成度、质量控制、成本控制、时间管理和创新贡献等多维度考核体系，全面评价项目的综合表现。实施项目后评估机制，广泛收集内外部反馈信息，包括但不限于用户反馈、专家评审及市场反馈，深入分析项目的成功与不足之处，总结可复制的成功经验，诚恳地吸取教训；构建PDCA（计划—执行—检查—行动）闭环管理体系，形成持续改进与优化的良性循环，不断提升项目管理水平，推动国家电网企业在电力与能源领域的持续创新与卓越发展。

五、创新成果转化机制

完善成果转化机制不仅能促进技术创新与市场需求的有效对接，提高成果转化效率，而且能通过合理的激励机制激发员工的创新热情和参与度，确保资源的优化配置。同时，成果转化机制能够帮助强化内外部合作，加强知识产权保护，提升企业品牌形象和社会责任感，推动持续创新，增强市场竞争力，促进产业升级和技术进步，最大化创新效益。

（一）优化创新成果转化制度，为成果转化提供明确指引

为高效地推动创新成果转化为实际应用，需构建系统化的管理体系，明确责权归属，优化转化流程，并引入科学评价机制。针对不同来源的创新成果，应制定差异化的转化策略与收益分配方案，运用市场化手段灵活调整分配比例，确保公平合理。此举旨在激发职工的创新动力，提升成果转化效率。通过建立完善的收益分配制度，更好地平衡各方利益，促进创新资源的优化配置，为企业的持续发展注入强大动力（见图8–10）。

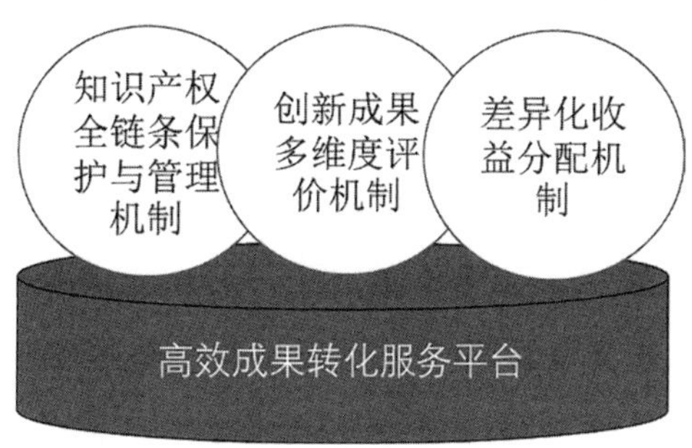

图 8-10　创新成果转化制度优化示意图

1. 构建全方位、高效的成果转化服务平台。构建集成化、高效能的成果转化服务平台，深度融合线上与线下资源，形成覆盖全省乃至全国的服务网络，集技术评估、市场对接、融资支持、法律咨询等功能于一体，同时推动地方和高校院所建立分平台或合作站点，形成全国联动的服务网络。强化信息服务能力，利用大数据、云计算等现代信息技术，构建成果转化信息数据库，实现科技成果信息的精准推送和有效对接，有效地缩短技术成果与市场需求之间的距离，大幅降低信息搜寻与对接的成本，为国网湖北职工技术创新提供更加高效、便捷的信息服务。

2. 强化知识产权的全链条保护与管理机制。加大对知识产权侵权行为的打击力度，完善快速维权机制，提高侵权成本，降低维权成本。积极推动建立知识产权交易平台，为国网湖北的职工技术创新成果提供多元化的运营渠道，促进知识产权的许可、转让、质押融资等运营活动，实现知识产权的市场价值最大化，为创新团队和个人带来实实在在的收益。

3. 深化创新成果多维度评价机制。建立科学系统的评价标准体系，制定统一的创新成果评价标准，注重成果的创新性、实用性、市场潜力等因素，避免单一指标评价的局限性。引入第三方评价机构：鼓励和支持独立的第三方评价机构参与科技成果评价，提高评价的客观性和公信力。注重过程评价与结果评价相结合的原则，既关注技术创新本身的先进性与实用性，又重视成果在实际应用中的效果与反馈；定期发布成果评价报告，为转化决策提供数据支持。

4. 重视差异化收益分配机制。明确成果来源与贡献度，分类评估其市场价值与转化难度。例如，对于自主研发且市场反响强烈的成果，可以适当提高研发团队的分配比例；对于合作研发成果，则需根据合作协议及各方实际贡献进行比例分配；对于技术引进成果，则需考虑引进成本、本土化改造难度及市场前景等因素，进而确定分配比例。设计灵活的分配比例，确保创新者、团队及企业均能获得合理的回报。引入股权激励、项目奖金等额外的激励措施，进一步激发创新动力。此外，保持分配机制的透明度与动态调整性，定期评估市场变化与转化进展，确保公平合理。加强沟通，确保各方对分配原则与结果的理解和信任，共同推动成果转化工作顺利进行，为企业持续创新与发展奠定坚实的基础。

（二）依托专业机构开展成果转化，加速技术转移专业人员培养

为了高效地将科研成果转化为实际应用，依托专业机构和专业经纪人队伍加速其市场化进程显得尤为重要。这些专业人才不仅能够搭建科研成果与市场需求之间的桥梁，而且能通过精准的市场分析与定位，显著地提升创新成果的应用落地效率。

1. 成立专门的创新成果转化服务部门，并与技术转移专业机构建立密切联系。技术转移专业机构通过提供成果评估、市场调研、商业模式设计、融资策划等专业服务，为创新成果量身定制市场化

路径，其专业能力与广泛的资源网络，能够极大地缩短创新成果从实验室到市场的周期，加速其商业化进程。在创新成果转化管理部门的监督下，鼓励创新团队在研发初期就与技术转移专业机构建立联系，定期组织与专业技术转移机构的沟通对接，共同制定成果转化路径和策略；针对转化过程进行全程跟踪与管理，及时解决转化过程中出现的问题。

2. 培养一批技术转移经纪人。这批经纪人需要具备深厚的专业知识背景，精通市场运作规律与谈判技巧。作为创新成果转化的“催化剂”，技术转移经纪人能够敏锐地捕捉市场需求，精准匹配供需双方，有效地推动技术转移与成果转化。同时，他们还能在转化过程中提供法律咨询、知识产权保护等增值服务，确保转化过程顺利进行。此举旨在扩大技术创新成果的落地，拥有更大的辐射范围。

（三）强化成果转化协同机制，深化系统单位协同合作

为了促进创新成果顺利转化，应从文化与激励、资源与支持、流程与管理、合作与交流等 4 个层面，健全省公司各单位之间全面的创新成果转化协同合作机制，加强创新成果转化中各单位、各部门协同，建立多层次的合作机制，推动成果转化。

1. 创新文化和多元化激励机制是成果转化协同机制的精神支柱与动力源泉，为成果转化营造了良好的内部环境。创新文化能够激发职工的创新意识和积极性，为成果转化提供源源不断的创意和动力；多元化激励机制则能够确保职工在创新过程中得到应有的回报和认可，进一步激发其创新热情。确立创新为企业发展的核心价值观，通过定期举办创新讲座、研讨会等活动，培养职工的创新意

识和思维；在企业内部树立创新榜样，通过表彰、奖励等方式，鼓励职工向创新榜样学习，形成良好的创新氛围；设立多层次的创新奖项，包括创新项目奖、创新团队奖、创新个人奖等，对在技术创新中表现突出的职工给予丰厚的物质奖励；为职工提供个性化的职业发展路径，包括晋升机会、薪酬提升、培训机会等，激发其创新动力。

2. 创新资源的合理配置和专业指导的支持是成果转化协同机制的物质基础和技术保障。根据技术创新项目的需求和优先级，合理分配资金、设备、场地等资源，确保重点创新项目得到足够的支持；同时，提供专业的技术指导和建议，帮助职工解决创新过程中遇到的难题，提高创新项目的成功率。建立创新资源共享平台，包括技术资料库、专利池、实验设备等，供职工在创新过程中随时调用和共享。邀请行业内的专家或学者担任企业的创新顾问，为职工提供专业的技术指导和建议。设立创新辅导计划，为创新团队提供定制化的辅导和支持，包括市场调研、技术路线规划、商业模式设计等。

3. 优化创新流程和强化项目管理是成果转化协同机制的重要手段和保障措施，确保成果转化过程顺畅、高效。简化创新项目的申报和审批流程，减少不必要的环节和等待时间，提高创新项目的立项效率；引入敏捷管理方法和工具，如 Scrum、Kanban 等，提高创新项目的响应速度和执行效率；对创新项目进行全生命周期管理，包括项目立项、研发、测试、验收、推广等环节，确保项目按时、按质完成；使用项目管理工具进行进度跟踪和风险管理，及时发现和解决项目执行过程中的问题和挑战，提高项目的成功率。

4. 内部合作机制的建立和外部合作网络的拓展是成果转化协同

机制的重要补充和扩展，为成果转化提供了更广阔的空间和更多的可能性。对内，鼓励跨部门、跨团队的合作与交流，通过设立内部创新协作平台，促进不同部门与团队之间的知识共享和经验交流；定期举办内部创新交流会、技术沙龙等活动，为职工提供面对面的交流机会，共同攻克技术创新难题。对外，与高校、科研机构等外部创新源建立长期稳定的合作关系，通过联合研发、技术转移等方式引进外部创新资源和技术；积极参与或主办行业创新大会、技术研讨会等活动，拓宽职工的视野和合作机会，寻找更多的创新合作伙伴。

（四）完善成果转化考核评价，健全中长期激励机制

1. 增强成果转化考核与激励机制的联系。针对创新职工，尤其是开展应用研究类创新项目的创新职工，加强成果转化在考核评价中的比重；同时，在奖励政策上增加转化应用的激励内容，例如，设立成果转化奖励基金，使成果转化效益与主研人或者团队的经济效益直接挂钩，激发研发人员的首创精神。明确成果转化过程中各环节的贡献度，并制定个人与单位之间公正合理的利益分配标准，确保激励的公平性与有效性；建立成果转化跟踪机制，定期对成果转化情况进行评估，及时调整激励政策。

2. 改进科研管理和评价机制，凸显成果转化导向。将成果转化作为科技项目立项的前置条件和奖项评审的重点。服务模式创新型项目旨在通过新颖的服务模式设计，提升服务效率和质量，满足市场需求，其实际效果最终体现在服务模式的实际应用效果和市场接受度上。因此，在服务模式创新型项目的立项阶段，项目团队不但需要提出创新的服务模式构想，而且要明确该模式如何在实际应用

中实现价值，包括如何提升服务质量、降低成本、提高用户满意度等，并预测其市场潜力和社会效益，如服务效率的提升、用户数量的增长、市场份额的扩大等。加大成果转化应用的考察力度，旨在激励职工更加注重创新活动的实际应用价值，更好地服务于经济社会的发展。

3. 进一步完善中长期激励机制。深化“两类三级”创新型人才体系建设，完善《创新型人才管理办法》《创新型人才激励方案》等相关规章制度，对创新型人才进行薪酬待遇的倾斜。大力推动科技成果转化专项奖励等激励举措实施，将创新成果纳入业绩考核，并对取得良好转化收益的创新团队或个人给予重奖。提高“揭榜挂帅”科研项目管理办法曝光度，公开在公司内部竞争遴选牵头单位和项目负责人；依托创新工作室、职工大讲堂、班组微课堂等载体，激励职工立足工作实际创新创效，并举办职工技能运动会和劳动竞赛，选拔创新尖兵、挖掘创新成果，为职工搭建展示自己的舞台。

六、全员参与赋能机制

在国网湖北电力职工技术创新体系建设中，动员各方力量，汇聚创新智慧，形成一股不可小觑的创新合力。全员参与是将创新潜能推向极致的关键所在。通过广泛且深入的动员，公司上下的每一位职工、公司内外的每一位利益相关者，都被赋予了创新的使命与责任，他们凭借各自的专业知识、实践经验及独特视角，在创新的大潮中相互碰撞、融合，激发出前所未有的创造力与活力。全员参与赋能机制为实现公司职工技术创新建设目标、推动公司创新高质量发展注入了源源不断的动力（见图 8-11）。

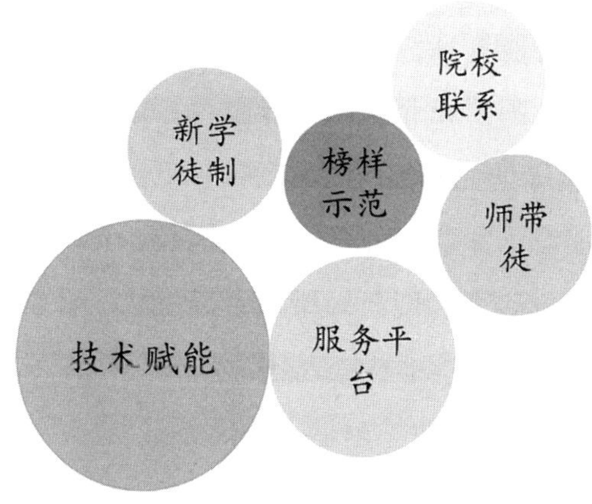

图 8-11　全员参与赋能机制示意图

（一）新学徒制

推行新学徒制，融合校企资源，精准培训，培养复合型技能人才。汽车行业通过实施“金扳手项目”等新型学徒制试点，由公司技能培训中心与员工所在企业共同探讨技能人才培养模式改革创新，确保培训内容与实际工作需求高度契合。将企业培训与学校教育紧密结合，赋予学员“企业员工”与“学校学生”的双重身份，让学员在真实的工作环境中获得实践知识，形成综合职业能力，并通过职业资格考核与鉴定。国网湖北电力也可以推行新学徒制：企业承担学徒培训的主体职责，与目录清单内的培训机构合作，采取“企校双制、工学一体”“企校双师带徒”“工学交替培养”等模式共同培养学徒。各类企业特别是规模以上企业可结合实际需求和学徒职业发展、技能提升意愿，采用举办培训班、集训班等形式组织培训，采取弹性学制和学分制等管理手段，按照“一班一方案”开展学徒培训。积极推行“招工即招生、入企即入校、企校双师联合培养”的青年技能人才培养新制度，让新员工从入职之初就能享受到高质量的职业技能培训，为职业生涯奠定坚实的基础。对于技能岗位的转岗员工，国网湖北电力同样重视，通过提供转岗转业储备性技能培训，确保他们“转岗即能顶岗”，无缝对接新岗位需求。培训内容紧密围绕国家职业标准，聚焦岗位技能需求，同时注重培养学员的岗位适应能力、创新思维及革新能力，致力于培养出既懂技术又善管理的复合型技术技能人才。

（二）师带徒

有效地实施“师带徒”制度，精准配对与实施个性化培训，加速青年员工技能成长与企业文化传承。通过实施“师带徒”制度，经验丰富的老员工与青年员工结对，向后者传授技能与经验，促进青年员工快速成长。如国网京山市供电公司定期召开“师带徒”启动会，分析青年员工成长轨迹，传承工匠精神。建立青年员工年度成长轨迹评估机制，及时了解员工思想动态，确保师带徒活动取得实效。师带徒制度旨在通过一对一的紧密指导，实现专业技能与企业文化的高效传承。该制度首先明确师父与徒弟的选拔标准，确保师父具备丰富的行业经验与高尚的职业道德，而徒弟则展现出积极的学习态度和一定的专业基础。随后，通过签订“师徒协议”，明确双方的责任与义务，确保培训过程有序进行。在实施过程中，师徒双方共同制订个性化的培训计划，结合岗位需求和徒弟的实际情况，采用多样化的培训方式，如现场教学、案例分析、技能实操等，提升徒弟的专业技能和实践能力。同时，师父不仅传授技术知识，而且注重培养徒弟的职业道德、团队协作精神和安全生产意识，实现全方位的人才培养。为确保培训效果，师带徒制度还建立了严格的考核与激励机制。通过定期考核和综合评价，对徒弟的学习成果进行量化评估，对表现优异的师徒对子给予表彰和奖励，以此激发师徒双方的积极性和创造力。

（三）榜样示范

榜样示范作为国网湖北电力推动职工技术创新体系建设的关键策略，树立典型与强化示范引领双管齐下。国网湖北电力积极树立并宣传罗万云、胡洪炜等劳模工匠的先进事迹，通过他们的创新成果和励志故事激励全体员工。建立省公司级示范性创新工作室，如罗万云创新工作室和李阳海创新工作室，发挥劳模工匠的示范引领作用，带动全员创新创效。榜样示范不仅体现在技术创新成果的展示上，而且体现在对技术创新精神的传承与弘扬上，以及对技术创新机制的推动与完善。首先，通过展示一系列标志性的技术创新成果，如特高压技术的全球领先地位和多项突破性专利的获得，榜样们以实际行动诠释了何为“技术引领”。他们是技术的先行者，更是精神的灯塔，激励着周围人不断攀登技术高峰，勇于探索未知领域。其次，榜样示范还体现在对技术创新精神的传承与弘扬上。他们展现了不畏艰难、敢于挑战、持续学习的精神风貌，这种精神如同火种，点燃了职工内心的创新热情。通过劳模与创新工作室的示范效应，榜样们不仅传授了技术知识，而且传递了创新思维和解决问题的方法，促进了团队整体创新能力的提升。最后，公司高度重视榜样示范在技术创新机制中的作用，通过构建完善的创新激励机制和搭建多样化的创新平台，为职工提供了展示自我、实现价值的广阔舞台。这些措施不仅激发了职工的创新动力，而且促进了技术创新成果的快速转化和应用，形成了良好的创新生态。

（四）技术赋能

前沿技术赋能，全面优化运维、建设与管理，促进职工技术创新工作新发展。国网湖北电力积极实施技术赋能战略，通过全面部署无人机智能巡检系统，实现航迹规划与自主飞行、高清影像与智能识别、实时数据传输与监控，显著地提升了电网运维的效率与精确度；构建智慧工地平台，运用人脸识别、环境监测与污染治理、进度跟踪与数据共享等技术，确保电网建设现场的安全、绿色与高效；升级供应链运营中心，融合智能采购、数字物流、全景质控与风险预警等智能化手段，实现供应链的协同工作与数据分析，为电网运维与管理提供了全方位的技术支持，推动了电网的可持续发展。在职工技术创新的过程中，通过深度融入先进技术，如人工智能、大数据与云计算、物联网等，实现了从创新方向选择到成果转化的全面优化。利用AI技术提升职工的数据处理与分析能力，借助大数据平台挖掘创新潜力，通过物联网技术实时监控生产状态，为创新提供精准数据。此外，应用智能设计软件、智能制造技术及智能检测手段，优化创新过程，提高效率与质量。在成果转化阶段，数字化仿真与模拟技术降低了试错成本，知识产权管理系统则有效地保护了创新成果。

（五）院校联系

校企合作助力技术创新体系，促进融合与成果转化，共育创新生态。在技术创新体系的构建中，院校与企业可以在平台建设、人才培养与交流、科研项目合作以及创新文化营造等方面建立密切联系。首先，聚焦于技术创新平台的建设，双方携手并进，共同打造了合作研发中心与实训基地等高端平台。这些平台不仅装备了尖端的研发设备与工具，而且会聚了来自学术界的理论精英与产业界的实践专家，形成了一支跨界融合的创新团队。他们携手探索技术前沿，合力攻克技术难关，为职工搭建起从理论学习到实践应用、从创意萌芽到成果转化的全方位支持体系。其次，在人才培养与交流领域，院校与企业之间建立了深度合作的战略伙伴关系。院校紧密贴合企业的实际需求，灵活调整教学内容，开发定制化的教材，并邀请企业专家走进课堂，传授实践经验，确保教学内容既具有前瞻性又富有实用性。同时，企业也积极地向院校开放实习岗位，为在校学生提供实战演练的舞台，不仅丰富了学生的实践经验，而且为自身储备了未来的人才资源。此外，双方还通过师资互聘、联合培养等机制，实现教育资源的深度整合与优势互补，为技术创新的持续发展奠定了坚实的人才基础。在科研项目合作方面，院校与企业共同申报并承担了国家、省、市各级科研项目，充分发挥各自在理论研究与实践应用方面的优势，协同开展技术研究与开发工作。双方建立了科研成果共享与转化机制，加速技术成果向实际生产力的转化步伐，实现技术创新与产业发展的良性互动与循环。最后，在创新文化的营造上，院校与企业携手努力，共同打造了充满活力与创新精神的生态环境。通过举办创新讲座、研讨会、竞赛等丰富多彩的活动，激发了职工与学生的创新热情与创造力，为他们提供了展示自我、交流思想的广阔舞台。同时，双方还积极搭建创新交流平台，促进不同领域、不同背景的人才之间的思想碰撞与灵感激发，为技术创新注入了源源不断的活力与动力。

（六）服务平台

创新平台与培训平台双轮驱动，支撑职工技术创新，加速项目转化与能力提升。创新服务平台与技能培训平台构成了职工技术创新体系的两大支柱，二者相互支撑，共同推动企业的技术创新进程。一方面，创新服务平台作为核心枢纽，致力于构建集创新项目申报、成果展示、转化应用于一体的“一站式”服务体系。该平台通过整合内外部资源，为职工提供全方位、便捷化的创新支持。以国网湖北电力举办的职工技术创新成果展为例，此类活动不仅是对职工创新成果的一次集中展示，而且是促进成果推广与应用的重要契机。通过展览，优秀的创新项目得以脱颖而出，吸引更多的关注与投资，从而加速其向实际生产力的转化。另一方面，技能培训平台则是职工技能提升与创新能力培养的坚实后盾。技能培训平台采用线上线下相结合的创新模式，打破传统培训的时空限制，为职工提供丰富多样、灵活便捷的学习机会。网络课程、在线研讨会等线上平台，利用互联网的便捷性，让职工能够随时随地获取前沿的知识与技能，保持与行业发展的同步。职工大讲堂、班组微课堂等线下活动，则通过面对面的深入交流与互动，增强学习的沉浸感与实效性，激发职工的创新思维与实践能力。这种双线并进的培训模式，不仅有效地拓宽了职工的知识视野，而且为企业的技术创新储备了强大的人才力量。

附录：国网湖北省电力有限公司职工技术创新体系评价表

附表 1：国网湖北省电力有限公司“五小”活动成果评审标准表

指标	评价内容	得分
创新性（30 分）	小发明、小创造、小革新、小设计全部为自主独创，小建议的内容新颖，涉及尚未引起重视的焦点问题。“五小”均为公司系统首创或首次提出	26~30
	小发明、小创造、小革新、小设计借鉴已有技术，为部分创新或对已有分散技术进行组合式创新；小建议是在已有建议的基础上，提出扩展性的新建议，对企业生产、经营管理较为重要	21~25
	小发明、小创造、小革新、小设计仅对已有技术进行了使用适应性或舒适性的改进，未改变原有的主要形式或结构，自主独创内容较少；小建议反映的问题为通常性问题，对企业生产、经营管理有一定的促进作用	20
实用性（30 分）	小发明、小创造、小革新、小设计的创新思路先进、实用性强，具有较好的通用性，可普遍提高电网安全运行水平以及通用工作、管理的效率；小建议能较好地体现企业客观需要的迫切性	26~30

续表一

指标	评价内容	得分
实用性（30分）	小发明、小创造、小革新、小设计的创新思路较先进，实用性较强，可针对性地提高电网某一类设备的安全运行水平以及某一类工作、管理的效率；小建议能满足企业生产的迫切的需求	21~25
	小发明、小创造、小革新、小设计的创新思路一般，实用性一般，可提高电网某一类设备局部的安全运行水平以及局部工作、管理的效率；小建议能满足企业生产的一般需求	20
应用效果（20分）	小发明、小创造、小革新、小设计普遍应用于企业范围内的实际工作，对企业的生产运行和工作、管理效益有较大的影响，对企业修订工艺影响较大；小建议对工作、管理效益有较大的影响，对管理流程、管理方法、管理内容有较大的影响。成果已实际应用9个月以上	16~20
	小发明、小创造、小革新、小设计在工区、部门范围内产生影响，具有普遍的针对性，对企业生产运行和工作、管理效益有较大的影响，对企业工艺修订影响一般；小建议对工作、管理效益有一定的影响，对管理流程、管理方法、管理内容有一定的影响。成果已实际应用6个月以上	11~15
	小发明、小创造、小革新、小设计在本班组范围内产生影响，对企业生产运行和工作、管理效益有一般的影响，对企业工艺修订无影响；小建议对工作、管理效益有较小的影响，对管理流程、管理方法、管理内容没有影响。成果已实际应用3个月以上	10
技术水平（10分）	小发明、小创造、小革新、小设计借鉴或吸收应用最新先进技术或贴切生产适用技术，工艺及技术水平较高，装置符合标准化管理要求；小建议解决生产或管理技术含量高，可操作性强，实施无障碍	9~10
	小发明、小创造、小革新、小设计借鉴或吸收应用比较先进的技术或比较贴切生产适用技术，工艺及技术水平较高，装置符合标准化管理要求；小建议解决生产实际或工作管理技术含量较高，可操作性较强，实施有一定难度	6~8

续表二

指标	评价内容	得分
技术水平（10分）	小发明、小创造、小革新、小设计借鉴或吸收应用一般适用技术或基本贴切生产适用技术，装置应用率一般，工艺及技术水平一般，装置基本符合标准化管理要求；小建议解决生产实际或工作管理技术含量一般。有可操作性，实施难度大	5
推广前景（10分）	成果有较高的推广价值，已得到普遍应用，推广力度较大、范围较广，在本单位应用效果较好，有在省公司推广使用的价值；成果获得国家专利或被公司级以上机构发布并颁奖，实施后取得较好的经济效益、社会效益或工作效益	9~10
	成果有较高的推广价值，已在部分区域得到良好的应用，推广力度较大、范围较广，在本工区或部门应用效果较好，有在本单位推广使用的价值；成果在本单位已发布并获奖，实施后取得一般的经济效益、社会效益或工作效益	6~8
	成果有较高的推广价值，仅在部分试点地区应用，推广力度、范围一般，在本班组应用效果较好，有在工区或本单位专业系统内推广使用的价值；成果没有在本单位发布，实施后取得一定的经济效益、社会效益或工作效益	5
合计		100

附表 2：国网湖北省电力有限公司“五小”成果评分表（技术类）

评价指标		评价程度及说明（指标分值）			
名称	含义				
科技含量	成果使用技术的科技含量水平，是否获得专利	很高：科技含量很高，取得国家专利授权（20 分）	高：已经申请专利，并受理（15 分）	比较高：采用行业先进技术，贴近生产实际（13 分）	一般：凭生产实践经验（11 分）
自主创新程度	利用科学知识和原理，在产品、工艺和材料等方面自主创新技术所占的比重	很高：全部为自主创新技术（20 分）	高：大部分为自主创新技术（15 分）	较高：组合式创新技术不少于 2 个（10 分）	一般：组合式创新技术少于 2 个（8 分）
难度和复杂程度	成果在研究、开发和应用过程中采用的方法、手段的难度和复杂程度	高：采用的方法和手段是首创的且利用了多学科知识（10 分）	较高：采用的方法和手段是首创的（8 分）	一般：采用的方法和手段是在现有基础上改进的（6 分）	较低：采用的方法和手段基本上是现有技术（4 分）
应用和推广程度	成果在企业和社会推广应用的情况	高：已推广应用到全行业乃至行业以外（20 分）	较高：已在公司范围内推广应用（18 分）	一般：已在本单位或部门推广应用（16 分）	较低：仅有样品，但有潜在的推广价值（14 分）
经济和社会效益	成果应用取得的直接、间接经济效益，或在安全、环境、生态、资源等保护与合理利用，提高职工生活质量和健康水平，防灾、减灾，提高管理水平等方面取得的社会效益	很大：经济效益大于等于 100 万元或社会效益显著（30 分）	较大：经济效益为 50 万 ~ 100 万元或社会效益较大（25 分）	一般：经济效益为 10 万 ~ 50 万元或社会效益一般（20 分）	较小：经济效益少于 10 万元或社会效益较小（15 分）

注：满分为 100 分，项目评审将依据上表各指标的综合得分优选。

附表3：国网湖北省电力有限公司“五小”成果评分表（管理类）

评价指标		评价程度及说明（指标分值）			
名称	含义				
成果的创新程度	成果所持观点或使用的方法创新程度的水平	很高：全部为自主创新（15分）	高：大部分为自主创新（13分）	较高：部分为借鉴同行业其他企业的方法，但有所改进（11分）	一般：移植其他企业的管理办法（9分）
成果的经济、社会效益	成果应用取得直接、间接经济效益，或在安全、环境、生态、资源等保护与合理利用，提高职工生活质量和健康水平，防灾、减灾，提高管理水平等方面取得的社会效益	很大：经济效益大于等于30万元或社会效益显著（40分）	较大：经济效益为20万～30万元或社会效益较大（35分）	一般：经济效益为10万～20万元或社会效益一般（30分）	较小：经济效益少于10万元或社会效益较小（25分）
成果可操作性	推广应用的难度和复杂程度	高：可操作性很强，采用后平稳过渡即可（20分）	较高：具有较高的可操作性，但需作一定程度的变动（18分）	一般：需要进行比较大的变动，尚可实现建议的办法（16分）	较低：具有理论可行性，但实际操作困难（14分）
成果的采用、转化及推广程度	成果应用取得直接、间接经济效益，或在安全、环境、生态、资源等保护与合理利用，提高职工生活质量和健康水平，防灾、减灾，提高管理水平等方面取得社会效益	高：已在全行业乃至行业以外推广应用（25分）	较高：已在公司范围内推广应用（23分）	一般：已在本单位内推广应用（21分）	较低：已在本单位试用，但有潜在的推广价值（19分）

注：满分为100分，项目评审将依据上表各指标的综合得分优选。

附表 4:“鄂电工匠”评测表

<table>
<tr><th colspan="3">评分项目</th><th>评分标准</th><th>分值</th><th>备注</th></tr>
<tr><td rowspan="16">工艺专长（45%）</td><td rowspan="11">技术技能等级（20分）</td><td rowspan="4">专家等级</td><td>国家级</td><td>10</td><td rowspan="4">四级四类：国家级、国家电网级、省公司级、地市公司级，经营类、管理类、技术类、技能类（含服务类）</td></tr>
<tr><td>国家电网级</td><td>8</td></tr>
<tr><td>省公司级</td><td>6</td></tr>
<tr><td>地市公司级</td><td>4</td></tr>
<tr><td rowspan="4">专业职称等级</td><td>正高级职称</td><td>10</td><td rowspan="7">两者不可兼得，去除最高等级</td></tr>
<tr><td>高级职称</td><td>8</td></tr>
<tr><td>中级职称</td><td>6</td></tr>
<tr><td>初级职称—助理级</td><td>2</td></tr>
<tr><td rowspan="3">职业技能等级</td><td>高级技师</td><td>8</td></tr>
<tr><td>技师</td><td>6</td></tr>
<tr><td>高级工</td><td>2</td></tr>
<tr><td rowspan="5">技能相关荣誉（15分）</td><td colspan="2">国家级</td><td>15</td><td>技能类大奖，如全国技术能手、技能大师，根据颁发单位及奖项每次颁发人数（含金量）计算分数，取最高荣誉</td></tr>
<tr><td rowspan="2">省部级</td><td>政府</td><td>10</td><td rowspan="4">—</td></tr>
<tr><td>行业协会及国家电网</td><td>9</td></tr>
<tr><td rowspan="2">地市级</td><td>政府</td><td>5</td></tr>
<tr><td>省公司</td><td>3</td></tr>
</table>

续表一

<table>
<tr><th colspan="3">评分项目</th><th>评分标准</th><th>分值</th><th>备注</th></tr>
<tr><td rowspan="8">工艺专长（45%）</td><td rowspan="3">突出贡献（20分）</td><td></td><td>国家级</td><td>5</td><td rowspan="3">在重点工程、重大事故、企业技术改造、引进吸收新技术、降耗增效、提升安全生产水平、提升服务质量等方面取得的成绩、作出突出贡献取得的奖项。
国家级：取得1项得5分，20分封顶；
省部级：取得1项得4分，20分封顶；
地市级：取得1项得3分，20分封顶</td></tr>
<tr><td></td><td>省部级</td><td>4</td></tr>
<tr><td></td><td>地市级</td><td>3</td></tr>
<tr><td rowspan="3">技能竞赛（30分）</td><td></td><td>国家级</td><td>30</td><td rowspan="3">国家级、省部级、地市级一等奖满分，二等奖、三等奖依次降低2分，取最高奖项</td></tr>
<tr><td></td><td>省部级</td><td>24</td></tr>
<tr><td></td><td>地市级</td><td>18</td></tr>
<tr><td colspan="2" rowspan="2">制定行业标准或编写操作规范、作业指导书（15分）</td><td>行业标准</td><td>8</td><td rowspan="2">行业标准：制定1个省部级及以上标准得8分，15分封顶；
操作规范、作业指导书：编写一部出版教材得4分，12分封顶</td></tr>
<tr><td>操作规范、作业指导书</td><td>4</td></tr>
</table>

续表二

<table>
<tr><th colspan="3">评分项目</th><th>评分标准</th><th>分值</th><th>备注</th></tr>
<tr><td rowspan="8">创新能力（30%）</td><td rowspan="5">创新工作室（10分）</td><td colspan="2">国家级</td><td>10</td><td rowspan="5">—</td></tr>
<tr><td rowspan="2">省部级</td><td>示范点</td><td>7</td></tr>
<tr><td>工作室</td><td>5</td></tr>
<tr><td rowspan="2">地市级</td><td>示范点</td><td>3</td></tr>
<tr><td>工作室</td><td>2</td></tr>
<tr><td colspan="2" rowspan="3">工作室或团队成果（15分）</td><td>国家级</td><td>5</td><td rowspan="3">所在工作室、团队因取得重大发明创造或重大技术革新在本单位、本行业、本系统、本领域取得的奖项，如全国质量信得过班组，
整个模块封顶15分。
获得1项国家级奖项得5分，15分封顶；
获得1项省部级奖项得3分，10分封顶；
获得1项地市级奖项得2分，8分封顶</td></tr>
<tr><td>省部级</td><td>3</td></tr>
<tr><td>地市级</td><td>2</td></tr>
</table>

续表三

<table>
<tr><th colspan="2">评分项目</th><th>评分标准</th><th>分值</th><th>备注</th></tr>
<tr><td rowspan="7">创新能力（30%）</td><td rowspan="3">创新及科研成果获奖（30分）</td><td>国家级</td><td>10</td><td rowspan="3">有重大发明创造或重大技术革新，在本单位、本行业、本系统、本领域取得重要成果，作出突出贡献，获得相应奖励。
获得1项国家级奖项、表彰或完成1项科研项目得10分，30分封顶；
获得1项省部级奖项得6分，24分封顶；
获得1项地市级奖项得4分，20分封顶</td></tr>
<tr><td>省部级</td><td>6</td></tr>
<tr><td>地市级</td><td>4</td></tr>
<tr><td rowspan="4">获得专利或软件著作权（25分）</td><td>发明专利</td><td>6</td><td rowspan="4">获得1项发明专利得6分，封顶25分；
获得1项实用新型专利得3分，实用新型专利模块封顶18分；
获得1项外观专利或1项软件著作权得2分，外观专利与软件著作权模块封顶12分</td></tr>
<tr><td>实用新型专利</td><td>3</td></tr>
<tr><td>外观专利</td><td>2</td></tr>
<tr><td>软件著作权</td><td>2</td></tr>
</table>

续表四

<table>
<tr><th colspan="3">评分项目</th><th>评分标准</th><th>分值</th><th>备注</th></tr>
<tr><td rowspan="3">创新能力（30%）</td><td rowspan="3" colspan="2">论文与著作（20分）</td><td>著作</td><td>5</td><td rowspan="3">著作：要求与所从事的专业在学科上相关，著作在正规出版社出版10万字以上，每部著作得5分，20分封顶；核心期刊发表1篇文章得4分，20分封顶；非核心期刊发表1篇文章得2分，14分封顶</td></tr>
<tr><td>核心期刊</td><td>4</td></tr>
<tr><td>非核心期刊</td><td>2</td></tr>
<tr><td rowspan="14">荣誉基础（10%）</td><td rowspan="3">劳动模范（50分）</td><td colspan="2">国家级</td><td>50</td><td rowspan="3">—</td></tr>
<tr><td colspan="2">省部级</td><td>30</td></tr>
<tr><td colspan="2">地市级</td><td>20</td></tr>
<tr><td rowspan="5">个人荣誉（30分）</td><td colspan="2">国家级</td><td>30</td><td>如十佳班组长、先进个人等荣誉。取最高荣誉，不重复累加算分</td></tr>
<tr><td rowspan="2">省部级</td><td>政府</td><td>25</td><td rowspan="4">—</td></tr>
<tr><td>行业协会及国家电网</td><td>23</td></tr>
<tr><td rowspan="2">地市级</td><td>政府</td><td>20</td></tr>
<tr><td>行业协会及省公司</td><td>18</td></tr>
<tr><td rowspan="6">团队荣誉（20分）</td><td rowspan="2">国家级</td><td>政府</td><td>20</td><td rowspan="6">取最高荣誉，不重复累加算分</td></tr>
<tr><td>行业协会</td><td>16</td></tr>
<tr><td rowspan="2">省部级</td><td>政府</td><td>12</td></tr>
<tr><td>行业协会及省公司</td><td>9</td></tr>
<tr><td rowspan="2">地市级</td><td>政府</td><td>4</td></tr>
<tr><td>行业协会及地市公司</td><td>2</td></tr>
</table>

续表五

<table>
<tr><th colspan="3">评分项目</th><th>评分标准</th><th>分值</th><th>备注</th></tr>
<tr><td rowspan="12">人才培养（15%）</td><td rowspan="3">师带徒（40分）</td><td>省公司级</td><td>优秀师父</td><td>40</td><td rowspan="3">—</td></tr>
<tr><td rowspan="2">市公司级</td><td>优秀师父</td><td>30</td></tr>
<tr><td>优秀徒弟</td><td>25</td></tr>
<tr><td rowspan="6">典型经验入库、编写教案、题库（40分）</td><td rowspan="4">典型经验入库</td><td>行业协会</td><td>10</td><td rowspan="4"></td></tr>
<tr><td>国家电网级</td><td>8</td></tr>
<tr><td>省公司级</td><td>6</td></tr>
<tr><td>地市公司级</td><td>4</td></tr>
<tr><td colspan="2">教案</td><td>4</td><td rowspan="2"></td></tr>
<tr><td colspan="2">编写题库</td><td>3</td></tr>
<tr><td rowspan="3">内训师（20分）</td><td colspan="2">国家电网</td><td>20</td><td rowspan="3">—</td></tr>
<tr><td colspan="2">省公司</td><td>16</td></tr>
<tr><td colspan="2">地市公司</td><td>10</td></tr>
<tr><td colspan="2">备注</td><td colspan="4">“鄂电工匠”评价标准分为4个模块，为突出重点奖项分值，将每个模块设置为满分100分，最后根据每个模块的得分比例计算总分；总分＝工艺专长 ×45%+创新能力 ×30%+荣誉基础 ×10%+人才培养 ×15%</td></tr>
</table>

附表 5：职工技术创新立功竞赛考核评分表

序号	考评项目	标准分	考核内容	评分事项	得分
	“四个一”职工技术创新管理体系推进情况				
1	核心理念落实情况（20 分）	20	各单位对国网党组《关于印发贯彻落实习近平总书记重要勉励精神进一步加强职工技术创新工作若干举措的通知》的落实情况	1. 组织召开本单位职工创新和表彰大会，学习落实国家电网党组和省公司党组创新大会精神（10 分） 2. 从“问题导向、注重应用、立足岗位、创新创效”的理念出发，按照公司“感恩勉励精神 建功电力事业”职工技术创新立功竞赛实施方案，结合本单位实际，制定劳动竞赛实施细则（10 分）	
2	工作机制建立情况（90 分）	30	职工技术创新组织体系建设	1. 建立本单位职工技术创新组织机构，完善“党委领导、工会牵头、专业支撑、职工参与”的工作机制（20 分） 2. 将职工技术创新管理办法列入本单位重要议事日程，纳入本单位创新体系、发展规划和人才培养计划（10 分）	
		30	资金投入渠道	1. 设立职工技术创新专项，在项目立项、项目研发和成果推广环节提供资金支持（20 分） 2. 加大对职工技术创新、推广推介、总结提升等方面经费支持（10 分）	
		30	职工技术创新配套管理制度	根据公司《职工技术创新管理办法》《职工（劳模、工匠）创新工作室建设管理办法》《关于常态化开展“五小”活动的实施意见》《关于加强职工创新工作室联盟建设的指导意见》《职工技术俱乐部建设管理办法》等关于职工技术创新的 5 个制度文件，结合本单位实际，进一步细化配套文件（30 分）	

续表一

序号	考评项目	标准分	考核内容	评分事项	得分
3	平台载体建设情况（380分）	60	职工“五小”活动开展	1. 按照中华全国总工会《关于广泛深入持久开展“五小”活动的指导意见》要求，常态化开展职工“五小”各项活动，要有活动方案（10分） 2. 按照公司《常态化开展“五小”活动的实施意见》要求，确保相关措施到位，包括有组织机构、有实施细则、有资金保障、有转化推广（10分） 3. 开展职工“五小”成果评选活动，申报“五小”成果获国家级奖项得5分、省部级奖项得3分、地市级奖项得2分（单一成果取最高分，满分40分）	
		90	职工（劳模、工匠）创新工作室建设	1. 按照公司《创新工作室管理办法》，对本单位各级创新工作室进行建设管理维护，检查本单位各级创新工作室数量，获国家级授牌得5分、省部级授牌得3分、地市级授牌得2分（单个工作室取最高分，满分40分），今年以来对本单位工作室有经费投入得20分（60分） 2. 组织创新工作室开展创新攻关活动，有台账和过程性资料（20分） 3. 检查创新工作室的创新成果和开展师带徒、工艺工法研究等素质提升活动。有各类创新成果得20分，获2024年国家级优秀带徒名师、学习型职工、优秀工法得5分，省部级得3分，地市级得2分（满分40分） 4. 随机抽查1~2个创新工作室管理运行情况（20分）	

续表二

序号	考评项目	标准分	考核内容	评分事项	得分
3	平台载体建设情况（380分）	60	创新工作室联盟组建	1. 按照公司《关于加强职工创新工作室联盟建设的指导意见》要求，联合系统内外单位、高校等积极参与和创建创新工作室联盟，建立联盟协同机制、搭建联盟交流合作平台（20分） 2. “揭榜挂帅”协同重大项目，组织联盟开展创新项目攻关（10分） 3. 组织与参与主题沙龙、互访交流、集中培训等活动，有台账和过程性资料（10分） 4. 协助公司开展职工技术创新成果评选和专家推荐工作（10分） 5. 确保联盟运行所必需的场地、经费、人员（10分）	
		60	职工技术俱乐部建设	1. 按照公司《职工技术俱乐部建设管理办法》要求，积极参与创建和维护公司技术俱乐部（20分） 2. 挂靠单位所在职工技术俱乐部积极开展强化职工新知识、新技术、新设备、新工艺、新业务培训技术交流活动，有台账和过程性资料（10分） 3. 促进技术融合和技能提升，协助公司举办大型技术竞赛等活动（20分） 4. 本单位技术俱乐部活动有专项预算（10分）	
		60	班组创新创效开展情况	1. 完善班组创新组织体系。实现QC小组全覆盖，职工“五小”活动全覆盖，有相关佐证材料（20分）	

续表三

序号	考评项目	标准分	考核内容	评分事项	得分
3	平台载体建设情况（380分）	60	班组创新创效开展情况	2. 组织班组参加创新能力提升活动。参加全总首届“红旗杯”班组长大赛，职工初赛总分在1000名以内得10分；参加公司十佳班组长评选暨“班组长讲坛”活动得10分，获得前20名得10分，获得十佳班组长称号得10分；组织职工参加创新能力培训（10分） 3. 检查班组创新创效成效，获得QC成果和职工“五小”成果，每个成果得10分，不超过40分；针对公司第十四届职工技能运动会岗位练兵项目，有针对性地开展对工法、工器具的创新活动并有成果，得20分（60分）	
		50	开展成果评选和交流展示	1. 积极参加公司各级创新成果评选活动得10分，获评国家级荣誉得10分、省部级得5分、公司级得2分，同一成果取最高荣誉，各单位累计得分不超过20分（不超过30分） 2. 参加公司首届职工技术创新成果推介会，在推介会上推荐本单位成果得10分，入选公司推介会得5分，成果签约推广得5分（20分）	
“五库”建设					
4	储备库（40分）	40	本单位项目征集、论证与储备工作	1. 组织职工参与所在单位和公司项目征集，组织编制项目建议书，开展论证会，有台账和过程性资料（10分） 2. 本单位年度储备项目在20个以上，有佐证材料（10分） 3. 有项目进入公司职工技术创新项目储备库（20分）	

续表四

序号	考评项目	标准分	考核内容	评分事项	得分
5	项目库（40分）	40	本单位职工技术创新自设项目库和参与公司“揭榜挂帅”项目库	1. 本单位自设项目开展职工技术创新攻关，有台账（10分） 2. 本单位自设项目攻关10项以上，有台账（10分） 3. 参加公司“揭榜挂帅”项目攻关，有台账（20分）	
6	成果库（40分）	40	完善本单位创新成果多维转化台账	1. 建立本单位职工以年度论文、发明专利、外观设计、软著、技术标准、工匠技法等形式总结技术创新成果台账（20分） 2. 获得年度成果20项以上，有佐证材料（20分）	
7	人才库（40分）	40	建立完善本单位职工技术创新人才库和专家库	1. 建立本单位职工技术创新人才库和专家库，梯队合理、资料齐全（20分） 2. 年度新增各类专家和人才5人以上（20分）	
8	信息库（40分）	40	完善本单位信息库	1. 为职工开展技术创新提供各类情报信息（会议、培训、前沿动态、新工艺、新工法、新技术等），有台账和过程资料（20分） 2. 年度发布各类信息40条以上（10分） 3. 建立数智化的职工技术创新管理信息系统（10分）	

后　记

在能源革命与数字革命深度融合的时代浪潮下，电网企业作为国民经济的基础与支柱，正经历着从传统能源体系向新型电力系统的历史性转型。全球气候治理的紧迫性与我国实现“双碳”目标的战略要求，既为电网发展开辟了广阔前景，也对其技术创新能力与体系现代化提出了更高的标准。与此同时，人工智能正深刻地重塑技术范式，为电网职工技术创新注入了强劲动能——人工智能不仅是高效赋能工具，而且驱动创新模式从“经验驱动”向“数据与智能驱动”深度转型。电力技术亦经历着深刻变革，从传统输电配电向智能互联、从单一能源接入向多能互补持续演进，智能电网、新能源并网、电力电子器件升级等核心领域的突破需求日益迫切。在此背景下，广大职工成为科技进步创新的主力军，其技术创新活动作为企业创新生态的核心，已成为推动产业升级、培育新质生产力、实现高质量发展的关键引擎。

然而，当前电网企业职工技术创新仍面临着深层次挑战：创新机制与一线需求存在系统性错位，资源整合能力存在短板，成果转化链条尚未闭环，职工创新活力有待充分释放。这些问题制约着企业自主创新能力的提升，更影响着新型电力系统建设的整体进程。正是基于对此痛点的深刻洞察，我们启动了本书编撰，力求通过系统性理论建构与实战经验总结，为电网企业职工技术创新体系构建，提供可复制、可推广的系统性解决方案。

本书的撰写是一次理论与实践的深度对话。一方面，职工技术创新的理论基础相对薄弱，需在浩繁文献中锚定坐标；另一方面，实践经验散落多元，需从复杂案例中归纳共性规律。历时三年，我们收集了中央、省市及国网系统相关政策文件400余份，研读国内外文献逾2万篇，实地调研江苏、山东、浙江、吉林等地电力公司，并对湖北公司149家劳模工匠创新工作室开展深度座谈。通过扎根理论三级编码的精细分析与卓越绩效模型的全方位诊断，我们穿透表象，深入揭示了公司职工技术创新体系建设的现状及深层次结构性问题。在此，谨向所有参与调研的电网企业、贡献智慧的专家学者、提供支持的合作伙伴，致以最诚挚的谢意。

依托研究成果，国网湖北电力印发了《国网湖北省电力有限公司职工技术创新管理办法》《国网湖北省电力有限公司（劳模、工匠）创新工作室建设管理办法》《国网湖北省电力有限公司关于加强职工创新工作室联盟建设的实施意见》等系列文件，构建起独具特色的“453”职工技术创新体系。该体系以“一个核心理念、一项工作机制、一众平台载体、一套制度文件”为核心支柱，依托“储备库、项目库、成果库、人才库、信息库”五大支撑系统，最终形成“全业务覆盖、全流程贯通、全周期服务”的创新生态闭环，为职工技术创新的全链条管理提供了可操作的实践范式，助力公司在培育新质生产力、站稳“国网第一方阵”、建设世界一流企业的征程中凝聚创新动能。

本书的出版并非终点，而是职工技术创新研究的新起点。我们清醒地认识到研究的局限性：跨区域创新工作室协同机制的探讨尚不充分，未能完全覆盖不同区域电网企业在资源禀赋与技术需求上的差异；对虚拟电厂、区块链等新兴技术与职工创新实践的融合路径分析较浅，难以充分适配技术快速迭代的创新场景；对不同规模电网企业（如县域与省级公司）创新体系的具象性研究尚有不足，部分结论的普适性有待进一步验证。未来，我们将持续深化研究，敏锐捕捉新趋势、直面新挑战，不断完善职工技术创新体系的理论框架与实践路径，为电网企业高质量发展注入更多智慧与力量。期待本书能点燃职工创新的火种，为培育能源领域新质生产力、服务中国式现代化建设持续贡献坚实力量。

本书编撰委员会

2025 年 8 月

参考文献

［1］郑旭 . 柔性组织 : 增长模型与人才供应机制 [M]. 北京：中信出版集团 ,2023.

［2］杨挹 . 企业人力资源管理问题及对策 [J]. 企业研究 ,2012,(16):93.

［3］孟凡亮 . 弘扬劳模精神搭建创新平台 [J]. 中国职工教育 ,2013,(17):12-13.

［4］姜莉萍 . 谈电力企业人力资源管理理念创新 [J]. 东方企业文化 ,2014,(23):127.

［5］赵伟 . 电网企业构建职工技术创新机制的探索与思考 [J]. 企业改革与管理 ,2017,(11):86-88.

［6］陈晓燕 , 郑莉 . 履职好声音传递代表委员“职工情”[J]. 中国工运 ,2019,(03):4-9.

［7］郭卫东 , 王晓颖 , 冯艳丽 . 完善职工技术创新机制助推企业高质量发展的实践与思考 [J]. 中国工运 ,2020,(08):72-74.

［8］孙冰 , 杨雪婷 . 沉睡知识对企业技术创新持续性的影响——

一个有调节的中介作用模型 [J]. 科技进步与对策 ,2021,38(11):116-124.

［9］刘世芹 . 工会在推进职工技术创新中的作用 [J]. 活力 ,2022,(23):100-102.

［10］伍洲 . 国有企业创新工作室建设的探索与思考 [J]. 秦智 ,2022,(04):46-48.

［11］褚辰 . 握指成拳培育高技能劳动者 [J]. 班组天地 ,2023,(03):16-17.

［12］刘松洋 . 电力企业文化创新对企业管理的重要作用 [J]. 现代企业文化 ,2023,(28):5-8.

［13］彭娟 , 王瑛 , 贾浩 . 基于 "WBS-RBS" + "DEMATEL-ISM" 的风险导向工程内部审计创新实践——以 A 公司电网建设项目为例 [J]. 中国内部审计 ,2023,(09):14-26.

［14］陈静 . 新形势下我国国企工会管理的新思路 [J]. 现代企业文化 ,2024,(01):50-53.

［15］惠安 . 新时期电力企业管理创新方法研究 [J]. 企业改革与管理 ,2024,(17):43-44.

［16］王文烨 . 产学研合作模式下科技成果转化的有效路径研究 [J]. 高科技与产业化 ,2024,30(11):108-110.

［17］王钰莹 , 原长弘 , 宋茜 . 制造业领军企业关键核心技术创新能力评价指标体系初探 [J]. 中国科技论坛 ,2024,30(11):141-151.

［18］杨茜淋 , 王海芸 . 创新型国家全要素生产率增长趋势与建议 [J]. 科技中国 ,2024,(03):26-31.

［19］陈铸华 , 刘娟 . 人工智能驱动下电力企业员工技能学习与评价性创新重构与实践路径 [J]. 中国信息界 ,2025,(05):140-143.

［20］李润宇 , 李玉鑫 . 以 "青年创新工作室" 为载体激发创新

动能 [J]. 企业文明 ,2025,(05):107-108.

［21］林沁 . 电网企业工会组织促进职工经济技术创新的实践研究 [J]. 中外企业文化 ,2025,(06):87-89.

［22］康莉 . 浅析如何充分发挥劳模和工匠人才创新工作室的作用 [J]. 兵团工运 ,2025,(03):34+36.

［23］田小龙 , 胡锐淇 , 刘超 . 创新工作室驱动下的职工教培模式转型 [J]. 中国电力教育 ,2025,(05):50-51.

［24］杨洋 . 基层党建创新对电网企业发展的推动作用 [J]. 现代企业文化 ,2025,(14):131-133.

［25］Rehme, Jakob, Daniel Nordigården, and Daniel Chicksand. "Public policy and electrical-grid sector innovation." International Journal of Energy Sector Management 9.4 (2015): 565-592.

［26］WANG, ZHIGANG, et al. "Analysis and Proposals on Operation Condition of Innovation Studio of Large-scaled Companies." DEStech Transactions on Economics, Business and Management apme (2016).

［27］Hart, David M., William B. Bonvillian, and Nathaniel Austin. "Energy storage for the grid: policy options for sustaining innovation." An MIT Energy Initiat. Work. Pap 1 (2018): 33.

［28］Holmquist, Mats, and Anna Johansson. "Employee-driven innovation: An intervention using action research." Technology Innovation Management Review 9.5 (2019): 44-53.

［29］Hoorani, Bareerah Hafeez, Lakshmi Balachandran Nair, and Michael Gibbert. "Designing for impact: The effect of rigor and case study design on citations of qualitative case studies in management." Scientometrics 121.1 (2019): 285-306.

[30] Jin Chen, Eric Viardot, and Alexander Brem. "Innovation and innovation management." The Routledge companion to innovation management. Routledge, 2019: 3-16.

[31] Nguyen, Loi A. "Management Innovation: A Critical Review." Journal of Organisational Studies & Innovation 8.1 (2021).

[32] Bionda, Enea, et al. "The Smart Grids Innovation Accelerator–SGIA: an international open platform to boost smart grids innovation through knowledge sharing." 2022 AEIT International Annual Conference (AEIT). IEEE, 2022.

[33] Flocco, Nicole, Filomena Canterino, and Raffaella Cagliano. "To control or not to control: How to organize employee - driven innovation." Creativity and Innovation Management 31.3 (2022): 396-409.

[34] Opland, Leif Erik, et al. "Employee-driven digital innovation: A systematic review and a research agenda." Journal of Business Research 143 (2022): 255-271.

[35] Hofman, M., Grela, G., & Oronowicz, M. (2023). Impact of shared leadership quality on agile team productivity and project results. Project Management Journal, 54(3): 285-305.

[36] Annosi, M. C., Appio, F. P., & Martini, A. (2024). Institutional context and agile team innovation: A sensemaking approach to collective knowledge creation. Technovation, 129, 102894.

[37] Junker, T. L., Bakker, A. B., & Derks, D. (2024). Toward a

theory of team resource mobilization: A systematic review and model of sustained agile team effectiveness. Human Resource Management Review, 101043.